El Espíritu

La obra del Espíritu Santo
en la vida de los discípulos

ILLUMINATION
PUBLISHERS

El Espíritu

Originalmente publicado en inglés bajo el título
The Spirit
por Illumination Publishers International
www.ipibooks.com
6010 Pinecreek Ridge Court
Spring, Texas 77279, USA

Impreso en los Estados Unidos de América

ISBN: 978-1-939086-34-1

Diagramación: Toney C. Mulhollan
Diseño de carátula: Toney C. Mulhollan
Editor general: Héctor Hernán Gómez, Ediciones Berea
Traductores: CSA Press y Adriana Marcela Aranguren Medina
Corrección de estilo: Fanny Iriarte Villarruel y Amy Morgan

A James, Emma y Lily

CONTENIDO

CONTENIDO

AGRADECIMIENTOS

Escribir un libro es de alguna manera una labor colosal, imposible de lograr sin el esfuerzo (en este caso) de cientos de colaboradores. Por eso, permítanme mencionar sólo a algunas de esas personas con quienes estoy en deuda.

Comienzo con el personal de la producción (anteriormente) de DPI y ahora de IPI, y especialmente Toney Mulhollan, trabajador incansable con quien tenía más contacto diario que cualquier otro ser humano, aparte de mi familia inmediata. En segundo lugar, confieso que continúo beneficiándose de la flexibilidad de los que me entrenaron en el ministerio cristiano. En los veinte años de servir como trabajador de la iglesia, me extendieron considerable gracia y latitud, facilitando muchos años de estudiar, escribir y crear los materiales didácticos. Tercero, la retroalimentación de lectores y estudiantes a través de los años también han estado de ayuda enorme. Cuarto, debo reconocer el ánimo brindado por mis colegas escritores y amigos, lo cual es una hermandad del pensamiento. Debo una deuda a todos. Pero sobre todo, agradezco a mi familia comprensiva y mi esposa asombrosamente flexible y de apoyo, Vicki.

Y como tantas personas contribuyeron a esta producción, todos los créditos deben ser compartidos. Si hace falta un pueblo para criar a un muchacho, también se requiere de una red de amigos y sus pensamientos para producir un libro.

INTRODUCCIÓN

El Espíritu Santo es el miembro de la divinidad más misterioso y menos comprendido. Los cristianos estamos tan intrigados por la obra el Espíritu como por la de Dios, pues ambos son uno. La manera como el Espíritu obra en nuestra vida diaria ha sido el tema de miles de libros, cada uno con una variada combinación de acierto y error. Entonces, ¿por qué uno más?

Primero, el tema es inagotable. No podemos leer o escribir demasiado acerca del Espíritu. En este tiempo, hay una fascinación por el Espíritu, una sed que no se sacia fácilmente. Su curiosidad al comprar este libro es una evidencia de ello. Todos queremos una experiencia espiritual genuina. No queremos desilusionarnos ni ser las víctimas de una manipulación religiosa o de una proyección psicológica. Existe una gran demanda por el "producto original" a medida que proliferan las falsificaciones.

Hay buenas noticias: ¡ya no se quedará con las ganas! Puede conocer la verdad sobre el Espíritu y el poder de Dios en su vida. Y puede ver un significativo crecimiento espiritual en su vida si está dispuesto a pagar el precio. Esto exige paciencia de su parte y el deseo de indagar profunda y frecuentemente en el precioso conocimiento de Dios. ¿Está preparado para eso?

Otra razón para este libro es la cantidad de errores que saturan el mercado de libros cristianos. Las justificaciones de doctrinas y prácticas no bíblicas atraen a personas de dudosa estabilidad espiritual (2 Pedro 3:16) y avivan el fuego de personas y grupos que no "no se mantienen firmemente unidos a la Cabeza" (Colosenses 2:19). Afortunadamente, podemos distinguir la verdad de la mentira respecto al Espíritu. La única forma confiable de separar la verdad del error es usando adecuadamente la Palabra de Dios: con exactitud, reverencia y consistencia. Todas las tentaciones para complacer a la carne y alimentar el alma con "comida chatarra" espiritual deben ser contundentemente confrontadas y vigorosamente resistidas.

En otro nivel, este libro necesitaba ser escrito debido a mi tremendo interés en el Espíritu. Desde la tierna infancia a los años de "incubación" en el movimiento carismático, a veinte años de investigar y enseñar las Escrituras a otras personas, es probable que yo haya tenido más preguntas que la mayoría de mis lectores, y la determinación de encontrar respuestas. En este libro comparto con ustedes mis propios estudios bíblicos y experiencias.

Nuestro apetito espiritual es grande. Dios nos permita "comer" bien, dejando de lado la "comida rápida" y degustando lentamente primero la leche y luego la carne, que en su gracia, Él nos ha dado.

Examinando nuevamente las Escrituras

A veces leemos y estudiamos, no necesariamente con la idea de aprender, sino para afirmar nuestra convicción, probar nuestro punto de vista o defender más férreamente una posición preconcebida. Como lo señalara astutamente William James: "Muchas personas creen que están pensado cuando en realidad sólo están reorganizando sus prejuicios." Obviamente nadie, incluyéndome, puede llegar a estar completamente libre de prejuicios e ideas preconcebidas. Pero todos podemos acercarnos al Espíritu de Dios nuevamente con un corazón humilde y ansioso.

Yo le pido, apreciado lector, que trate de librarse de las ideas preconcebidas mientras lee este libro. En él hallará posiciones que disfrutará y lo informarán, y otras que lo dejarán perplejo e incluso le harán sentir temor. Todo lo que le pido es que se acerque al material con una mente abierta y le de una oportunidad.

Por favor, no lea este libro si ya tiene una posición sobre el tema. Ahorre su tiempo y pásele el libro a alguien que pueda apreciarlo. Sin embargo, espero que usted haga el esfuerzo de *leer, reflexionar* y que como resultado, se sienta *renovado*.

El flujo

Parte Uno comienza con el trabajo diario del Espíritu en nuestra vida, dedicando los primeros quince capítulos principalmente a las prácticas. Luego hay un cambio. En Parte Dos, usted encontrará un material más técnico, dirigido al interés moderno en milagros y la preocupación que en ellos encontramos en el movimiento neopentecostal. Este material se proyectó originalmente como un apéndice, hasta que su extensión hizo que mis editores recomendaran el cambio.

Ciertamente, este libro no es la última palabra sobre el Espíritu Santo. No responde cada pregunta al respecto. No podemos entender más sobre el Espíritu que lo que podemos entender acerca de Dios y de su amor (Efesios 3:19). Sin embargo, a Dios le ha parecido bien revelarnos toda la verdad que podamos entender. Es mi oración que este libro lo lleve a profundizar más en esta verdad. ¡Comencemos de una vez!

—Douglas Jacoby
Marietta, Georgia, USA

PARTE UNO
El Espíritu que da vida

Dios no ha dejado a su gente sin ayuda. Él les ha enviado al Espíritu Santo. En esta primera parte, verás cómo el Espíritu Santo es personal y práctico y cómo Él trae cambios, libertad y guía.

De adentro hacia afuera

Dios nos ha dado el Espíritu Santo para cambiarnos... ¡de adentro hacia afuera! No basta con modificar la forma de comportarse. El Cristianismo no es sólo lo que hacemos, es lo que somos. Si el interior está limpio, el exterior también lo estará (Mateo 23:26).

En esta sección resaltaremos los cambios extraordinarios que deberían ser parte de la vida de todo discípulo de Jesucristo.

1

¿Estoy lleno del Espíritu?

¿Qué me controla?

En el albor de un nuevo milenio, nos hemos familiarizado con la noción de "control." Tenemos control remoto para todo: para abrir la puerta del garaje, para el sistema de audio, la televisión y los juegos de computador. Pero a nivel personal, tenemos mucho miedo de "ser controlados." La Revolución Moral de las décadas 60 y 70 nos enseñó a algunos de nosotros a temer el horrible "control" (y las consecuencias) de las drogas, la promiscuidad y la guerra. Las décadas de los 80 y los 90 llamaron nuestra atención sobre el peligro de ser "controlados" por el excesivo gasto (personal y estatal), el crimen, el racismo, los extremistas grupos apocalípticos y los virus perniciosos.

A medida que avanza el siglo XXI, estamos cosechando colectivamente lo que hemos sembrado. Tal vez, el mayor obstáculo para el evangelio en la actualidad es la "falta de integridad." ¿En quién podemos confiar? Todo el mundo nos ha decepcionado: políticos, padres, policía, estrellas de Hollywood, figuras del deporte e incluso hemos llegado a decepcionarnos de *nosotros mismos*. La pregunta cambia sutilmente de "¿Qué es verdad?" a "¿Es posible siquiera que algo que es verdad sobreviva?"[1]

Es debatible cuánto hemos "aprendido nuestra lección" como cultura, pero si el individualismo del "hombre de los 90" y de la "mujer de los 90" sirve de indicativo, tememos a los grupos y se nos está haciendo cada vez más difícil confiar en otras personas diferentes a nosotros mismos. Sin embargo, aquí hay una paradoja: a pesar de nuestro temor al control, nadie puede estar libre de control. Como lo dice el apóstol Pedro, "cada uno es esclavo de aquello que lo ha dominado" (2 Pedro 2:19).[2] Cada uno de nosotros es controlado por algo: miedo, familia, esposo(a), novio(a), acreedores, el alcohol, el amor al dinero o tal vez una carrera profesional. Aquello que nos controla es lo que nos llena y define nuestra vida. Usted está lleno de algo. ¿Qué es?

¿Lleno de un fluido?

El Espíritu no es un fluido, aunque puede ser "derramado" (Hechos 2:17) y a menudo se le compara con el agua (Juan 7:38–39). No, el Espíritu no es un líquido que "colma" nuestros reservorios de fe cuando vamos a la iglesia o tenemos nuestro tiempo con Dios. En las Escrituras está muy claro que el Espíritu es una persona. Los teólogos llaman Espíritu Santo a la tercera persona de la Trinidad. Para mí, el concepto de la Trinidad es bastante difícil de entender, especialmente cuando hablamos de tres personas diferentes.[3]

"Persona" viene del latín *persona*, que significa "máscara, parte, personaje," como los personajes de una obra de teatro.[4] El Espíritu, aunque ciertamente es una persona, no es alguien separado en el sentido moderno de la palabra, "un ser humano individual."[5] Y por supuesto, esto no significa que Dios esté "pretendiendo" de alguna manera ser un actor. Revisemos la traducción de la definición que nos da el *Oxford English Dictionary* acerca del Espíritu.

> Espíritu (de Dios): Es la esencia activa o el poder esencial de la Deidad, concebido como una influencia creativa, animadora o inspiradora.

En el fondo, todos deseamos ser llenos del Espíritu, del mismo Espíritu de Dios, pues todos queremos ser creativos, animados e inspirados. Después de todo, ¿quién quiere ser alguien apagado, latoso, aburrido y pesado?

Jesús estaba lleno del Espíritu. Como hombre, Él fue más lleno del Espíritu que cualquier otro individuo sobre el planeta. Debemos aspirar a vivir como Él lo hizo, lleno del Espíritu.

¿Invasión extraterrestre?

En los últimos años se han producido muchas películas sobre "extraterrestres." El argumento de algunas es el de una invasión extraterrestre, la cual a veces invasión se da de una manera más personal, como la de un organismo de muchos tentáculos que se apodera del cuerpo de su incauto anfitrión, creciendo y eventualmente, explotando fuera del mismo. Podemos hablar acertadamente del poder de Dios, aunque éste no se trata de una invasión extraterrestre ni de una criatura poseyéndonos y exigiéndonos cada vez más hasta convertirnos sólo en un accesorio para lograr sus objetivos. No, Dios quiere vivir en nosotros como un huésped invitado y bien recibido.

Sí, Dios es poderoso, pero también es íntimamente personal. Él[6] vive en los corazones de sus hijos e hijas (Juan 14), no como una criatura extraterrestre, sino como la encarnación del amor.

¿"Lleno del Espíritu"?

Aquí hay un dilema: cuando muchos de nosotros escuchamos las palabras "llenos del Espíritu Santo," nos vienen a la mente imágenes de gente gritando, asustada y revolcándose en el piso. ¿Perderíamos el control, daríamos un espectáculo y nos avergonzaríamos a nosotros mismos si fuéramos "cristianos llenos del Espíritu Santo"? Las mismas palabras producen sentimientos negativos. Pero a pesar de los modernos excesos, queremos seguir la Biblia, y ser llenos del Espíritu Santo es de lo que habla la Biblia.[7] No le temamos a la terminología; de hecho, no tenemos derecho a prescindir de ella. A menos que permitamos que el Espíritu de Dios viva plenamente en nosotros, nunca conoceremos a Cristo como deberíamos hacerlo ni alcanzaremos nuestro potencial como discípulos suyos.

> Así que tengan cuidado de su manera de vivir. No vivan como necios sino como sabios, aprovechando al máximo cada momento oportuno, porque los días son malos. Por tanto, no sean insensatos, sino entiendan cuál es la voluntad del Señor. No se emborrachen con vino, que lleva al desenfreno. Al contrario, sean llenos del Espíritu. (Efesios 5:15–18)

Si alguien está "lleno" de vino, esa persona se encuentra "bajo la influencia" (o control) del vino. Pablo exhorta a los discípulos de Éfeso a ser "llenos del Espíritu." Como él también señala, nuestra decisión de ser llenos del Espíritu tiene efectos en cómo usamos nuestro tiempo, el cual es un bien precioso y limitado.

Mientras escribo este capítulo, mi esposa se encuentra en una conferencia en Londres. Así que, ¿quién está cuidando a los niños y haciendo las comidas? Cocino más (mucho más) en una semana cuando "tengo que hacerlo" que durante el resto del año cuando Vicki está aquí. Afortunadamente, a ella le gusta cocinar y es muy buena en ello. Cuando Vicki prepara la comida, la casa se llena con el aroma de comida hindú, tailandesa, china o tal vez malaya (nuestra favorita). Por el contrario, cuando yo cocino, la casa se llena con el "aroma" de cenas congeladas que se calientan en el horno o tal vez con el pegajoso vapor de huevos y tocineta quemada, si los niños tienen suerte.

¿Y esto qué tiene que ver con el Espíritu Santo? Mucho. Cuando Vicki está en la cocina, sabemos que nuestra casa se llena del dulce aroma del curry caliente y nos sentimos plenos pensando con anticipación en el festín que está por llegar. Cuando usted está lleno de algo, ese algo te caracteriza. Ser llenos del Espíritu de Dios significa que estamos llenos de Dios y hacemos que la gente piense en Dios. Somos olor de vida (2 Corintios 2:14–16). Cuando estamos llenos del Espíritu Santo, la gente lo sabe.

Es bastante simple: estar lleno del Espíritu Santo significa ser espiritual, imitar a Dios y ser parecido a Jesucristo; es decir, todas las personas de la Trinidad están presentes en nuestra vida.

Cómo llegar a ser lleno del Espíritu Santo

Inmediatamente después de nacer de nuevo, somos llenos del Espíritu Santo. El arrepentimiento y el bautismo no sólo traen el perdón del pecado, sino el regalo del Espíritu Santo. Dios se "muda" a nuestro corazón (Juan 14:23). Somos limpiados de la vida anterior y llenos de una nueva fuente de vida.[8] Como ejemplo, Hechos 9:17 nos muestra que Pablo (Saulo) fue lleno del Espíritu Santo al momento de hacerse cristiano.

Sin embargo, la frase "lleno del Espíritu" en las Escrituras no se refiere a la conversión sino (a) a la espiritualidad (ver Efesios 5:15–18), o (b) a una mayor santidad en respuesta a una oración o una situación urgente. En Efesios, el verbo usado por Pablo es un imperativo, es decir, es una orden. Ser llenos del Espíritu Santo no es una opción. Pero también, el verbo está en tiempo presente progresivo, que en griego conlleva la idea de una acción continua. Por lo tanto, debemos llenarnos del Espíritu Santo una y otra vez. No es algo que se hace una sola vez.

Encontramos una segunda idea de lo que significa ser llenos del Espíritu Santo en Hechos 4, donde Pedro y Juan han sido liberados de la prisión del Consejo durante la creciente persecución en los primeros días de la fe cristiana.

> Cuando lo oyeron, alzaron unánimes la voz en oración a Dios: "...Señor, toma en cuenta sus amenazas y concede a tus siervos el proclamar tu palabra sin temor alguno. Por eso, extiende tu mano para sanar y hacer señales y prodigios mediante el nombre de tu santo siervo Jesús".
>
> Después de haber orado, tembló el lugar en que estaban reunidos; todos fueron llenos del Espíritu Santo, y proclamaban la palabra de Dios sin temor alguno. (Hechos 4:24a, 29–31)

El grupo no se hizo cristiano después de la oración; ellos ya lo eran. Pero fueron llenos del Espíritu Santo. Dios tomó el control con mayor decisión, profundidad y cambios en sus vidas, porque no temieron dejar que lo hiciera. El resultado: un evangelismo ferviente.[9] ¿Está dispuesto a dejar que Dios tome el control? ¿Puede confiar lo suficiente? ¡Señor, aumenta nuestra fe! (Lucas 17:5).

Ideas falsas

Mucha gente enseña que "ser llenos del Espíritu Santo" significa tener habilidades milagrosas, hablar en "lenguas" o tener una "línea directa" con Dios. Ellos creen que por medio del "bautismo del Espíritu," usted asciende a niveles más altos, convirtiéndose en un seguidor de Jesús más comprometido. Sin embargo, hay serios problemas con este punto de vista. Por ejemplo, la Biblia dice que Juan el Bautista sería lleno del Espíritu Santo aun desde su nacimiento (Lucas 1:15), y sin embargo, él nunca hizo un milagro (Juan 10:41).

Respecto a la segunda idea, dos niveles de compromiso es difícilmente lo que enseña el Nuevo Testamento. El punto está al pie de la Cruz y quienes quieren seguir a Jesús, deben negarse a sí mismos y entregarle el control (Lucas 9:23–26). Hay discípulos más maduros que otros, pero nunca dos niveles de compromiso.[10]

Ser llenos del Espíritu Santo no es un nivel más alto de realización para cristianos avanzados, sino el resultado natural de seguir en nuestras vidas al Espíritu Santo y no a la carne. No es tanto la experiencia final, como el reto de cada nuevo día. En mi experiencia, mientras más he dejado que Dios controle mi vida, más orden, paz y éxito he tenido. ¡Cuando me he resistido al control de Dios, mi vida ha estado fuera de control!

Lo entrego todo

El cambio de adentro hacia fuera es posible con el Espíritu Santo. El Espíritu Santo nunca nos obliga; es nuestra decisión confiar en el Señor, dejar que nos llene y nos controle, y entregarle todo lo que tenemos y somos (Lucas 14:33).

En los capítulos 3, 4 y 5, exploraremos tres áreas de nuestra vida que pueden comenzar a cambiar inmediatamente, una vez que hayamos decidido dejar que el Espíritu de Dios nos llene. Al final de cada capítulo, usted encontrará algunas cuantas preguntas que lo cuestionarán. Después de todo, como Sócrates dijo: "Una vida sin examen no tiene objeto vivirla para el hombre."[11]

PREGUNTAS PARA PENSAR

- *¿Qué influencias me controlan?*
- *¿Estoy lleno del Espíritu Santo? ¿Es así como me describirían otras personas?*
- *¿Hay áreas de mi vida en las que conscientemente estoy impidiendo que el Espíritu Santo tenga el control?*
- *¿Estoy dispuesto a orar: "Dios del cielo, lléname con tu Espíritu, toma el control y utilízame como desees"?*

NOTAS

1. Ver Kevin Graham Ford, *Jesus for a New Generation* (Downers Grove: InterVarsity Press, 1995); también Robert Wuthnow, Christianity in the 21st Century: *Reflections on the Challenges Ahead* (New York: Oxford University Press, 1993).
2. Ver también Romanos 6:15–23.
3. El cristianismo primitivo fue mal entendido —y no es sorpresa— por algunos como "triteísta": ¡tres dioses! Esto se entiende aún más cuando vemos que muchas de las religiones antiguas tenían "trinidades" entre sus dioses y diosas paganos.
4. Fanáticos del teatro, piensen en el término *Dramatis personae*.
5. Encontrarán una discusión un poco más técnica sobre el Espíritu Santo en el capítulo 26.
6. En todo el libro nos referimos a Dios por medio del pronombre masculino, ya que es lo más apropiado. El feminismo rechaza esta posición; sin embargo, sus objeciones no son bíblicas ni consistentes. ¿Dónde está el movimiento apoyando la "feminidad" de Satanás? A nadie parece importarle que consistentemente vemos al diablo como "él."
7. La terminología aparece unas diez veces solamente en el Nuevo Testamento.
8. Lucas 11:24–26 nos muestra que después de "limpiar la casa" necesitamos cuidarnos de la fe vacía y oscura a la que nos invita Satanás para "recuperar" nuestras

vidas. Llenos del Espíritu Santo, no le damos oportunidades al enemigo.

9. Más aún en el capítulo 13.

10. El compromiso y la madurez son cosas muy diferentes. La transición de lo mundano a lo espiritual, de un ser carnal a uno espiritual (1 Corintios 3:1–4, RVR), viene con el crecimiento cristiano. Sin embargo, nunca hubo la opción de estar más o menos comprometido con Cristo. Obviamente llegamos más alto cuando nuestras raíces son más profundas, pero la opción es continuar o no (Juan 6:60–69).

11. Las palabras de Sócrates (469–399 a. C.) son mencionadas por Platón en *Apología*, 38a.

2

La comunión del Espíritu Santo

Es una relación

Antes de terminar esta revisión de la obra del Espíritu Santo en la vida de los discípulos, examinaremos muchas enseñanzas no bíblicas que han surgido a través de los años. Trataremos de manera particular la tendencia a un descontrolado subjetivismo cuando la gente empieza a hablar acerca de cómo obra el Espíritu Santo. Debemos tener cuidado de no reaccionar exageradamente. Una relación con el Espíritu Santo es precisamente eso: una relación. Dejar al Espíritu Santo obrar en nuestras vidas no se trata sólo de pensar con cuidado y perseguir ciertos propósitos. Sin excluir lo anterior, aún estamos en medio de algo cálido, personal, cercano y alentador.

Intimidad divina

En mi matrimonio me he comprometido a ciertos principios. Provienen de las Escrituras y he podido ver una y otra vez cuán poderosos son. También debo pensar y razonar para mantener mi matrimonio en crecimiento. Las cosas ilógicas e irracionales son la fuente de muchas frustraciones en el matrimonio. Pero aún hay algo en mi matrimonio que va más allá de los principios y de claros pensamientos. La mejor palabra para describirlo es "intimidad." Hay una vida compartida. Existe la plena conciencia de que Vicki está conmigo y que yo estoy con ella. Tengo la confianza de que ella me apoyará y estará conmigo sin importar lo que suceda.

Al examinar las Escrituras, vemos que muchas de ellas describen nuestra relación con el Espíritu Santo en términos muy parecidos a estos. No es sorprendente. Conocer al Espíritu Santo es conocer a Dios. Conocer al Espíritu Santo es conocer a Cristo. Y nuestra relación con Dios y con Cristo es descrita en los términos más familiares y personales. Dios es Rey, pero para nosotros también es Padre o *Abba* (acento sobre la segunda sílaba), para ser más específico.[1] Jesús es el Señor, pero Él también quiere que lo conozcamos como amigo.

En esta sección del libro estamos describiendo un cambio de adentro hacia fuera, del único cambio en el que Dios está interesado. Pero la mayoría de nosotros sabemos que nada ayuda a la gente a cambiar desde adentro como una relación de corazón a corazón. Tomen a un adolescente amargado, rebelde y de corazón duro. Pónganlo dentro de una estructura estricta y tal vez logren cambiar algo de su comportamiento, pero nada lo ayudará a cambiar de adentro hacia fuera como una relación con alguien que puede llegar a ser su amigo y su héroe, alguien que finalmente llegue a su corazón.

Entonces, la manera primaria en la que el Espíritu Santo nos cambia es a través de esta relación con nosotros. Como todas las relaciones, hay un elemento en ella que desafía esta descripción (algo frustrante para nosotros los de tipo lógico). Tal vez sólo los poetas y cantautores puedan hacerle justicia.

Un misterio profundo

Ciertamente nuestra relación con el Espíritu Santo no es algo vago e indefinido que usted simplemente hace que sea lo que quiere que sea, sino una relación que nos humilla y asombra (o debería hacerlo). No podemos analizar y entender totalmente cómo es que Él está en nosotros, nos da su poder y reforma nuestro carácter; tampoco podemos predecir cómo obrará ni hacia dónde está yendo para guiarnos luego. Con seguridad, nuestra relación con el Espíritu Santo no es un completo misterio ni enigma. Él nos ha revelado muchas cosas que pueden ser asimiladas muy bien por nuestra mente, pero aun cuando todo está dicho y hecho, hay un ingrediente de misterio que no debemos ni necesitamos eliminar. En medio de su disertación acerca de la relación entre esposos, la cual compara con la relación entre Cristo y su iglesia, Pablo concluye diciendo:

> "Por eso dejará el hombre a su padre y a su madre, y se unirá a su esposa, y los dos llegarán a ser un solo cuerpo." Esto es un misterio profundo; yo me refiero a Cristo y a la iglesia. (Efesios 5:31–32)

Las relaciones más íntimas son un profundo misterio. Tienen una profundidad que no es posible describir. Tienen un impacto en nosotros que está más allá de toda lógica y racionalidad. La relación más íntima que existe es la que hay entre Dios y su pueblo, entre el discípulo y su Señor, entre el Espíritu Santo y el cristiano. Cuando alguien ama profundamente a una persona y está plenamente comprometido con ella, y cuando esa persona ama profundamente a la primera y está igualmente comprometida con ella, *y cuando ellos tienen el poder que hizo al mundo*, suceden cosas buenas. Algunas de estas cosas pueden ser difícilmente reconocibles, pero otras serán "muchísimo más que todo lo que podamos imaginarnos o pedir" (Efesios 3:20).

Es de este tipo de relación que vendrán los cambios descritos en los siguientes tres capítulos. Sin esta relación, sólo estamos modificando nuestro comportamiento.

Padre e hijo… y más

Tal vez ningún pasaje del Nuevo Testamento describa mejor esta relación íntima que Romanos 8:15–17. En este capítulo clave sobre la vida en el Espíritu Santo, Pablo escribe:

> Y ustedes no recibieron un espíritu que de nuevo los esclavice al miedo, sino el Espíritu que los adopta como hijos y les permite clamar: "¡Abba! ¡Padre!" El Espíritu mismo le asegura a nuestro espíritu que somos hijos de Dios. Y si somos hijos, somos herederos; herederos de Dios y coherederos con Cristo, pues si ahora sufrimos con él, también tendremos parte con él en su gloria.

Este corto pasaje es rebosante en el lenguaje de la relación íntima. (1) Usted recibió el Espíritu que lo hace hijo de Dios, el Espíritu que entra en usted y lo adopta como parte de la familia. Ya no es un esclavo o un sirviente, sino un niño (y como veremos más adelante, un heredero). (2) Por medio de Él (del Espíritu Santo) decimos: "¡*Abba*! ¡Padre!" El Espíritu que mora en nosotros llama a Dios usando la palabra más íntima que puede utilizarse.[2] (3) El Espíritu Santo da testimonio a nuestro espíritu de que somos hijos de Dios. De alguna forma que escapa a la observación científica, el Espíritu Santo se une con nuestro espíritu y produce la convicción de que somos hijos de Dios, y con eso viene la confianza de que somos coherederos con Cristo. También es posible que el testimonio al que se refiere sea la evidencia de la presencia de Cristo en nuestro estilo de vida personal.

¿Quién entre nosotros puede entender completamente todo esto? Lo que sí podemos entender es que Dios está comprometido a estar en nosotros, con nosotros y disponible para nosotros. ¿Y quién entre nosotros no se siente renovado, animado, inspirado y convencido por esto?

Destellos de la Palabra

Tenemos un libro (la Biblia), y aún debemos leerlo y obedecerlo. Sin él, andaremos sin rumbo hacia las sombras engañosas del subjetivismo y la auto decepción. Pero ahora tenemos algo más que un libro. Ahora servimos, dice Pablo, "con el nuevo poder que nos da el Espíritu, y no por medio del antiguo mandamiento escrito" (Romanos 7:6). Tenemos el libro, pero tenemos la relación que nos da el poder para seguir el libro.

Hay muchas escrituras que describen la relación renovada y llena de poder y de respaldo que podemos disfrutar con el Espíritu Santo. A continuación veamos sólo algunas.

> —De aquel que cree en mí, como dice la Escritura, brotarán ríos de agua viva.
>
> Con esto se refería al Espíritu que habrían de recibir más tarde los que creyeran en él. Hasta ese momento el Espíritu no había sido dado, porque Jesús no había sido glorificado todavía. (Juan 7:38–39)

> Y esta esperanza no nos defrauda, porque Dios ha derramado su amor en nuestro corazón por el Espíritu Santo que nos ha dado. (Romanos 5:5)

> Que el Dios de la esperanza los llene de toda alegría y paz a ustedes que creen en él, para que rebosen de esperanza por el poder del Espíritu Santo. (Romanos 15:13)
>
> Es evidente que ustedes son una carta de Cristo, expedida por nosotros, escrita no con tinta sino con el Espíritu del Dios viviente; no en tablas de piedra sino en tablas de carne, en los corazones. (2 Corintios 3:3)
>
> Dichosos ustedes si los insultan por causa del nombre de Cristo, porque el glorioso Espíritu de Dios reposa sobre ustedes. (1 Pedro 4:14)
>
> Ustedes, en cambio, queridos hermanos, manténganse en el amor de Dios, edificándose sobre la base de su santísima fe y orando en el Espíritu Santo, mientras esperan que nuestro Señor Jesucristo, en su misericordia, les conceda vida eterna. (Judas 20)

Cada una de estas escrituras comunica cuán cerca están los discípulos del Espíritu Santo y expresan que el Espíritu Santo está trabajando en nuestra vida. Mientras pasamos a los capítulos siguientes para hablar de aquellas cosas que el Espíritu quiere producir en nosotros, debemos tener presente que todas ellas surgen de esta relación, sin la cual, regresamos al antiguo sistema del código escrito (exactamente lo que Pablo temía que le sucediera a los Gálatas).

> Así mismo, en nuestra debilidad el Espíritu acude a ayudarnos. No sabemos qué pedir, pero el Espíritu mismo intercede por nosotros con gemidos que no pueden expresarse con palabras. Y Dios, que examina los corazones, sabe cuál es la intención del Espíritu, porque el Espíritu intercede por los creyentes conforme a la voluntad de Dios. (Romanos 8:26–27)

Este pasaje es particularmente importante. (1) Nos recuerda que en nuestra debilidad, el Espíritu no nos condena, más bien nos ayuda. (2) Nos ayuda a ver que la principal labor del Espíritu es ayudarnos a orar (y tener una conexión íntima con Dios). (3) El pasaje nos muestra cuál ha sido siempre el objetivo principal del Espíritu: someternos a la voluntad de Dios. Su trabajo no es hacer algo muy grandioso o espectacular, sino ayudarnos a hacer la voluntad de Dios (la cual el Espíritu ha revelado a través de la Palabra).

Esto es lo que significa tener la comunión con el Espíritu Santo. Esta es la razón por la que el apóstol Pablo termina una de sus cartas más personales diciendo:

Que la gracia del Señor Jesucristo, el amor de Dios y la comunión del Espíritu Santo sean con todos ustedes. (2 Corintios 13:14)

PREGUNTAS PARA PENSAR

- *¿Cómo es mi intimidad en las relaciones en general? ¿Puedo ver cómo esto afecta mi relación con Dios y con su Espíritu?*
- *Una negligencia del Espíritu es realmente una negligencia de Dios mismo. ¿El versículo: "Dios es espíritu..." (Juan 4:24) está tomando una nueva importancia en mi vida?*
- *¿Qué estoy haciendo para alimentar mi intimidad con Dios y su Espíritu?*

NOTAS

1. Ver Marcos 14:36, Romanos 8:15 y Gálatas 4:6.

2. William Barclay da mucha más profundidad a esta discusión con este comentario de su libro *The Mind of Jesus* (la mente de Jesús): "Cuando finalmente llegamos a examinar el concepto que Jesús tenía de la paternidad de Dios, encontramos dos hechos muy significativos e ilustrativos:

"(a) Existe la *extraordinaria rareza* con la que Jesús utiliza el nombre 'Padre' para referirse a Dios. En Marcos, el primero de los evangelios, Jesús llama a Dios 'Padre' cuatro veces (Marcos 8.38, 11.25, 13.32, 14.36). Además, en Marcos, Jesús no llama a Dios 'Padre' en lo absoluto hasta después de la confesión de Pedro en Cesárea de Filipo, y sólo lo hace dentro del círculo de sus discípulos. Hay sólo una conclusión de todo esto. Para Jesús, llamar a Dios 'Padre' no era teológicamente algo corriente; era algo tan sagrado que le era muy difícil hablar de ello en público; y cuando lo hizo, fue sólo en presencia de aquellos que, al menos hasta cierto punto, lo entendieron.

"(b) Existe la *extraordinaria intimidad* que Jesús le dio al término. Jesús llamó a Dios 'Abba, Padre' (Marcos 14.36). Como lo señala [Joachim] Jeremias, no existe el más remoto parangón con esto en la literatura judía. *Abba*, como en el árabe moderno *jaba*, es la palabra utilizada por un niño para dirigirse a su padre. Es imposible de traducir. Cualquier intento de darle un sentido en inglés [o español] termina en algo absurdo o grotesco. Es una palabra que nadie se ha atrevido a utilizar para dirigirse a alguien.

"Para Jesús, la paternidad de Dios era algo indescriptiblemente sagrado y de lo que habló acerca de Dios en su relación con los hombres" (traducido de William Barclay, *The Mind of Jesus* [New York: Harper & Row, 1960], 117).

3

El Espíritu de poder

Más fuertes... ¡de adentro hacia afuera!

Hemos visto claramente que cada uno de nosotros necesita ser lleno del Espíritu Santo. Dios nos llama a eso. Ahora seamos prácticos. En el último capítulo vimos que el Espíritu es intensamente personal. Ahora queremos ver cuán intensamente práctico es. Como Pablo escribió a Timoteo:

> Pues Dios no nos ha dado un espíritu de timidez, sino de poder, de amor y de dominio propio.
>
> Así que no te avergüences de dar testimonio de nuestro Señor, ni tampoco de mí, que por su causa soy prisionero. Al contrario, tú también, con el poder de Dios, debes soportar sufrimientos por el evangelio. Pues Dios nos salvó y nos llamó a una vida santa, no por nuestras propias obras, sino por su propia determinación y gracia. Nos concedió este favor en Cristo Jesús antes del comienzo del tiempo. (2 Timoteo 1:7–9)

La presencia del Espíritu Santo en nuestra vida significa que seremos personas no sólo diferentes al mundo que nos rodea, sino también de nuestra "vieja naturaleza." Si nunca cambiamos, eso sólo significa que el Espíritu está siendo agraviado (Efesios 4:30).[1] Este capitulo y los dos siguientes exploran tres atributos esenciales del Espíritu Santo: poder, amor y dominio propio. Pongamos toda nuestra atención en cada uno de ellos en su orden. El primero de ellos es el poder.

¡Verifica el poder!

Hagamos una verificación del poder (sólo en caso de que usted sea lo suficientemente poderoso para ser un "Llanero Solitario": suficientemente fuerte para realizar la voluntad de Dios en este mundo).

- Comencemos por: ¿Cómo está su fortaleza física? ¿Puede correr una maratón?
- ¿Sobreviviría usted a la competencia del Ironman (Hombre de Hierro)? (¡Yo no!)
- ¿Cuál es su poder político? ¿Es usted un senador o un alcalde? ¿Los poderes que están allí representados se sientan y lo escuchan? Las posibilidades son que usted no tenga más poder político del que otorga un voto.
- ¿Qué tal su poder intelectual? ¿Cree estar opcionado para recibir un

premio Nobel en reconocimiento a su brillante contribución a la humanidad?

- ¿O deberíamos discutir su poder económico? ¿No?
- Bien, ¿qué tal está su fortaleza emocional? ¿Estalla bajo presión?
- Luego, verifique su capacidad, su enfoque: ¿Cuántos asuntos puede atender al mismo tiempo sin descuidar ninguno? ¿Cuán duro puede usted trabajar sin quejarse o llamar la atención por su dificultad?

Si usted pasó todas estas pruebas, ¿qué tipo de poder hay en sus relaciones? ¿Tiene el poder para hacer que su matrimonio funcione, tener una maravillosa relación con sus hijos y para construir grandes amistades?

Espero que al repasar la lista, usted entienda el punto. Usted es débil; todos somos débiles. No muchos de nosotros somos poderosos, influyentes, de noble cuna o grandiosos (1 Corintios 1:26).[2] Incluso aquellos que tienen el poder que da el mundo, tienen al mismo tiempo grandes debilidades. Pero con el Espíritu Santo, estamos equipados para llevar a cabo algo significativo y duradero, pues el poder que tenemos a nuestra disposición —realmente cuando estamos a disposición de Dios— es el poder de la resurrección.

El poder de la resurrección

Usted ha oído hablar del poder de la electricidad, del sol, del gas, de la energía geotérmica y nuclear. Pero el poder del Espíritu deja a sus competidores en el polvo. El poder del Espíritu es el poder que resucitó a Jesús de entre los muertos (Romanos 8:11). ¡El poder de la resurrección es incomparable! Es el más grande poder sobre la tierra, capaz de "erradicar" cualquier otra forma o fuente de poder que usted puede haber oído antes. La oración de Pablo por los Efesios puede ser nuestra propia oración, pidiendo que Dios nos dé la fuerza para seguir adelante.

> Pido también que les sean iluminados los ojos del corazón para que sepan a qué esperanza él los ha llamado, cuál es la riqueza de su gloriosa herencia entre los santos, y cuán incomparable es la grandeza de su poder a favor de los que creemos. Ese poder es la fuerza grandiosa y eficaz que Dios ejerció en Cristo cuando lo resucitó de entre los muertos y lo sentó a su derecha en las regiones celestiales. (Efesios 1:18–20)

El poder de la resurrección no sólo nos da la capacidad para cambiar de adentro hacia fuera; también nos capacita para compartir nuestra fe sin vergüenza (2 Timoteo 1:8). Este es el poder que lo puede animar, renovar y motivar a caminar en los pasos de Jesús sin cansarse, correr la carrera sin desfallecer y volar alto como las águilas.

Cristianismo sin poder

En 2 Timoteo 3, Pablo describe la falta de piedad que caracteriza a nuestra sociedad. Él está hablando de quienes dicen ser religiosos. La religión puede tener una mala reputación, pero la verdadera religión, la que describen las Escrituras, es algo bueno. Aquellos que aparentan ser piadosos pero su conducta desmiente su poder, son falsos creyentes (2 Timoteo 3:5). Ellos no son guiados por el Espíritu, pues encuentran los placeres de la carne y del mundo material mucho más atractivos (Romanos 8:12–14, RVR; 1 Juan 2:15–17).

Imagínese tratando de aspirar toda una casa sin haber conectado la aspiradora. Usted terminaría agotado y empapado de sudor de tanto empujar y halar la aspiradora. Supongo que habría algunos resultados: habría sacudido algo de polvo. Pero, ¿es esa la manera de limpiar la casa? O los varones, imagínense ustedes mismos tratando de afeitarte con una rasuradora eléctrica sin energía. ¡Su cara probablemente se parecería a la de Legión antes de encontrarse con el Señor! (Marcos 5:5). No, no y no. ¡Este no es el plan de Dios para nosotros! ¡"Conéctese" y deje que el Espíritu, el poder de Dios, lo llene de energía!

Nunca fue la intención del cristianismo ser fútil ni frustrante. Sus mandamientos no son gravosos, sino relativamente "livianos" (Mateo 11:30, 1 Juan 5:3). Esa es la verdad, no porque sean fáciles, sino porque hemos recibido el poder para cumplirlos. Es lamentable obrar de una forma aparentemente piadosa que desmiente el poder.

Poder interior

El verdadero poder del cristianismo viene de lo más profundo de nosotros. No es algún poder psíquico interior, como enseñan algunas religiones orientales, al que sólo necesitamos obtener acceso. Compartimos la naturaleza divina de Dios cuando nos convertimos en cristianos y no por el simple hecho de estar vivos (2 Pedro 1:3–4 [abajo]). La mayoría de las religiones buscan en vano un poder que está "más allá" o que innatamente está "dentro" de nosotros. Se supone que usted debe "llamarlo" o "hacerlo salir." ¡No sucede así con el Espíritu Santo! No estamos obligados a luchar por el poder de Dios; Él nos lo da cuando lo necesitamos.

> Su divino poder, al darnos el conocimiento de aquel que nos llamó por su propia gloria y potencia, nos ha concedido todas las cosas que necesitamos para vivir como Dios manda. Así Dios nos ha entregado sus preciosas y magníficas promesas para que ustedes, luego de escapar de la corrupción que hay en el mundo debido a los malos deseos, lleguen a tener parte en la naturaleza divina. (2 Pedro 1:3–4)

La fuente de poder es de hecho externa: viene de Dios, no de nosotros mismos. Se hace interna en tanto que el Espíritu de Dios vive en nuestros corazones (la "morada"). Por ejemplo, nuestro sol es mucho más caliente en su núcleo que en el exterior. ¿Sabía usted que, en su superficie, el sol está normalmente a "sólo" unos pocos miles de grados centígrados? Pero en su interior, el calor es de millones de grados centígrados. En el caso del sol, el poder está en el interior, en el centro de esta enorme bola de gas. Piense en el sol mientras lee este pasaje acerca de la morada del Espíritu Santo dentro de los discípulos.

> Le pido que, por medio del Espíritu y con el poder que procede de sus gloriosas riquezas, los fortalezca a ustedes en lo íntimo de su ser, para que por fe Cristo habite en sus corazones. Y pido que, arraigados y cimentados en amor, puedan comprender, junto con todos los santos, cuán ancho y largo, alto y profundo es el amor de Cristo; en fin, que conozcan ese amor que sobrepasa nuestro conocimiento, para que sean llenos de la plenitud de Dios.
>
> Al que puede hacer muchísimo más que todo lo que podamos imaginarnos o pedir, por el poder que obra eficazmente en nosotros, ¡a él sea la gloria en la iglesia y en Cristo Jesús por todas las generaciones, por los siglos de los siglos! Amén. (Efesios 3:16–21)

Este poderoso pasaje nos enseña mucho acerca del poder del Espíritu:

- El fortalecimiento sucede en "lo íntimo de [nuestro] ser." Aunque Él no formará milagrosamente nuestro tejido muscular, es un hecho que recibimos la fortaleza a través del Espíritu. Naturalmente, esta energía extra se derrama sobre nuestro dinamismo y resistencia físicos. ¿Está usted experimentando esta cantidad de energía y vigor?
- Cuando el Espíritu vive en nosotros, Cristo vive en nosotros. (No, no estamos siendo habitados por cuatro espíritus: el nuestro, el del Padre, el del Hijo y además, el Espíritu Santo. Lea Romanos 8:9–11 para ver otro ejemplo de cuán intercambiables son las referencias de Dios, Cristo y el Espíritu Santo.)
- Recibimos poder para conocer (experimentar) el amor de Cristo. ¡Eso es lo que realmente lo mantiene en acción!
- Con el incomparable poder de su Espíritu, Dios puede hacer mucho más de lo que incluso podemos soñar. Pongámosle fin a las pequeñas ideas. En contexto, probablemente Pablo se estaba refiriendo al Espíritu trayendo juntos a judíos y gentiles (Efesios 2:11–22). Eso era asombroso, pero también era la señal de otras grandes cosas que pueden hacerse.
- El poder está obrando en nosotros, a través de la iglesia, en Cristo. No pretendamos "volar en solitario." Estamos aquí para estar juntos "con todos los santos." El cristianismo es un deporte de equipo.
- Este es el plan de Dios para cada generación de discípulos: para usted, sus hijos y ¡hasta sus nietos! Y no hay necesidad de mejorar el plan.

¿Por qué tratar de perfeccionar lo que ya es perfecto?

¿Corte de energía?

Dios quiere que todos tengamos una vida cristiana dinámica, pues esa es la única forma de perseverar en nuestra misión y evangelizar al mundo. Por otra parte, las vidas que no son dinámicas se estancan y quienes llevan ese tipo de vida tienden a caerse de la fe. ¿Sufre usted de cortes de energía? ¡No culpe a Dios! Conéctese a la fuente de energía y deje de intentar hacerlo solo.

En su corazón, ¿usted realmente desea una poderosa vida cristiana? Como hemos visto, esa es una de las principales actividades del Espíritu. Siempre es mucho más fácil pronunciar un entusiasta (pero no arrepentido) "¡amén!" que cambiar de verdad. Aquí hay sólo tres áreas en las que Dios nos bendecirá con energía y motivación extras cuando utilizamos el poder del Espíritu:

- Energía para levantarse en la mañana a la primera vez. Vea el botón de la alarma para lo que es: una excusa electrónicamente sancionada, que proviene directamente de Satanás, para sacar de rumbo su día lo más temprano posible.
- Energía para mantener el balance y la perspectiva a través de las dificultades que seguramente vendrán con el día. Los que reaccionan no son personas espiritualmente fuertes. Jesús no fue alguien que reaccionara.
- Energía para mantenerse enfocado. ¡Definitivamente necesitará del Espíritu para seguir amando! (Pero eso es tema del próximo capítulo.)

Más fuerte que nunca

Es tiempo de llevarlo más alto, de convertirse en alguien espiritualmente más fuerte de lo que ha sido hasta ahora. Decida hoy convertirse en una persona más fuerte, ¡de adentro hacia fuera!

PREGUNTAS PARA PENSAR

- *¿Se puede decir que tengo un poderoso estilo de vida evangelístico? ¿Estoy espiritualmente anémico o lleno de energía?*
- *¿Los demás me ven como alguien dinámico? ¿Soy un ejemplo para otros discípulos de Jesús? ¿Para los que aún no lo son?*
- *¿Temo que si confío plenamente en que Dios obre en mí poderosamente, no tendré suficiente tiempo, recursos o energía para el resto de mi vida?*

NOTAS

1. El contexto de Efesios 4:30 es nuestra relación con los demás. Si no vivimos en armonía con otras personas, estamos agraviando al Espíritu, que desea nuestra unidad, cooperación y éxito mutuo. (No digo que no hay otras formas de agraviar al Espíritu, sino que ese es el contexto del pasaje.)

2. ¡Confío en que usted no anda por ahí esperando que todos lo llamen "el Gran Poder"! (Hechos 8:10).

4

El Espíritu del amor

Volviéndonos personas más amorosas... ¡de adentro hacia afuera!

En 2 Timoteo 1:7 leemos que Dios nos ha dado un espíritu "de poder, de amor y de dominio propio." El segundo en la serie es la cualidad del amor. El amor es vital porque sin amor, el poder es cruel, ruidoso y poco atractivo. Sin el amor del Espíritu Santo actuando en nuestra vida, el poder se degenera fácilmente, haciéndonos duros, descuidados y dominantes, como el sonido de un metal que resuena o un platillo que hace ruido (1 Corintios 13:1). Definitivamente, el espíritu de amor no es un sentimiento. Los sentimientos generalmente son parte del amor, pero el amor es mucho más que eso: es un compromiso. La Biblia nos muestra que la esencia del amor es el sacrificio. Cuando usted ama a alguien, está dispuesto a sacrificarse por esa persona.

¿Es usted una persona amorosa? (No es su respuesta a la pregunta, sino la que otros dirían en casa, en el trabajo o incluso los extraños con los que trata.) Necesitamos el Espíritu de Cristo en nuestro corazón si queremos perdurar en el Reino de Dios. La Biblia nos dice que Dios ha "derramado" su amor en nuestro corazón.

> Y no sólo en esto, sino también en nuestros sufrimientos, porque sabemos que el sufrimiento produce perseverancia; la perseverancia, entereza de carácter; la entereza de carácter, esperanza. Y esta esperanza no nos defrauda, porque Dios ha derramado su amor en nuestro corazón por el Espíritu Santo que nos ha dado. (Romanos 5:3–5)[1]

Dios no sólo nos salpicó con su amor cuando nos salvó, ¡lo derramó sobre nosotros por medio del Espíritu Santo! ¿Sabía usted eso? Nuestro corazón puede estar tan lleno de su amor como queramos. El corazón de Jesucristo estaba rebosante, y por eso, mientras sigamos sus pasos, nuestra paz y felicidad aumentan más y más cada año que permanecemos en la fe.

Nuestras relaciones más importantes como discípulos tienen un orden de prioridades: Jesús primero, otros en segundo lugar, y yo en el último. En esta oportunidad seremos más específicos aun.[2]

Amando a Dios

Dios es amor, pero también es invisible.[3] Puede ser difícil darle su corazón a seres invisibles, a poderes abstractos. (¡Encuentro ya bastante difícil amar a aquellos que puedo ver!) Como Dios es un ser espiritual, definitivamente necesitamos ayuda espiritual para amarlo. Al igual que con todas las relaciones, hay momentos en los que es más fácil amar a Dios que en otros. Una cosa es cierta: la manera como nos sintamos en el momento hacia Dios nos dice mucho acerca de nuestro corazón, pero nada acerca del suyo. Como alguien dijo: "Cuando Dios parece distante, adivine: ¿Quién se movió?"

El Espíritu de Dios está en nuestro corazón para amarlo a Él más profundamente. Cuando nos despertamos en la mañana, ¿qué tan determinados estamos a refrescar nuestro corazón y nuestra mente en el estudio de la Biblia y la oración que cambian nuestra vida? ¿Podemos decir en verdad, con el hombre conforme al corazón de Dios,[4] "¡Cuánto te amo, SEÑOR, fuerza mía!" (Salmo 18:1)? Si nuestra relación con Dios no es verdadera, si la sensación de asombro ha desaparecido y las llamas del amor se han apagado, ¡cuidado! Ciertamente, ellas pueden encender de nuevo: sóplelas y avive la llama (2 Timoteo 1:6).

Amando a su cónyuge y a sus hijos

Necesitamos trabajar en el amor. La "espontaneidad" es un reclamo que se hace en estos días, pero la mayor parte del amor tiene muy poco que ver con la espontaneidad y sí mucho con el compromiso incondicional.

Recuerdo bien que el día de mi matrimonio, yo estaba de pie junto a mi novia. El ministro mencionó que un día llegarían los tiempos difíciles y que entonces yo tendría que sacrificarme para poner en primer lugar las necesidades de mi esposa. En mi mente, sabía que él tenía razón, pero en mi corazón me rehusaba a creer que estar enamorado no siempre sería fácil. Tal vez otras personas tendrían problemas, pero yo no. (¡Seguramente yo era la excepción!) Pero el ministro tenía razón. Se acercaba el día y llegó, cuando mi propia tozudez me impidió apreciar a la hermosa novia que estaba a mi lado y a la que prometí amar, honrar y cuidar por siempre. ¡El amor requiere trabajo![5] Recuerde: es una decisión de poner primero a la otra persona y no una sensación de euforia. Esto explica el misterioso Tito 2:3–4:

> A las ancianas, enséñales que sean reverentes en su conducta, y no calumniadoras ni adictas al mucho vino. Deben enseñar lo bueno y aconsejar a las jóvenes a amar a sus esposos y a sus hijos.

Como un joven cristiano, me preguntaba por qué alguien necesitaría "entrenamiento" para amar a su cónyuge y a sus hijos. Pero luego lo empecé a comprender: el amar requiere trabajo. La naturaleza del amor es el sacrificio. ¿Desde cuándo el auto sacrificio ha sido fácil para alguien? Si aun Jesús tuvo que renunciar sus propias preferencias para entregar su vida por nosotros (Mateo 26:36–46), ¿cuánto más nosotros tendremos que luchar una y otra vez?

Esposas, ¿han estado casadas el tiempo suficiente para ver la necesidad de entrenarse para amar a su esposo? ¿Y sus hijos? ¿A veces las sacan de casillas? (Está bien decir que sí: ¡puede ser terapéutico!) Hombres, ¿está siendo entrenados por una pareja mayor, para poder amar a su esposa e hijos en una forma cristiana? ¿O los está dejando de lado? (¿Olvida constantemente los tiempos de devoción familiar y de discipulado con los niños? ¿Está su esposa clamando al cielo porque usted no es tan espiritual como ella?)

¿Qué tan espiritual es su hogar? Si usted no puede decir honestamente que lo es, entonces hasta ahora el Espíritu no ha estado en control. No renuncie a Dios; su Espíritu transformará todas tus relaciones, especialmente las de su hogar. El siguiente punto está muy relacionado: amar a aquellos con quienes crecimos.

Amando a sus familiares cercanos

Necesitamos la ayuda del Espíritu para amar a nuestros parientes (padres, abuelos, etc.). A veces, al hacernos cristianos, dejamos de ver las cosas positivas que hemos recibido de nuestra familia y tendemos a "reinterpretar" el pasado en una forma negativa, recordando las cosas que nos pasaron cuando éramos más jóvenes y que nos hirieron o impidieron que llegáramos a ser discípulos de Cristo mucho antes. Dejamos que el "lastre" nos inmovilice. Pero nos olvidamos de las bendiciones materiales y de otro tipo que Dios nos ha dado a través de nuestra familia (por ejemplo, las incontables noches que mamá o papá pasó al lado de un hijo enfermo, sus enseñanzas durante nuestros primeros años, su apoyo en momentos difíciles). ¡No es correcto!

Honrar, respetar y cuidar a nuestras familias de origen es increíblemente importante en la voluntad de Dios (Éxodo 20:12, 1 Timoteo 5:4). Las Escrituras no distinguen entre padres "buenos" y "malos" cuando se trata de honrarlos y respetarlos. Más bien, les dan el beneficio de la duda (Hebreos 12:9–10). Si usted siente que ha sido maltratado (por su padre o su madre, un tío, hermano mayor u otra persona), el Espíritu, a su tiempo, le permitirá resolverlo y olvidarlo completamente. Si no lo hace y por el contrario alimenta su amargura y rencor, su corazón se endurecerá y no llegará al cielo (Hebreos12:15).[6] Esta no es mi opinión, Jesús mismo lo dijo (Mateo 6:14–15). Además, si usted no está dispuesto a perdonar, ¿cree que sus hijos le perdonarán los errores que cometa con ellos durante su crianza? Su corazón y sus acciones son el ejemplo que ellos están viendo y en todo es muy probable que ellos se estén preparando para imitarlo.[7]

Amando a los perdidos

El amor es piadoso y nos hace parecidos a Cristo, pues "Dios es amor" (1 Juan 4:8).[8] Él nos ama tanto y valora su relación con cada uno, que "entregó su vida por nosotros" (1 Juan 3:16; Juan 3:16, 10:11, 15:13). Toda la vida de Jesús —su interés, sus oraciones, su afecto, su horario, su vida y su muerte— tuvo que ver siempre con las personas, y nosotros estamos llamados a llevar la misma vida de amor (Efesios 5:1–2). Cuando usted lee: "porque tanto amó Dios al mundo, que dio...," ¿puede volver a escribirlo de esta forma: "porque tanto amó Ricardo al mundo, que..."? (O Ana, o María o Carlos, ¡sólo ponga su nombre!) La evangelización es la marca del verdadero cristiano. ¿Cómo podemos decir que tenemos el amor de Dios en nuestro corazón si lo endurecemos hacia quienes nos rodean? Como Pablo escribió a los Tesalonicenses en el año 50 d. C.:

> Así nosotros, por el cariño que les tenemos, nos deleitamos en compartir con ustedes no sólo el evangelio de Dios sino también nuestra vida. ¡Tanto llegamos a quererlos! (1 Tesalonicenses 2:8)

Observe que lo que agrada a Dios en nuestras relaciones con los no creyentes no sólo es predicar el evangelio, sino también compartir nuestra vida. No espere que la mayoría de hombres y mujeres se vuelvan cristianos como fruto de sus esfuerzos si sólo les comparte el evangelio. Ellos están buscando amigos, y el cristianismo se esparce por medio de las relaciones. Pero también necesitan ver que lo que usted les dice se refleje en su vida: su paciencia, su forma de ser, su conciencia, su vida familiar, su compromiso con la excelencia y su disposición al sacrificio.

A propósito, ¿cree que alcanzar a los perdidos es más importante que fortalecer los lazos con sus hermanos cristianos? Aunque la misión es tan importante, la Biblia no enseña así (Gálatas 6:10, Lucas 15:3–7). El evangelismo será un ejercicio fútil si la familia espiritual a la que estamos invitando a los no creyentes no es una verdadera "familia." Considere esta segunda calificación acerca de la diferencia entre misión y propósito: su propósito es tener una relación con Dios e ir al cielo; su misión es llevar las buenas nuevas a las vidas de otros. ¡El evangelismo no es su único propósito! Cuando confundimos la misión y el propósito, es muy probable que nuestra felicidad dependa de cuántas personas nos estén escuchando.

¿Le es difícil evangelizar? ¡No se preocupe! El Espíritu vive en usted y no es "un espíritu de timidez," sino un espíritu de amor (2 Timoteo 1:7). En la medida que Él toma el control, usted vencerá la timidez y aprenderá a no avergonzarse (2 Timoteo 1:8).[9]

Amando la convivencia con otros

Si usted está soltero o soltera, hay buenas oportunidades para convivir con otra u otras personas. Obviamente, esta es otra área donde el Espíritu se regocija de hacer su obra. Amar significa dos cosas: aconsejarse y enseñarse unos a otros (Colosenses 1:28) y tolerarse mutuamente (Efesios 4:2–3).[10]

El primero es un mandamiento de Dios, para el cual sólo hay un modelo para el cristiano: el discipulado. Esto significa compromiso, no un acuerdo. El segundo también es un mandamiento de Dios. Debemos soportarnos unos a otros, porque incluso los discípulos de buen corazón (y soy de la opinión que casi todos los discípulos son fundamentalmente de buen corazón) tendrán ocasionalmente roces entre sí. Cosas como no hacer su parte para mantener el apartamento limpio o ser irresponsable con su aporte financiero,[11] no entregar los mensajes, no asistir a los tiempos de comer y orar juntos y tratarse mutuamente como extraños tienen su precio en una relación.

¿Es usted impaciente y temperamental con sus compañeros? ¿De qué humor está usted al despertar en la mañana? ¿Es demasiado "duro" con ellos? ¿O se hace el desentendido cuando no ponen a Dios primero asumiendo quizás la actitud de "no me meto, no se meta"? Ninguno de estos extremos es amor. ¿Cuán espiritual es su apartamento o lugar de residencia? Un último aspecto a considerar: a menos que usted esté contento y decidido a permanecer soltero, destacarse en una casa de solteros es una excelente preparación para el matrimonio.

Amando a los compañeros de discipulado

¿Cómo está su relación con quienes están haciendo un esfuerzo especial para ayudarlo a madurar en Cristo? ¿Tiene la disposición de aprender, o muestra poco entusiasmo o hace que sea difícil contactarlo? A veces los discípulos confunden al mensajero con el mensaje. No seamos como el "burlón" de Proverbios 9:7–9. Recuerda, aun si nadie lo estuviera discipulando, la verdad sigue siendo verdad y todos tenemos muchas cosas que cambiar. He aquí otra área en la que obviamente el Espíritu puede guiarnos y enseñarnos muchas cosas.[12]

Amor "daltónico"

Para la mayoría de la cristiandad, el domingo es "el día de mayor separación de la semana." ¡Eso es una parodia! ¡Jesús no lo habría admitido! (Juan 17:22–23). Una de las más impresionantes evidencias del Espíritu Santo es el amor genuino presente en las iglesias de discípulos. En las grandes áreas metropolitanas de los Estados Unidos, por ejemplo, las iglesias de discípulos están muy mezcladas. El matrimonio interracial no es algo extraño, y cuando los cristianos deciden formar una casa de solteros, la homogeneidad racial es la excepción, no la regla.

Tal vez usted haya sido educado con cierto grado de prejuicios (hacia los blancos, negros, orientales, árabes, etc.). Una discípula afroamericana me compartió cómo la trataron en lo alto de la Estatua de la Libertad (un monumento que simboliza la diversidad de los estadounidenses). Increíblemente, alguien odioso la escupió en la cara y le dijo: ¿"Qué hace aquí? ¡Váyase! ¡Usted no pertenece a este sitio!" Lamentablemente, el racismo y la intolerancia nos rodean por doquier. Asegurémonos de no jugar según las reglas del mundo. Por cierto, ¿a qué raza pertenecen sus amigos? ¿Cuál es su clase social? (¿La misma suya?) El amor no desprecia a los demás o se asocia sólo con los de "su propia clase." El Espíritu trasciende todas las barreras.

En general, los intolerantes, racistas y prejuiciosos se asombran por el amor entre los seguidores de Jesús y en su iglesia. El Espíritu nos une a todos (Efesios 4:3) y nos prepara para el cielo, donde no habrá diferencias raciales (Apocalipsis 7:9). Pero si aún luchamos con un prejuicio persistente, necesitamos leer lo que Juan el apóstol escribió a los discípulos del primer siglo.

> Nosotros amamos a Dios porque él nos amó primero. Si alguien afirma: "Yo amo a Dios", pero odia a su hermano, es un mentiroso; pues el que no ama a su hermano, a quien ha visto, no puede amar a Dios, a quien no ha visto. Y él nos ha dado este mandamiento: el que ama a Dios, ame también a su hermano. (1 Juan 4:19–21)

Es mucho más difícil amar a Dios a quien usted no puede ver, que amar a su hermano que está adorando al Señor justo al lado de usted. Cualquier hermano o hermana a quien "simplemente no podamos amar," potencialmente cuestiona nuestra relación con Dios. Alguien dijo que sólo amamos a Dios tanto como amamos a aquel a quien amamos menos. Sólo por medio del Espíritu podemos amarnos sinceramente unos a otros de todo corazón y a pesar de nuestras diferencias (1 Pedro 1:22).

¿Juntos o separados?

Es imposible dar demasiado énfasis a que la iglesia de Dios debe ser unida. No sólo racial y socialmente, sino en términos de comunicación, doctrina y teología. Efesios 4:3 dice que debemos esforzarnos por "mantener la unidad del Espíritu mediante el vínculo de la paz." No es que el Espíritu pueda desunirse; es nuestra unidad la que está siendo cuestionada. Aquí están las siete señales de una iglesia unida:

1. Unidad en el liderazgo: "de la cabeza a los pies," la amistad, la honestidad, la franqueza y la integridad deben caracterizar a los líderes de la iglesia y sus relaciones entre sí y con los demás.
2. Unidad étnica y socioeconómica: el Espíritu de Dios redime a todo tipo de personas.
3. Unidad en los matrimonios: nuestra relación más importante es la que tenemos con nuestro cónyuge.
4. Unidad en la oración: iglesia que ora unida, permanece unida.
5. Unidad en la doctrina: sobre los principios básicos de la fe y no necesariamente en asuntos de opinión.
6. Unidad en el amor por los pobres: todo discípulo se interesa por los necesitados.
7. Unidad en la misión: todo discípulo comparte la Palabra de Dios.

El objetivo de la evangelización mundial no es más que una quimera si no podemos mantener nuestra unidad como pueblo de Dios. Como Benjamín Franklin dijo sabiamente al inicio de la guerra de independencia de los Estados Unidos: "Debemos levantarnos juntos o muy seguramente caeremos por separado."[13] Sólo cuando permitamos que Dios nos una, podremos verdaderamente avanzar en el poder del Espíritu para traer la luz a este mundo de oscuridad.

PREGUNTAS PARA PENSAR

- *¿Existen personas específicas a quienes me ha costado amar (y ahora lo admito)? ¿Qué puedo hacer respecto a mi falta de amor hacia él, ella o ellos?*
- *¿Comparto mi fe por obligación u otras personas sienten el amor de Cristo en mí?*
- *¿Hay algún prejuicio racial presente en mi corazón?*
- *¿Hay alguien a quien dudo en llamar o con quien me siento incómodo(a)? Puede ser que tenga algo contra esa persona. ¿No estoy perdonando? ¿Qué tipo de comunicación creo que Dios quisiera que tuviera para resolver las cosas? ¿Cuánto más voy a esperar para actuar?*
- *¿Qué significa para mí que "Dios es amor" (1 Juan 4:8)?*

NOTAS

1. Más acerca del derramamiento del Espíritu Santo se encuentra en Tito 3:5–6 y en el capítulo 18.

2. N. del E. En el texto original en inglés, el autor plantea una estrategia mnemotécnica para mantener el orden de las prioridades en las relaciones de los discípulos, en torno a un acrónimo de la palabra inglesa *"JOY"* ("felicidad") que significa: Jesús primero, Otros en segundo lugar, y Yo en el último.

3. Texto probatorio: 1 Timoteo 1:17, ¡en caso que usted crea que lo ha visto en forma visible!

4. David: ver Hechos 13:22.

5. Para un excelente tratamiento del amor, ver C.S. Lewis, *The Four Loves* (London: Harper Collins, 1977). De forma magistral, Lewis discute la naturaleza de *agape, philia, eros y storge.*

6. Una interesante introducción a la "Teoría de los Sistemas," una perspectiva fresca sobre las relaciones, es el escrito de Roberta M. Gilbert, *Extraordinary Relationships: A New Way of Thinking About Human Interactions* (Minneapolis, MN: Chronimed, 1992). También es de mucha ayuda el escrito de Edwin H. Friedman, *Generation to Generation: Family Process in Church and Synagogue* (New York: The Guilford Press, 1985).

7. Muy recomendados son dos libros escritos por Sam y Geri Laing: *Criando Niños Ejemplares en Tiempos Difíciles* (Woburn, MA: DPI, 1997) y *Amigos Amantes: El matrimonio como Dios lo diseñó* (Woburn, MA: DPI, 2001). Ambos están disponibles en español en www.dpibooks.org.

8. Eso no significa que "amor" y "Dios" son de alguna manera intercambiables o sinónimos, o que si usted es una persona que se preocupa por los demás, Dios vive de alguna manera en su corazón. Significa que el amor es una (no la única) de las características básicas del Señor.

9. Recomiendo leer el libro de Randy y Kay McKean, *The Mission* (Woburn, MA: DPI, 1994).

10. Los cristianos solteros sabrán apreciar el libro de G. Steve Kinnard (ed.) *Undivided Devotion: Spiritual Focus for Single Disciples* (Woburn, MA: DPI, 1997).

11. Mark Twain comentó que: "La santa pasión por la amistad es de una naturaleza tan dulce, estable, leal y duradera, que durará toda una vida, a menos que haya un préstamo de dinero"(!). De hecho, los discípulos deberían tener en mente Proverbios 19:17. En las Escrituras, se aconseja la prudencia tanto como se condena la tacañería.

12. Ver el libro de Gordon Ferguson, *Discipling: God's Plan to Train and Transform His People* (Woburn, MA: DPI, 1997).

13. Benjamin Franklin (1706–1790) en un comentario a John Hancock, durante la firma de la Declaración de Independencia de los Estados Unidos de América, el 4 de julio de 1776.

5
El Espíritu de disciplina

Convirtiéndonos en personas más disciplinadas... ¡de adentro hacia afuera!

La energía es dinámica, el amor es afectuoso; pero sin disciplina desperdiciaremos las preciosas horas que Dios nos ha dado para cumplir su voluntad y amar a quienes Él ha puesto en nuestras vidas. Ahora veamos el tercer resultado de la obra del Espíritu: la autodisciplina.

Es el momento para un contundente cuestionamiento: *¿Es su vida lo suficientemente disciplinada para respaldar el mensaje que usted predica de rendirse a Dios?* En el examen final, seremos ineficaces en nuestro propósito y desacreditados por nuestra propia vida si no tenemos control sobre nosotros mismos. La buena noticia es que no importa cuán desorganizados, flojos o improductivos hayamos sido, podemos cambiar, porque el Espíritu de Dios nos da la fuerza para hacerlo.

La disciplina es de Dios

Dios es un Dios de orden (1 Corintios 14:33). ¿Reflejamos este orden en nuestras vidas? Es tiempo para una lección de griego: la palabra para orden es *cosmos*. ¡Lo opuesto es caos! ¿Cuál describe su vida? ¿Su pensamiento? ¿Cómo es el lugar donde vive? ¿Cómo son sus relaciones y sus finanzas personales? La disciplina no es un detalle menor. Es la obra del Espíritu y producto de la piedad.[1] Quien se burla de la disciplina, especialmente el que dice ser guiado por el Espíritu, desprecia a Dios y a su Espíritu.

Este capítulo apunta a ser muy práctico. Tenemos que ser específicos. Las buenas intenciones no proporcionan una base firme para el camino que hemos decidido recorrer.

Atajos hacia la disciplina

Si este subtítulo lo emociona, ¡ya sabe cuál es su problema! El carácter, como un músculo, es moldeado a través de mucho esfuerzo y repetición. Pero culturalmente somos cada vez más débiles, especialmente en el carácter. ¡Una terrible debilidad se ha infiltrado sutilmente![2] Siempre estamos buscando la manera más rápida y el camino más fácil (Mateo 7:13). Toda idea de un “atajo hacia la disciplina” es contradictoria en sí misma. No hay atajos.

¿Estamos escuchando al Espíritu de Dios? La Palabra, inspirada por el Espíritu Santo, ha revelado claramente la voluntad de Dios respecto a la disciplina. Por el poder de Dios, podemos ser personas más disciplinadas, de adentro hacia afuera.[3] Ninguna de las siguientes siete áreas permite atajos. Lea cuidadosamente, digiera completamente y permita que el Espíritu de disciplina sea su espíritu. ¡Eso es algo espiritual, sagrado, es imitar a Cristo y es bíblico!

1. Disciplinados en los hábitos del sueño

Los primeros dieciséis segundos del día pueden determinar la calidad de las siguientes dieciséis horas. ¿Cuánto tiempo le toma reaccionar a la alarma del despertador? ¿O a convencerle de que no tiene que hacerlo?

Pero lo que Dios quiere no es sólo que usted se levante a tiempo; también necesitamos demostrar la prudencia de acostarnos a tiempo. No es que los discípulos no se desvelen (ver 2 Corintios 6:4–5). Cuando se nos pide sacrificar el sueño, ciertamente necesitamos hacerlo con alegría. La falta de disciplina en el sueño está estrechamente relacionada con otras áreas.[4] Mi consejo es arreglar la cama tan pronto como suena el despertador. Esta es una excelente forma de evitar regresar a la posición horizontal.

En resumen, es casi imposible que estemos a tono con el Espíritu si ni siquiera lo estamos con las decisiones que hemos tomado (apenas horas antes) acerca de cuándo debemos levantarnos. La espiritualidad requiere una cierta medida de madurez e integridad.[5]

2. Disciplinados en la puntualidad

La forma como honramos la puntualidad es algo sintomático en nuestra vida. Los que acostumbran llegar tarde, generalmente tienen muchas otras áreas de su vida que no están bajo el control del Espíritu, siendo las más comunes las finanzas, la limpieza del hogar y el manejo del horario. Los problemas en el área de la puntualidad parten de la tendencia a la dilación, es decir, postergar las cosas. "La dilación es el ladrón del tiempo."[6] ¿Está siendo robado en esta área?[7]

¡Algunos nacieron "cinco minutos tarde"! Ellos disminuyen la productividad de las compañías, elevan los niveles de tensión en los matrimonios, socavan el espíritu de servicio de la iglesia e irrespetan a otros, incomodando a todos menos a ellos mismos. Como Dios es un Dios de orden, su Espíritu quiere que seamos íntegros en el uso de nuestro tiempo. Cuando digamos que vamos a estar en un sitio a una hora determinada, nuestro "sí" debe ser "sí" (Mateo 5:37, Santiago 5:12).

Desde luego, no es espiritual comportarse de manera grosera o brusca cuando una persona llega tarde, pues puede tener una buena razón. (¡Todos nos atrasamos a veces!) Tenga gracia y prepárese a ser flexible.[8] No obstante, tenga en cuenta que quien *responde* al Espíritu es responsable.

3. Disciplinados con nuestro cuerpo

La Biblia es muy poco específica respecto a las medidas o figura del cuerpo humano, las cuales varían de una cultura a otra y de generación en generación. Sin embargo, hay un principio muy claro que estamos obligados a respetar: el cuerpo "es templo del Espíritu Santo" (1 Corintios 6:19).[9]

¿Respeta usted esa realidad? ¿Hace ejercicio con regularidad? ¿Come adecuadamente? Si no es así, usted puede estar sintiendo una pereza general. ¿Puede imaginarse a un Jesús perezoso y con sobrepeso? Como estamos tratando de seguir sus pasos, ¡mantengámonos en buena forma para no quedar sin aliento mientras lo seguimos! Manténgase al paso del Espíritu (Gálatas 5:22–25).

Su efectividad y confianza serán grandemente incrementadas cuando se sienta bien de su apariencia. ¿Cómo se ve el "templo"?

4. Disciplinado en las finanzas personales

El Espíritu ha revelado muchas cosas acerca del manejo de las finanzas que están más allá del ámbito de este libro. Enfoquémonos en un solo tema, uno que le roba la alegría a muchos discípulos: las deudas. Romanos 13:8 nos llama a no tener deudas pendientes. ¿Está tomando prestado de una tarjeta de crédito para pagar la otra? Mi consejo es que si tiene problemas para gastar dinero sabiamente, deshágase de todas las tarjetas de crédito menos de una. Resista la tentación de incurrir en una nueva deuda antes de pagar las anteriores. ¿Les debe a otros discípulos? A largo plazo, esto no es bueno espiritualmente para usted ni para ellos. Es tiempo de preparar un buen "plan de retiro." ¡Tenga la plena seguridad que comprar por impulso definitivamente no es impulso del Espíritu Santo! Y cuídese del espíritu del materialismo, al que la Biblia simplemente llama "avaricia" (Efesios 5:3, Colosenses 3:5). Habrá mucho más sobre esto en el capítulo 14.

5. Disciplinado al hablar

De lo que decimos y cómo lo decimos, se ocupan cientos de versículos en la Biblia. La fuente más copiosa de pasajes sobre la lengua es el libro de Proverbios, pero tal vez el capítulo más ilustrativo al respecto es Santiago 3. El versículo más extenso probablemente es Efesios 4:29, y el más convincente, Mateo 12:36. Estas son algunas áreas sobre la forma de hablar que cubre la Biblia:

Mentira y engaño	Exageración	Chisme y calumnia
Juramentos y promesas	Adulación	Falsas enseñanzas
Impertinencia	Jactancia	Palabras descuidadas o rudas
Promesas y confianza	Insensibilidad	Honestidad y franqueza
Discusiones y peleas	Burla	Quejas y reclamos
Atestiguar ante las autoridades	Alabar a Dios	Evangelismo
Presentar falso testimonio	Confesión	Ligerezas e inmadurez
Consejo	Cantos	Palabras de aliento

Las posibilidades son bastante altas de que el Espíritu esté trabajando en usted en algún área del amplio espectro de la manera de hablar. ¿En qué necesita cambiar?

6. Disciplinado en la pureza

El convenio de Job 31:1 es más fácil decirlo que cumplirlo. La radicalidad frente al pecado descrito por Jesús (Mateo 5:29–30) deja a pocos creyentes ilesos. ¡Dios demanda pureza en la manera de pensar, hablar y actuar! (Salmo 19:14). El Espíritu es muy sensible a la impureza sexual. Debido a que nuestras conciencias son demasiado vulnerables a acciones y pensamientos impuros, permanecer receptivos a la dirección del Espíritu requiere vigilancia constante.[10] Oremos con David:

> Crea en mí, oh Dios, un corazón limpio,
> y renueva la firmeza de mi espíritu.
> No me alejes de tu presencia
> ni me quites tu santo Espíritu.
> Devuélveme la alegría de tu salvación;
> que un espíritu obediente me sostenga.
> Así enseñaré a los transgresores tus caminos,
> y los pecadores se volverán a ti. (Salmo 51:10–13)

¿Qué sucede cuando somos disciplinados en la pureza?

- Somos constantes y consistentes.
- Nos llenamos de alegría e irradiamos nuestra luz.
- Deseamos hacer lo correcto y raramente requerimos ser estimulados para hacerlo.
- Estamos enfocados.
- Otros se vuelven a Dios.

¿Qué sucede cuando resistimos al Espíritu en esta área?

- Somos inconsistentes e inestables.
- No estamos entusiasmados. "Las luces están apagadas."
- Nos volvemos críticos y renuentes.
- Pasamos mucho tiempo pensando en nosotros mismos.
- La misión no está en nuestra mente.

Impedir que el Espíritu nos mantenga puros puede tener terribles consecuencias. En 1 Timoteo leemos acerca de quienes dejaron el camino estrecho.

> Debes hacerlo así para que el amor brote de un corazón limpio, de una buena conciencia y de una fe sincera... Por no hacerle caso a su conciencia, algunos han naufragado en la fe. (1 Timoteo 1:5, 19)

Sin pureza, nuestra conciencia, y luego nuestra fe, naufragan. Si usted está "jugando con fuego" (Proverbios 6:27), ya sabe cómo han sido afectadas su conciencia y convicción. ¿Las olas parecen cada vez más altas? ¿El mar es más picado con los días? La buena noticia es que el naufragio se puede evitar, si permanecemos sensibles a la dirección del Espíritu a través de la Palabra y nos abrimos a otros acerca de lo que pasa.

7. Disciplinado en la oración y el estudio

Si el poder en todas las demás áreas de nuestras vidas fluye de nuestra relación con Dios, ¿por qué nos desconectamos de nuestra fuente de poder para implementar todos estos cambios? Caminando cerca a Dios seremos "más que vencedores" (Romanos 8:37) sobre esas áreas "indisciplinadas" en las que clamamos un cambio.

Usted decide leer y orar en cualquier momento del día, así que lo animo a ser diligente. Abra la Palabra y hable con el Señor en un momento y lugar donde pueda permanecer sobrio y con la mente despejada (1 Pedro 4:7). ¡Las recompensas de tiempos de devoción consistentes son inmensas!

¿Sobredosis de disciplina?

¿Es posible recibir una "sobredosis" de disciplina? ¡Seguro! Todos hemos conocido personas que son esclavos de sus relojes, calendarios, agendas y rígidos e inflexibles planes. No saben parar y disfrutar del aroma de las flores. Si usted es así, ¡alguien se lo dirá! (Deje que sea alguien más y no usted mismo quien le haga caer en cuenta que ya ha ido lo suficientemente lejos o demasiado lejos, sobre todo si le confiesa que lucha con la disciplina.) Sin embargo, la mayoría de nosotros erramos más cuando nos sentimos libres de esa esclavitud. Asegurémonos de estar derrotando la pereza antes de comenzar a limitar nuestras actividades.

¡Persevere!

La vida cristiana exige disciplina y quienes no se ejercitan (1 Timoteo 4:7–8, Hebreos 5:11–14), a largo plazo raramente sobreviven. Dios nos ha dado en verdad un espíritu de disciplina para cambiarnos desde el interior.

Hacia las alturas

Cierro este capítulo con uno de mis poemas favoritos, escrito por el poeta inglés Henry Wadsworth Longfellow. Al igual que el Salmo 18:33, Habacuc 3:19 y muchos otros pasajes bíblicos, sus palabras nos llaman a ir a las alturas.

> Las alturas que grandes hombres coronaron,
> En un vuelo repentino no fueron alcanzadas.
> Ellos, mientras sus compañeros a dormir se retiraron,
> En medio de fatigas, vieron en la noche las cimas escaladas.[11]

PREGUNTAS PARA PENSAR

- *¿Ha estado el Espíritu tratando de enseñarme últimamente a ser una persona más disciplinada?*
- *¿Las palabras "trabajo duro" (ver 1 Corintios 15:9–10) describen mi vida?*
- *¿Frecuentemente llego tarde a la iglesia? Si lo hago, ¿me doy cuenta del irrespeto que esto muestra no sólo hacia la iglesia, sino también hacia Dios? ¿Qué tan bien puedo alabarlo en verdad cuando estoy llegando al servicio después de empezado?*
- *¿Cuál es mi área menos disciplinada? Por medio del Espíritu, ¿qué puedo hacer para mejorarla?*

NOTAS

1. Como oportunamente dice William Blake (1757–1827): "El que quiera hacer el bien a su prójimo, debe hacerlo en los detalles más insignificantes. El bien general es el pretexto de los bribones, hipócritas y aduladores, pues el arte y la ciencia no pueden existir sino en los detalles minuciosamente organizados" (*Jerusalén*, p.1.55, 1.60).

2. Voltaire (1694–1778) dijo: "Eviten la ociosidad. Es un óxido que se pega a los metales más brillantes." Si nos movemos del plano personal al plano social, oigamos el diagnóstico de Mahatma Gandhi sobre nuestro malestar social: "Los Siete Pecados Mortales de la Sociedad":

    1) Políticas sin principios
    2) Riqueza sin esfuerzo
    3) Comercio sin moralidad
    4) Placer sin conciencia
    5) Educación sin carácter
    6) Ciencia sin humanidad
    7) Adoración sin sacrificio

3. No quiere decir que nada ha sido escrito, lo cual puede simplificar el proceso. Además del libro de Proverbios, recomiendo ampliamente los libros de Stephen Covey, *The Seven Habits of Highly Effective People* (New York: Simon & Schuster, 1989) y Richard Taylor, *The Disciplined Life* (Minneapolis, MN: Beacon Hill Press, 1962).

4. A propósito, el Salmo 3:5 no tiene nada que ver con que "el Espíritu me despierta cada mañana cuando quiere que me levante," sino más bien con no morir en la noche. Y el Salmo 127:2, en contexto, habla de confiar en Dios y no de aprobar la actitud: "¡No sirvo si no duermo doce horas en la noche!". (Por supuesto que hay situaciones legítimas y médicamente diagnosticadas cuando uno necesita más horas de sueño.)

5. Proverbios nos proporciona otros versículos sobre el sueño: 6:9–11, 19:15, 24:30–34 y 26:14.

6. Edward Young (1683–1765), *The Complaint: Night Thoughts* (Night I, 1.393). O, en las sucintas palabras del Conde de Chesterfield (1694–1773): "Conozca el verdadero valor del tiempo; atrape, mida y disfrute cada momento del mismo. Cero ociosidad, nada de retrasos, ninguna postergación, nunca deje para mañana lo que pueda hacer hoy."

7. "Morgen, morgen, nur nicht heute," sagen alle faule Leute. ["Mañana, mañana, sólo hoy no," dicen todos los vagos.]

8. Con toda honestidad, ni 1 Timoteo 3:15 ni 2 Timoteo 4:9 aprueban la impuntualidad crónica. Estos versículos no justifican la clase de retrasos en discusión, pues ellos se refieren más a la planificación a largo plazo (asuntos de semanas y meses) que con llegar a tiempo (minutos y horas).

9. 1 Corintios 3:16, varios capítulos atrás, no habla del cuerpo del creyente, sino del cuerpo de creyentes (la iglesia).

10. Recomendado: Roy y Revel Hession, *The Calvary Road* (Fort Washington, PA: Christian Literature Crusade, 1950).

11. Henry Wadsworth Longfellow (1807–1882), "The Ladder of St. Augustine." Versos adaptados por el traductor para mantener la rima en español.

6

¿Estoy atrapado en "mí mismo"?

Cambiando el carácter… ¡de adentro hacia afuera!

"Caracoles rápidos." Eso puede sonar contradictorio y de hecho lo es, pero su significado será revelado a su debido tiempo. Todos nos hacemos en algún momento la pregunta que este capítulo hace: "¿Estoy atrapado en 'mí mismo'?". La buena noticia es: ¡No! Usted no está atrapado en "sí mismo"; ninguno de nosotros tiene que permanecer igual. El Espíritu nos cambiará más profunda y rápidamente de lo que cualquier resolución, programa, inyección, filosofía o religión del mundo podría hacerlo. Creo que el punto fue muy bien resumido en un regalo de Navidad que recibí en 1995: una corbata estampada con caracoles. Todos los caracoles se están moviendo en la misma dirección, pero hay uno que va "más rápido" que los demás, ¡de la mejor forma que puede hacerlo un caracol![1]

Un cambio profundo de carácter toma tiempo. Es un proceso lento y eso puede ser frustrante. Pero ánimo: algunos de nosotros "caracoles" —a los que el Espíritu lleva "a gran velocidad— definitivamente creceremos en carácter y personalidad muchísimo más rápido que nuestros incrédulos amigos. Si somos pacientes y nos mantenemos al paso con lo que el Espíritu está mostrándonos en la Palabra, nuestra "velocidad" nos pondrá a kilómetros adelante del resto.[2]

Un cambio rápido no es regularmente el método de Dios. Simplemente no es la forma como Dios hace las cosas o de hacer que las cosas sean.[3] Los granjeros saben que los cultivos tardan meses en madurar. Los bebés generalmente necesitan nueve meses completos. Ponerse en forma físicamente requiere constancia durante un prolongado período de tiempo. No hay oraciones suficientes que hagan posible acelerar estos procesos. Sucede lo mismo con el cambio de carácter. No sea como el joven cristiano que oró: "Señor, quiero que me hagas una persona más paciente, ¡y quiero que lo hagas ahora mismo!"

Transformación

La transformación es definida como un "cambio en el carácter o la disciplina."[4] Para ser transformados, necesitamos tener una actitud espiritual y de sacrificio. Bien lo dice Pablo en su Carta a los Romanos.

> Por lo tanto, hermanos, tomando en cuenta la misericordia de Dios, les ruego que cada uno de ustedes, en adoración espiritual, ofrezca su cuerpo como sacrificio vivo, santo y agradable a Dios. No se amolden al mundo

> actual, sino sean transformados mediante la renovación de su mente. Así podrán comprobar cuál es la voluntad de Dios, buena, agradable y perfecta. (Romanos 12:1–2)

Tenemos una elección: ajustarnos al modelo del mundo o dejar que el Espíritu nos transforme mediante la renovación de nuestra mente. El cambio no ocurre de afuera hacia dentro, por ósmosis o mientras nos movemos mecánicamente, sino de adentro hacia fuera. El cambio del carácter es obra del Espíritu.

Ensalada de frutas

La ensalada de frutas era uno de mis postres favoritos cuando era niño. Mi parte favorita eran las cerezas. El Espíritu Santo también está en el asunto de las frutas. Gálatas especifica nueve frutos, más que suficientes para una ensalada, aunque hay muchos otros "frutos" o virtudes exaltados en la Biblia. Los frutos del Espíritu no son más que los rasgos básicos de la personalidad de Jesucristo. El Espíritu crea o desarrolla estos frutos en nuestra vida, transformando nuestra personalidad a semejanza de Cristo.

> Así que les digo: Vivan por el Espíritu, y no seguirán los deseos de la naturaleza pecaminosa. Porque ésta desea lo que es contrario al Espíritu, y el Espíritu desea lo que es contrario a ella. Los dos se oponen entre sí, de modo que ustedes no pueden hacer lo que quieren. Pero si los guía el Espíritu, no están bajo la ley.
>
> En cambio, el fruto del Espíritu es amor, alegría, paz, paciencia, amabilidad, bondad, fidelidad, humildad y dominio propio. No hay ley que condene estas cosas. Los que son de Cristo Jesús han crucificado la naturaleza pecaminosa, con sus pasiones y deseos. Si el Espíritu nos da vida, andemos guiados por el Espíritu. (Gálatas 5:16–18, 22–25)

La carne (gr. sarx, traducido como "naturaleza pecaminosa" en la NVI) y el Espíritu (*pneuma*) son opuestos. Hay una contienda en su ser interior. Hay una forma de vencer la carne y crecer en los frutos del Espíritu, y Gálatas 5:18 lo dice claramente: ¡dejemos que el Espíritu nos guíe! (más acerca de esto en el capítulo 9).

Cuando era un joven cristiano (durante mis primeros cinco años aproximadamente), mi actitud hacia los frutos del Espíritu era que estos realmente no son tan importantes. Son buenos, pero hay cosas más importantes en la vida, como ganar almas. Creía que ese es el verdadero fruto. No es sorprendente que con frecuencia me creyera superior o fuera hosco con otros. Ahora veo que las dos actitudes van unidas; difícilmente podemos ser efectivos si estamos nerviosos, deprimidos, impacientes o carecemos de dominio propio. Además, la mayoría de las personas que dicen que en Juan 15:8, el fruto del Espíritu es todo lo que Jesús tenía en mente, por lo general carecen del fruto de hacer discípulos. El Espíritu nos da amor (Gálatas 5:22, 2 Timoteo 1:7) y también nos da alegría (Gálatas 5:22). Una manera en la que el Espíritu nos da alegría es a través del crecimiento de aquellos a los que estamos ayudando a madurar en Cristo (Lucas 10:21, 1 Tesalonicenses 3:8). La alegría, como fruto del Espíritu, no debe confundirse con la alegría humana (felicidad) que Dios da a todos los seres humanos a través de circunstancias positivas de la vida (Hechos 14:17). La paz personal (Gálatas 5:22, Romanos 14:17) es también otra tremenda bendición a la que debemos apegarnos si nuestro propósito es hacer que Cristo sea real para nuestros compañeros. La paz a nivel de la iglesia está ligada a un crecimiento numérico en Hechos 9:31.

El Espíritu también nos da esperanza (Gálatas 5:5; Romanos 15:13, 5:5). Muchas otras cualidades podrían agregarse a la lista. En resumen, el Espíritu nos ayuda a ser cada vez más parecidos a Cristo.

Ganando la batalla

¿Cómo podemos llegar a ser más como Cristo? Debemos entender la batalla entre la carne y el Espíritu que se libra en cada uno de nosotros mientras luchamos en oración para que "no se haga mi voluntad sino la tuya." Hay una batalla verdadera en curso (Gálatas 5:16–17). El estilo de vida de la carne es de pereza, egoísmo, indisciplina y enfoque en sí mismo. Pero el estilo de vida del Espíritu, es de trabajo duro, bondad, disciplina y evangelismo. De hecho, una verdadera guerra está siendo librada. Si rendimos nuestra voluntad al Espíritu, ¡la transformación se libera!

> Ahora bien, el Señor es el Espíritu; y donde está el Espíritu del Señor, allí hay libertad. Así, todos nosotros, que con el rostro descubierto reflejamos como en un espejo la gloria del Señor, somos transformados a su semejanza con más y más gloria por la acción del Señor, que es el Espíritu. (2 Corintios 3:17–18)

¡La libertad que el Espíritu trae es maravillosa! (Más al respecto en el capítulo 15.) Cada nuevo año que pasamos como cristianos, disfrutamos de una mayor libertad, pues guiados por el Espíritu, estamos siendo transformados. Si no somos más parecidos a Cristo ahora que hace seis meses, tal vez hayamos dejado de crecer. Si este es el caso, puede estar seguro de una cosa: el Espíritu está siendo agraviado, pues Él desea desesperadamente nuestra madurez espiritual en Cristo. ¿Cómo estamos haciendo en estas áreas?

- ¿Estamos aprovechando diligentemente las oportunidades que Dios nos da para actuar como sus embajadores?

- ¿Estamos concentrados durante los sermones, las clases y los días de enseñanza? (Tomar notas generalmente ayuda.)
- ¿Estamos buscando el consejo de creyentes maduros antes de tomar decisiones importantes?
- ¿Estamos leyendo sistemáticamente la Biblia y otras lecturas espirituales?
- ¿Mantenemos un espíritu humilde y agradecido? (El Señor prohíbe quejarnos Filipenses 2:14.)
- ¿Somos sinceros y transparentes? (No simulando un cambio de carácter o de ánimo. Esto le hará más daño de lo que piensa, pues nadie sabrá quién es ni cómo ayudarle.)
- ¿Estamos orando por un cambio de carácter en nuestras áreas débiles?

Personalidad contra carácter

Le guste o no, su tipo de personalidad básico probablemente nunca cambie. Usted es quien es, *incluso después* de volverse cristiano. Hay ciertos aspectos de su personalidad que nunca cambiarán ¡y no necesitan cambiar! Esto hace parte de la singular maravilla de la "unidad en la diversidad" que tenemos en la iglesia. Por tanto, tenga cuidado de la falsa culpabilidad cuando se compare con alguien completamente diferente a usted (física o emocionalmente o en términos de intelecto o antecedentes familiares). Obviamente, pecado es pecado y los mandamientos de Dios son los mandamientos de Dios. Ni la genética ni el tipo de personalidad da licencia para pecar o exime de obedecer los mandamientos. Pero el carácter es diferente a la *personalidad*.

El Espíritu formará el carácter en nuestra vida si perseveramos fielmente. Observe cómo ninguno de los siguientes pasajes promete un atajo al carácter.

> Hermanos míos, considérense muy dichosos cuando tengan que enfrentarse con diversas pruebas, pues ya saben que la prueba de su fe produce constancia. Y la constancia debe llevar a feliz término la obra, para que sean perfectos e íntegros, sin que les falte nada (Santiago 1:2–4).

> Y no sólo en esto, sino también en nuestros sufrimientos, porque sabemos que el sufrimiento produce perseverancia; la perseverancia, entereza de carácter; la entereza de carácter, esperanza. Y esta esperanza no nos defrauda, porque Dios ha derramado su amor en nuestro corazón por el Espíritu Santo que nos ha dado (Romanos 5:3–5).

Como mencionamos en el capítulo anterior, el carácter, al igual que un músculo, se forma lentamente, con el tiempo. Como alguien dijo: "La experiencia es un duro maestro, pues primero nos hace el examen y después nos da la lección." ¿Cuántas personas se vuelven a Cristo y a los pocos meses abandonan, desilusionados porque no veían que los cambios se produzcan rápidamente? Sin que esto signifique aprobar la flojera, en cierta forma necesitamos "tomarnos las cosas con calma." Pero por otra parte, ¡indudablemente necesitamos esforzarnos!

¿Ser paciente consigo mismo? ¿Forzarse a sí mismo? Sí, a veces puede ser confuso. Independientemente, estas verdades gemelas deben mantenerse en tensión. ¡Que nunca perdamos nuestro filo radical! Jesucristo fue perfectamente "equilibrado."

Entonces, ¿cuál es el misterio?

Puede sonar como si estuviéramos haciendo todos estos cambios por nuestra cuenta, sin el Espíritu. Después de todo, hasta los no creyentes pueden dejar de fumar si se lo proponen. Seguramente, si sólo esperamos lo suficiente, ciertamente cambiaremos. ¿No es cierto? ¡De ninguna manera!

Si usted cree que sólo el paso del tiempo lo llevará a madurar, como una botella de vino, intente hacerlo sin el Espíritu. Será como pedalear en el agua, muy probablemente arrastrado por la corriente y posiblemente hundiéndose en ella. La Biblia dice con evidente claridad, que el verdadero cambio exige que nos rindamos al Espíritu de Cristo.

¿No me cree? ¿Aún piensa que el cambio es producto del esfuerzo humano (Gálatas 3:3)? Ignore estos principios bíblicos y trate de cambiar sin el Espíritu. ¡Buena suerte! ¡Va a necesitarla mucho!

Cambiamos de adentro hacia afuera. No, usted no está atrapado "en sí mismo." Gracias al Espíritu de Dios, podemos ver cambios de carácter genuinos, de adentro hacia afuera.[5]

PREGUNTAS PARA PENSAR

- *¿He sentido que es inútil esperar alguna vez un cambio en ciertos aspectos de mi vida?*
- *¿Estoy "a la deriva" o estoy cambiando por el poder del Espíritu de Dios, de adentro hacia fuera?*
- *¿Cuál de los nueve frutos del Espíritu en Gálatas 5 está más presente en mi vida? ¿Cuál menos?*
- *¿Soy el mismo que era hace seis meses, o ha cambiado mi carácter?*
- *¿Estoy dispuesto a hacer lo que sea para ser transformado a semejanza de Cristo?*

NOTAS

1. Gracias, Ben. Y sí, ¡aún uso la corbata con regularidad!
2. Algunos cristianos celebran regularmente "cumpleaños espirituales."

Supongo que no estoy ni a favor ni en contra de la práctica. Los cumpleaños espirituales son difíciles de interpretar. En el curso del crecimiento biológico humano, todo el mundo conoce más o menos lo que significa cumplir dos, diez, veintiuno o cincuenta años. En lo que respecta a los años en el Señor, muchos cristianos de dos años están haciendo cosas que creyentes de diez años aún no han intentado. Espiritualmente, todos crecemos a ritmos diferentes. No creo que el Señor quiera entrar en el juego de las comparaciones.

3. Si le interesa la cosmología —cómo Dios creó el universo— puede disfrutar de mi libro *The God Who Dared: Genesis: From Creation to Babel* (Woburn, MA: DPI, 1997). Para un trabajo más técnico y profundo, ver el libro de Keith Ward *God, Chance and Necessity* (Oxford: Oneworld, 1996).

4. Adaptado del *Oxford English Dictionary*.

5. "Siembra un acto y cosechará un hábito. Siembra un hábito y cosechará carácter. Siembra carácter y cosechará un destino" Charles Reade (1814–1884).

Dones, gracia y dirección

Como hemos visto, el Espíritu de Dios nos cambia de adentro hacia afuera. Sin embargo, la discusión acerca de cómo trabaja el Espíritu en nuestra vida no se ha agotado. Aún hay mucho que decir acerca de los dones, la gracia y la dirección de Dios.

Sobre estas tres áreas generalmente no se enseña mucho, casi siempre por temor a la reacción. Tenemos miedo de que si enfatizamos los dones, nos encontremos flotando en la atmósfera Pentecostal. Nos da temor que un énfasis sobre la gracia haga más lento el trabajo del reino. Y vacilamos en hablar del liderazgo del Espíritu por las mismas razones, a pesar de que la Biblia lo enseña.

En esta segunda sección, veremos cómo los dones, la gracia y la dirección de Dios traen bendiciones inconmensurables no sólo a nosotros, sino también a la iglesia y a través de ella, al mundo.

7

Abra la caja de herramientas

Los dones del Espíritu

Sin importar si es nuestro cumpleaños o alguna otra ocasión especial, a todos nos gustan los regalos. Hablando por mis compañeros varones, nos gustan especialmente aquellos regalos que nos ayudan a "hacer una labor": herramientas, organizadores de oficina y cosas por el estilo. Mi herramienta favorita es una navaja. (¡No, no un arma!) Es la navaja del Ejército Suizo que mi amigo Mike Taliaferro me dio. ¡Puede abrir botellas, escamar un pescado, abrir agujeros, sacar corchos, servir como lupa, aserrar, cortar, picar, escribir, atornillar, limar, medir y muchas otras cosas más! Siempre la llevo cuando viajo; no importa lo que suceda, siempre alguna de sus funciones resulta útil para hacer algo. ¡Qué gran regalo!

Trabajo en equipo

Dios le ha dado a sus discípulos algo más versátil que una navaja del Ejército Suizo: sus dones espirituales están diseminados por toda la iglesia. Algunas personas "escriben" o "liman." Otras "escaman pescados." Sólo unos pocos parecen tener varios dones, pero todos tienen al menos una habilidad. A diferencia de la navaja, donde cada herramienta se encuentra en su sitio, en la iglesia las diferentes funciones están distribuidas por toda la comunidad, haciendo que tengamos que unirnos y trabajar en equipo, pues como lo dice John Donne, "ningún hombre [o mujer] es una isla."[1]

> Por la gracia que se me ha dado, les digo a todos ustedes: Nadie tenga un concepto de sí más alto que el que debe tener, sino más bien piense de sí mismo con moderación, según la medida de fe que Dios le haya dado. Pues así como cada uno de nosotros tiene un solo cuerpo con muchos miembros, y no todos estos miembros desempeñan la misma función, también nosotros, siendo muchos, formamos un solo cuerpo en Cristo, y cada miembro está unido a todos los demás. Tenemos dones diferentes, según la gracia que se nos ha dado. Si el don de alguien es el de profecía, que lo use en proporción con su fe. (Romanos 12:3–6)

Dios obra a través de la iglesia, equipándola con los diferentes dones. Los dones se equivalen a las diferentes funciones. Un miembro del cuerpo fácilmente puede tener más de una función; por ejemplo, una mano humana puede tomar, señalar y llevar comida a la boca. ¿Tiene alguna idea de cuáles son sus dones espirituales? Cuando cada miembro está usando sus "herramientas," la obra que el Padre nos ha encomendado es llevada a cabo

(Juan 17:4).

¡Aguarda un momento!

¿Qué quiere decir con "mis" dones espirituales? Pensé que todos los dones habían expirado cuando la generación de los apóstoles falleció. ¿No fueron sólo para la iglesia primitiva?

Bueno, para empezar, el Nuevo Testamento nunca dijo que todos los dones del Espíritu desaparecerían, sólo algunos de los más sensacionales, como el apostolado y los lenguajes milagrosos.[2] ¿Deberíamos apartarnos de los dones sólo por los excesos de hoy (como los del movimiento carismático)? ¿Vamos a privarnos de la ayuda divina que necesitamos sólo porque algunos aparentemente han abusado de ella?

Examinemos la evidencia con calma. Hay cinco listas de dones espirituales en el Nuevo Testamento: Romanos 12:6–8, 1 Corintios 12:28, 1 Pedro 4:10–11, 1 Corintios 12:8–10 y Efesios 4:11. ¡El número total de dones representados es de al menos veinte! Y esto sin considerar algunos otros dones espirituales mencionados en el Antiguo Testamento (p. ej., Éxodo 31:3–5).

Dones espirituales contra dones "milagrosos"

Usted puede estar pensado: "Pero, ¿acaso no todos los dones espirituales son milagrosos?" No necesariamente. La frase "dones milagrosos" no aparece en ninguna parte del Nuevo Testamento. Es un término moderno, no bíblico. Generalmente, comprendemos que Dios está activo entre nosotros (y necesitamos sentir su incesante labor), pero no nos refiramos a eso como milagroso. "Milagroso" es cuando Dios hace algo que no es "normal" sino fuera de lo común. Por ejemplo, si Dios le da a una persona la habilidad de aprender un nuevo idioma, eso puede ser un don divino, pero no lo llamaría un milagro. Pero si la persona de repente comienza a hablar en un nuevo idioma, sin haberlo aprendido, diríamos que fue un milagro. Algunos dones espirituales en el Nuevo Testamento fueron claramente milagrosos, como los de sanidad, profecía y el hablar en lenguas. Pero es igualmente claro que otros no son del todo milagrosos: dar dinero, mostrar compasión, servir.[3] El problema se presenta cuando igualamos los dones milagrosos con los dones espirituales.

La palabra griega en el Nuevo Testamento para don, *charisma*, no denota necesariamente algo milagroso. Pablo usa la palabra *charisma* cuando habla de su don del celibato (1 Corintios 7:1–2, 7). Es la palabra para referirse la dádiva de la vida eterna en Romanos 6:23. También es la palabra usada en Romanos 12:6–8 para referirse a una serie de cosas que no son milagrosas. ¿Es "milagroso" animar a otros? ¿Qué tanto lo es dar generosamente? ¿El liderazgo? (¿Cuántos de ustedes en el mundo laboral dirían que han sido "milagrosamente" capacitados para su vocación?) Poniéndolo todo junto, vemos que en los dones espirituales están incluidos tanto los dones milagrosos como los que no lo son. La diferencia entre los dos es útil para cualquier estudio analítico.

Es posible que todos los dones mencionados en 1 Corintios 12:8–10 sean milagrosos, pero es muy poco probable que todos los dones en 1 Corintios 12:28 sean milagrosos. (Léalos usted mismo.) En lo que respecta a Romanos 12:6–8, con la posible excepción de profetizar, todos los dones mencionados allí no son milagrosos, pero todos son igualmente dones. Efesios 4:11 es una clase de pasaje diferente, ya que todos los dones presentados allí son de enseñanza. 1 Pedro 4:10 es un pasaje para todos los cristianos: "Cada uno ponga al servicio de los demás el don que haya recibido, administrando fielmente la gracia de Dios en sus diversas formas."

Estos textos presumen que cada cristiano tiene uno o más dones (Romanos 12:6, 1 Corintios 1:7, Efesios 4:7, 1 Pedro 4:10). No creo que cada cristiano del primer siglo tuviera un don milagroso, pero sí creo que cada cristiano en cualquier siglo ha recibido *algún* don espiritual. Es obvio al ver nuestras congregaciones locales que algunas personas están mejor capacitadas para algunas cosas que otras. Todos tenemos diferentes talentos y habilidades; eso es un hecho, le demos o no a Dios el crédito por los diversos dones. Una vez más, cada discípulo tiene al menos un *charisma*. En las palabras de John Stott: "Dios obra principalmente en lo natural, no en lo sobrenatural; en la historia, no en el milagro."[4]

Agradecemos a Dios por nuestros alimentos. (Oraciones verbales de agradecimiento son dirigidas a Dios antes de cada comida en el Nuevo Testamento.) Ahora, si Dios es el Proveedor, es a Él a quien le agradecemos por los alimentos. ¿Quién diría: "Conseguimos nuestro arroz con frijoles milagrosamente; esto viene de Dios"? ¡Nadie! ¡A menos que Jesús mismo haya venido y lo haya hecho! (Juan 21:7–9).

Todos los dones vienen de Dios

De hecho, todos reconocemos la presencia de dones cuando hablamos de que alguien es "dotado" o decimos que Dios le ha dado una habilidad especial en un área en particular. Como dice Santiago:

> Mis queridos hermanos, no se engañen. Toda buena dádiva y todo don perfecto descienden de lo alto, donde está el Padre que creó las lumbreras celestes. (Santiago 1:16–17a)

La Biblia enseña que Dios envía sus dones y bendiciones sobre los cristianos y los no cristianos por igual (Mateo 5:45). Y ya que Dios nos ha dado libremente, debemos compartir también libremente nuestros dones con otros. Como Jesús dijo: "Lo que ustedes recibieron gratis, denlo gratuitamente" (Mateo 10:8b).

¿Cuándo recibimos nuestros dones?

¿Dios nos da a algunos de nosotros dones especiales en el bautismo? ¿Nos da primero otros dones aun antes de tener una relación con Él? Yo creo que nosotros comenzamos a recibir dones *mucho antes* de ser cristianos. Después de nuestra conversión, Dios continúa aumentando los dones con que nos ha estado equipando hasta ese momento. La reflexión de John R. Stott va directo al punto:

> ¿No es poco probable que Dios diera un don espiritual de enseñanza a un creyente que en los días previos a su conversión no podía enseñar, o un don espiritual de animar a un hermano o hermana con un temperamento antipático o poco amigable? No sería imposible para Dios. Pero, ¿no estaría más en armonía con el Dios de la Biblia, cuyos planes son eternos, suponer que sus dones espirituales encajan con sus cualidades naturales? ¿Y que, por ejemplo, "un hijo de consolación" como Bernabé (Hechos 4:36), que ejerció su ministerio particular al dar generosamente (v.37) y en la amistad personal (p. ej., Hechos 9:26, 27; 11:25, 26), ya era ese tipo de persona, al menos potencialmente, desde el nacimiento?
>
> En este caso debemos buscar las peculiaridades de los dones espirituales de enseñanza y ánimo en el incremento, la intensificación, la "cristianización" de una cualidad natural ya presente o al menos latente. Por lo tanto, un hombre puede tener el don de enseñar antes de su conversión y después, recibir el carisma de enseñar, capacitándolo para explicar con discernimiento, claridad y relevancia. O puede tener una disposición simpática por naturaleza, pero después de la conversión recibir el don espiritual de animar, permitiéndole ejercer un ministerio específicamente cristiano de "estimular a otros en Cristo" (Filipenses 2:1).[5]

Considerando las cosas desde la perspectiva de la eternidad, vemos que esto no deja de ser un don de Dios sólo porque no haya sido dado en el momento de la conversión. De hecho, como a Jeremías (Jeremías 1:5), Dios preparó a Pablo para su ministerio desde su nacimiento (Gálatas 1:15–16). En un análisis final sería difícil probar que alguien recibió un don particular en el momento de la conversión, ya que los talentos ocultos pueden descubrirse casi en cualquier momento. ¡Y un don no deja de ser de Dios sólo por no ser milagroso!

Esta visión de los dones espirituales pone a 1 Corintios 12:12–26 en el contexto apropiado. Cada miembro tiene un don (una función) diferente. Esto no quiere decir que el evangelismo es un don; Efesios 4:11 dice que Dios dotó a la iglesia de algunos evangelistas. No todos son evangelistas, pero todos están llamados a involucrarse en el evangelismo. Ningún acto de desobediencia a un mandamiento de Dios puede excusarse con una actitud de que "ese no es mi don."

Una excepción

Hay una excepción al análisis anterior. En el primer siglo, unas pocas personas recibieron dones —unos milagrosos— por medio de una impartición milagrosa del Espíritu Santo, o, más frecuentemente, por medio de la imposición de manos de los apóstoles.[6] En cada caso, hubo un propósito histórico para estos eventos excepcionales y no hay razón para creer que nuestra generación es tal "excepción." (Para más información, ver capítulos 17, 18, 19, 20 y 26 en Parte Dos.)

¿Es usted "dotado naturalmente"?

Si es un buen atleta, por ejemplo un gran jugador de basquetbol, considere de dónde vino todo su talento. Tal vez usted piense: "Es natural en mí. Dios no necesitó darme nada; yo ya tenía la habilidad. Todo lo hice yo mismo." Si eso es lo que piensa, su ignorancia sólo es igualada por su arrogancia. ¿De dónde piensa usted que definitivamente vino su habilidad? ¿Fue usted quien determinó su composición genética? ¿Hizo usted los arreglos para su crianza? ¿Acaso usted arregló todo para nacer en una nación donde tendría todas las oportunidades para entrenarse, en lugar de tener que trabajar quince horas al día desde temprana edad? ¿Fue usted quien proveyó el alimento que lo fortaleció en su niñez y los nutrientes e inmunizantes que lo protegieron de enfermedades que pudieron haberlo lisiado?

¿Por cuántas de estas ventajas está tomando crédito? ¿Está realmente seguro de querer eliminar al Señor de su análisis? Incluso si algo es natural en usted, ha sido bien dotado y preparado por Dios. Por supuesto, nadie dice: "Michael Jordan [aunque es un 'superhéroe'] juega de forma sobrenatural. No deberían dejarlo competir; Dios lo está ayudando." Pero hay algo de verdad en esa última declaración: cada cosa buena que tiene "M.J." le ha sido dada por Dios directa o indirectamente. ¡Y lo mismo aplica para usted y para mí! No hay tal cosa como "una persona hecha por sí misma." Como dijo Pablo:

> ¿Quién te distingue de los demás? ¿Qué tienes que no hayas recibido? Y si lo recibiste, ¿por qué presumes como si no te lo hubieran dado? (1 Corintios 4:7)

Haga su parte

Para que la iglesia sea todo lo que Dios quiere que sea, todos debemos utilizar nuestros dones con humildad. Dios no ha dejado a nadie con las manos vacías, y hay formas en las que todos nosotros podemos contribuir al reino. Determinar sus dones no debería ser terriblemente difícil; Dios ha hecho obvios muchos de nuestros dones, y otras personas podrán ayudarlo a identificar los que permanecen ocultos.

Para resumir, mi posición es que los dones espirituales aún están con nosotros, aunque los milagrosos, habiendo cumplido su propósito, han llegado a su fin.[7] Hagamos todos nuestra parte.

Una corta lista de los dones mencionados en la Biblia

En la Biblia se mencionan muchos dones, y estos pueden considerarse representativos de una amplia gama de dones, a veces en combinación con otros. En otras palabras, esta lista no es de ninguna manera exhaustiva. (¿No podría uno agregar también los dones de talento deportivo, cocina, habilidades mecánicas, etc.?)

Talento artístico	Éxodo 31:3, 35:31
Satisfacción	Eclesiastés 3:13, 5:19
Profecía	Romanos 12:6
Servir	Romanos 12:7
Enseñar	Romanos 12:7
Animar	Romanos 12:8
Socorrer (contribuir)	Romanos 12:8
Dirigir	Romanos 12:8
Mostrar compasión	Romanos 12:8
Celibato	1 Corintios 7:1–2, 7
Palabra de sabiduría	1 Corintios 12:8
Palabra de conocimientos	1 Corintios 12:8
Fe	1 Corintios 12:9
Sanar	1 Corintios 12:9
Poderes milagrosos	1 Corintios 12:10
Discernir los espíritus	1 Corintios 12:10
Idiomas	1 Corintios 12:10
Traducción	1 Corintios 12:10
Apostolado	1 Corintios 12:28
Administrar	1 Corintios 12:28
Don del evangelista	Efesios 4:11
Don del pastor	Efesios 4:11
Hospitalidad	1 Pedro 4:9
"Lo que haya recibido"	1 Pedro 4:10

La iglesia carismática

Como hemos visto, una verdadera iglesia es una iglesia "carismática." Reconocemos que Dios es la fuente de nuestros dones y que tenemos la obligación de utilizarlos para cambiar al mundo. En el Reino de Dios, necesitamos cambiar la manera de desempeñar el ministerio. Definitivamente, tenemos que hablar de los dones espirituales. Como discípulos, ¡somos carismáticos (tenemos dones)!

Cualquier filosofía acerca de la labor ministerial que no reconozca que Dios ha equipado a los miembros para llevar a cabo la obra del ministerio en la iglesia, no sólo no es bíblica, sino que, a largo plazo, nos impedirá evangelizar al mundo. Así que, ¡abramos la caja de herramientas y pongámonos a trabajar!

PREGUNTAS PARA PENSAR

- *¿Cuáles son mis dones más evidentes en el Reino de Dios?*
- *¿Los líderes de mi iglesia están al tanto de mis talentos? ¿Me he puesto a la orden para contribuir con la congregación?*
- *¿Me estoy engañando a mí mismo fingiendo tener talento en un área en la cual el Espíritu no me ha bendecido?*
- *¿Estoy dispuesto ser un "jugador del equipo," o insisto en usar mis talentos y dones especiales sólo bajo mis criterios?*

SEGUIMIENTO

Revise la "Hoja de trabajo de los dones espirituales" en el Apéndice y haga un inventario de sus dones.

NOTAS

1. Las famosas líneas de John Donne (1571 o 1572–1631): "Ningún hombre es una isla entera por sí misma... por eso, nunca preguntes por quién doblan las campanas; doblan por ti" pertenecen a su obra *Meditación XVII*.

2. Existen tres posiciones respecto a los dones: todos los dones han desaparecido y no queda ninguno; o ningún don ha desaparecido y todos quedan; o algunos de los dones han desaparecido y otros permanecen. La primera posición es la de muchos "no carismáticos." La segunda es la de la mayoría de los "carismáticos." La tercera posibilidad es la única que creo que es cierta y la que presento en este libro.

3. John R.W. Stott, *Baptism and Fullness* (London: InterVarsity Press, 1975), p.96. Extraído con permiso de IVP. Este libro hace una excelente exposición de la diferencia entre la manera de obrar milagrosa y no milagrosa de Dios.

4. Ibíd., 93ss, extraído con permiso de IVP.

5. Ibíd.

6. El derramamiento del Espíritu Santo, profetizado en Joel 2, ocurrió en la Fiesta de Pentecostés (Hechos 2). Ver el capítulo 20 sobre la imposición de manos de los apóstoles. Aquí sólo se da un ejemplo: el de Esteban y Felipe. En Hechos 6:6, los apóstoles les impusieron las manos. En Hechos 6:8 vemos que Esteban ahora puede hacer milagros. Sin embargo, Felipe (no el apóstol, sino el evangelista), no puede imponer sus manos sobre otros para transmitir los dones milagrosos. En Hechos 8:14 y siguientes, él no ha impuesto sus manos a los samaritanos; los apóstoles debieron ser llamados. Cuando ellos llegaron, Simón el Brujo se queda sorprendido al ver que los dones milagrosos se transmitieron mediante la imposición de manos de los apóstoles (Hechos 8:18).

7. Note que 1 Corintios 13:8 sólo se refiere a los dones milagrosos. Para una exposición más amplia de 1 Corintios 12–14, ver el capítulo 23.

8

La póliza de seguros de un billón de dólares

Enseñanzas bíblicas sobre la gracia y la seguridad

Mi padre, Charles Jacoby, fue vicepresidente de una gran compañía de seguros norteamericana. Después de obtener su grado en matemáticas, sirvió en el Pacífico, durante la Segunda Guerra Mundial; a su regreso, terminó los intensos exámenes de actuaría necesarios para trabajar en la industria aseguradora. Las pólizas de seguros tienen muchos beneficios. El otro día escuché que una póliza sólo cuesta US $1.50 diarios y si te mueres a los 30 años, alguien se gana un millón de dólares. Suena bien, si piensa que podría morir joven. Pero la "póliza" que Dios le ofrece es infinitamente superior. Todo el mundo puede pagar las primas y, mejor aún, cuando usted muere, pasa a la resurrección, es decir, ¡usted es el beneficiario de su propia póliza de "seguro de vida"!

Considerando el plan "ganar/ganar" que Dios nos ha dado, ¿por qué alguien lucharía con la gracia, la confianza y sentirse salvado? ¿Por qué tenemos que buscar la seguridad más allá de las páginas de nuestra Biblia? El objetivo de este capítulo es asegurar que todos nosotros nos sintamos bien como discípulos y entendamos la posición tan segura que disfrutamos como hijos e hijas inmensamente amados de Dios. Nuestra "póliza" es infinitamente preciosa. (¡Hasta un millón de millones de dólares, es decir, un billón de dólares, luce insignificante!) Como lo veremos, todo esto tiene mucho que ver con la obra del Espíritu en nuestras vidas.

¿Gracia contra obediencia?

Una razón por la que muchos de nosotros luchamos con la gracia es la falsa enseñanza a la que hemos sido expuestos. El statu quo de la religión, a menudo inconscientemente y a través de lo que enfatiza y relega, pone a la gracia contra la obediencia, al Espíritu contra la ley, al Antiguo Testamento contra el Nuevo Testamento e incluso al Hijo contra el Padre. En realidad, la gracia no es más opuesta a la obediencia de lo que el amor de Dios a su ira. Cualquier contradicción que se perciba se encuentra sólo en el ojo del que la ve (Romanos 11:22, Deuteronomio 7:9–10).

Si algo es claro en los más de mil capítulos de la Biblia, es que Dios perdona y se deleita en darnos la oportunidad de empezar de nuevo. ¿Necesita empezar de nuevo? Tal vez no está experimentando la gracia de Dios como Él quiere que lo haga. No deje de hacer la voluntad de Dios para centrarse en usted mismo. En el cristianismo bíblico, la gracia nunca se opone a la obediencia, no es "una u otra"; son "ambas."

La PAG

Los alumnos del penúltimo año de colegio en los Estados Unidos presentan una prueba general de aptitudes[1] antes de ingresar en los centros de educación superior. Los resultados le indican a los funcionarios de admisión de los centros educativos qué tan fuertes son los aspirantes en sus habilidades matemáticas y verbales. Los futuros estudiantes de Medicina presentan un examen llamado MCAT. Los estudiantes de Derecho deben presentar el LSAT. Antes de comenzar mi Maestría en Teología, tuve que presentar el GRE. Lo que necesitamos como discípulos de Cristo es el PAG, lo cual quiere decir "Prueba de aceptación de la gracia." Esta prueba puede mostrarle si usted es de los que aceptan la gracia de Dios o si prefiere tratar de hacer las cosas por su cuenta (una pregunta crucial según Gálatas 3:3).

PAG: Prueba de aceptación de la gracia

Quienes luchan por entender la profundidad, altura, largo y ancho del amor de Dios, muestran patrones similares de comportamiento, emociones y crecimiento. ¿Es usted una de esas personas? Hágase usted mismo las siguientes preguntas y contéstelas honestamente.

1. ¿Me consumen mis sentimientos? ¿Busco ser mi propio psicoanalista? SÍ NO
2. ¿Sufro de algún desorden interno? ¿Padezco depresión o sentimientos de culpa? SÍ NO
3. ¿Estoy cayendo nuevamente en "viejos hábitos"? SÍ NO
4. ¿Me cuesta tener una sincera gratitud por las muchas maneras como Dios me ha bendecido? SÍ NO
5. ¿Lucho con deseos mundanos? ¿Otros comentan sobre mi mundanismo? SÍ NO
6. ¿Estoy menos involucrado de lo normal en el evangelismo? SÍ NO
7. ¿Me siento "más salvo" cuando las cosas van bien que en circunstancias no tan favorables? SÍ NO
8. ¿Estoy tenso o rígido, falto de espontaneidad? SÍ NO
9. ¿Otras prioridades diferentes a Dios están recibiendo la mayor parte de mi energía/devoción (Jonás 2:8)? SÍ NO
10. ¿Dudo a veces de mi salvación? SÍ NO

Puntuación: Reciba 100 puntos por cada respuesta negativa. Las respuestas positivas no tienen puntos.

000–200: ¡Este capítulo seguramente le ayudará!
300–600: Suena como si usted debe actualizar su teología.
700–900: Este será un gran repaso.
1000 (!): Su nombre debe ser "Gracia."

¿Cómo salió en su PAG? ¿Cuál es su "aptitud para la gracia"? Si contestó "sí" a varias de estas preguntas, es probable que su comprensión de la gracia sea superficial.

La motivación por medio del desempeño no anima a nadie a largo plazo. Y no sólo eso, también inhibe severamente el proceso de madurez espiritual. Así como un padre censurador perjudica el desarrollo de su hijo y una esposa crítica puede dañar la confianza de su esposo (y viceversa), obrar bajo la carga de una teología incorrecta sobre la gracia puede confundirnos espiritualmente.[2]

El Espíritu de la gracia

¿Sabía que el Espíritu Santo es un "espíritu de gracia"? Considere los siguientes dos pasajes, uno del Antiguo Testamento y otro del Nuevo Testamento.

> "Sobre la casa real de David y los habitantes de Jerusalén derramaré un *espíritu de gracia* y de súplica, y entonces pondrán sus ojos en mí. Harán lamentación por el que traspasaron, como quien hace lamentación por su hijo único; llorarán amargamente, como quien llora por su primogénito." (Zacarías 12:10, énfasis agregado)

> ¿Cuánto mayor castigo piensan ustedes que merece el que ha pisoteado al Hijo de Dios, que ha profanado la sangre del pacto por la cual había sido santificado, y que ha insultado al *Espíritu de la gracia*? (Hebreos 10:29, énfasis agregado)

Dado que el Espíritu Santo es el Espíritu de la gracia, nuestra dificultad para aceptar la gracia de Dios puede impedir que el Espíritu actúe en nuestra vida, cambiándonos de adentro hacia afuera y dándonos sus frutos, como la alegría y la paz.

Venciendo el pecado y siendo celosos

Cuando alguien no está cambiando, significa que la gracia de Dios está siendo bloqueada; la gracia debería enseñarnos a decir "No" al pecado y a vivir un cristianismo ferviente cada día. Como Pablo le dijo a Tito, el evangelista de la isla mediterránea de Creta:

> En verdad, Dios ha manifestado a toda la humanidad su gracia, la cual trae salvación y nos enseña a rechazar la impiedad y las pasiones mundanas. Así podremos vivir en este mundo con justicia, piedad y dominio propio, mientras aguardamos la bendita esperanza, es decir, la gloriosa venida de nuestro gran Dios y Salvador Jesucristo. Él se entregó por nosotros para rescatarnos de toda maldad y purificar para sí un pueblo elegido, dedicado a hacer el bien. (Tito 2:11–14)

La electricidad espiritual prácticamente salta de la pluma de Pablo.

Cuando estamos bien espiritualmente, el Espíritu de gracia nos cambia de adentro hacia fuera. ¡Qué emoción! ¡Qué gran sensación!

La gracia nos hace muy trabajadores

¿Cuán buen trabajador es usted? ¿Sigue siendo desafiado sobre la pereza? Según la Palabra de Dios, la pereza es un pecado (Proverbios 6:6–11, Eclesiastés 10:18, Mateo 25:26, Hebreos 6:12). (Sin embargo, los adictos al trabajo tienen sus propios retos especiales. ¡Dios no nos está pidiendo que seamos neuróticos!) Pablo apreció profundamente la gracia de Dios, como se evidencia en su comentario a los cristianos de Corinto:

> Admito que yo soy el más insignificante de los apóstoles y que ni siquiera merezco ser llamado apóstol, porque perseguí a la iglesia de Dios. Pero por la gracia de Dios soy lo que soy, y la gracia que él me concedió no fue infructuosa. Al contrario, he trabajado con más tesón que todos ellos, aunque no yo sino la gracia de Dios que está conmigo. (1 Cor. 15:9–10)

Como vimos en Tito 2:11–14, el compromiso con Jesucristo es el resultado natural de un corazón que valora la gracia. ¡Nadie trabajó más duro que Pablo! Ni nadie tuvo más confianza que él en que se reuniría con el Señor cuando muriera (Filipenses 1:21–23, 2 Timoteo 4:6–8). Muchos han señalado en Pablo una progresión en su aprecio de la gracia y en su humildad.

Año	Versículo	Auto descripción	Grupo comparativo
56 d. C.,	1 Cor. 15:9	"el más insignificante de los apóstoles"	Apóstoles
60 d. C.	Efe. 3:8	"el más insignificante de todos los santos"	Todos los discípulos
65 d. C.	1 Tim. 1:15	"los pecadores, de los cuales yo soy el primero"	Todos los seres humanos

Observe que se volvió cada vez más consciente de su propia indignidad y del valor de la gracia. Observe también que el "grupo comparativo" se va ampliando. ¿Con quién se compara usted? ¿Está creciendo en humildad? (¿Alguno de nosotros se atrevería a contestar afirmativamente?) Si no estamos creciendo en nuestra valoración de la gracia de Dios y convirtiéndonos en mejores trabajadores en el proceso, entonces, ¿en qué nos estamos convirtiendo?

La gracia da seguridad

"Seguridad" es la confianza de que somos salvos. Aunque la Biblia nos asegura que podemos tener una confianza plena en Cristo, aún puede ser difícil para nosotros creer que el Espíritu de Dios realmente vive en nosotros y que ya no somos "el mismo yo" de siempre. Algunas personas aún "dudan de su conversión," demostrando su escasa comprensión de la gracia de Dios. La Biblia nos asegura que sí podemos saber que tenemos vida eterna.[3]

Hace poco hablaba con un joven con el que estaba estudiando la Biblia. Él se había detenido antes de hacer un compromiso con Jesús como Señor, diciendo: "No quiero saber si estoy salvado o no. Trato de no pensar en eso. Realmente no quiero saber."

Mi respuesta fue muy sencilla: "¡Usted sí quiere saberlo! Eso es como decir, 'No quiero saber si mi casa se está quemando o no. Me quedaré aquí en mi cuarto, me da lo mismo. Soy feliz así como soy." No tiene sentido, ¿verdad? ¡Obviamente usted quiere saberlo! Y puede hacerlo.

> Y el testimonio es éste: que Dios nos ha dado vida eterna, y esa vida está en su Hijo. El que tiene al Hijo, tiene la vida; el que no tiene al Hijo de Dios, no tiene la vida. Les escribo estas cosas a ustedes que creen en el nombre del Hijo de Dios, para que sepan que tienen vida eterna. (1 Juan 5:11–13)

¿Usted cree en el Hijo de Dios? ¿Está usted viviendo en la luz (1 Juan 1:7)? Si es así, ¡usted tiene la promesa de que sus pecados son perdonados *continuamente*![4]

La gracia da tranquilidad

Todos recibimos una gran seguridad cuando lavamos de nuestros pecados (Hechos 22:16). Sin embargo, es agradable tener la tranquilidad mientras avanzamos. He aquí algunas perspectivas para ayudarle a entender mejor la gracia de Dios.

1. Podemos confundir *sentimientos* de oscuridad con estar realmente perdidos. Cada vez que pecamos conscientemente, "saboreamos" la oscuridad hasta cierto punto. Es como si el acto de pecar intentara conectarnos nuevamente con quien éramos antes. Por supuesto, eso es imposible pues el "viejo yo" ha muerto (Romanos 6:6; Gálatas 2:20, 5:24, 6:14). El sentimiento natural de culpa que acompaña nuestro pecado es una cosa; la culpa condenatoria es otra cosa muy diferente.

2. Cuando hacemos deporte y perdemos una oportunidad, podemos decir: "Mi error." Eso significa que nos equivocamos, reconocemos nuestra responsabilidad e inmediatamente continuamos. Comprendemos que no hay razón para quedarnos en extensas explicaciones al respecto. Existe una gran diferencia entre "Mi error" y "Soy malo." ¿Por qué debe arrastrarle por el barro cada vez que comete un error? ¡Eso no es espiritual! Ningún versículo en la Biblia dice que haga eso. Levántese y siga caminando (Jeremías 8:4). ¡Váyase y sea libre!

3. Como dijo un hombre sabio: "Siempre es más fácil dudar de su

conversión que confiar en la gracia de Dios." Muchas personas dudan de su conversión cada vez que pasan por un mal rato. ¡Esa es la salida fácil! Es como si culpáramos a Dios: "Si de verdad me ha perdonado y me ha dado su Espíritu, ¡no estaría aquí otra vez!". Dígase a sí mismo lo que Jesús le dijo a Tomás: "No seas incrédulo, sino hombre [o mujer] de fe" (Juan 20:27).

4. Es posible convertirse según las Escrituras y luego tropezar. ¿Qué pasó en la iglesia de Corinto? Toda la congregación estaba infestada en pequeñas disputas, confusión doctrinal y pecados escandalosos, pero en ninguna parte en 1 Corintios Pablo insinúa que no son verdaderos cristianos o que deben ser bautizados de nuevo. ¿Qué tal Simón el Mago, cuya conversión le parece tan sospechosa a muchos? Ni siquiera a él se le dijo que fuera y se hiciera cristiano (Hechos 8:9–24). Sin embargo, se le dijo que corrigiera su corazón.

   Sí, es posible arrepentirse y luego renegar. En Jeremías 34:8–17 el pueblo se arrepiente y libera a sus esclavos. Después revirtió su compromiso y retomó a los esclavos. ¡Mal movimiento! ¿Qué dijo Dios? "Se habían convertido y habían hecho lo que yo apruebo… " (34:15). Reincidir después de arrepentirse no invalida el arrepentimiento. Ellos se arrepintieron pero después cambiaron de opinión. Cuando usted hizo de Jesús su Señor, estaba haciéndolo libremente. A partir de ese momento, aún sigue teniendo libertad de elección; usted puede elegir hacer lo correcto o volver atrás.

5. Los predicadores tienden a enfocarse en lo que debe o no debe hacerse, en el compromiso y en los programas de la iglesia. (Y yo digo: "¡Amén!") En algunas de nuestras iglesias se dice muy poco acerca de la enseñanza bíblica sobre la gracia y la seguridad de la salvación, a veces por temor a desbordarse y llevar a la iglesia a ser complaciente. A los predicadores les digo que esto debe cambiar. El evangelio es primero y antes que nada el evangelio de la gracia de Dios (Hechos 20:24). Ustedes no están predicando el evangelio si no están predicando la gracia.[5] Sin embargo, al resto les digo que si el predicador (o los predicadores) de su congregación los animan con sus sermones o los "enfrían" (¡como predicador, yo no estoy exento de pecar!), depende de ustedes asegurar su conocimiento de la gracia de Dios y mantener el equilibrio. ¡Continúe estudiando la Biblia entera y profundizando en su andar con Dios!

6. Mientras más activos estemos en la obra del Señor (y no dije, "hiperactivos"), más apreciaremos la gracia de Dios. Una vez le pregunté a un grupo de jóvenes en una iglesia donde no se hacía énfasis en el discipulado bíblico, cuán confiados estaban ellos de ser salvos. Les dije: "Cierren sus ojos. Ahora, levante su mano si piensa que es

salvo." Menos de la mitad levantó la mano. Unos años más tarde hice la misma pregunta en una iglesia donde se esperaba que los miembros fueran activos y respondieran de sus acciones, no sólo a los líderes, sino entre ellos mismos. ¡Casi el cien por ciento de los presentes levantaron la mano! (Y no fue porque pensaran que merecían entrar al cielo.)

Conclusión

Los discípulos deberían ser las personas más seguras y confiadas sobre el planeta. Después de todo, ¡tenemos una póliza de un billón de dólares! Nunca deberíamos preguntarnos si tenemos o no el Espíritu.

La verdadera pregunta no es si tenemos el Espíritu, sino si el Espíritu nos tiene a *nosotros*. A través de la gracia de Dios, su Espíritu reformará y rehará nuestra vida. Nunca seremos perfectos en esta vida. Así es que dejemos descansar nuestra mente, seamos agradecidos por su gracia y dejemos que el Espíritu haga su obra.

PREGUNTAS PARA PENSAR

- *¿Estoy seguro de mi salvación o tengo dudas?*
- *¿He sido influenciado por una teología incorrecta, poniendo a "la gracia" contra la obediencia?*
- *¿Hay áreas específicas de mi vida que me están robando la confianza? ¿Cómo puedo vencer en estas áreas?*

NOTAS

1. N. del T.: el nombre y la sigla en inglés son Standard Aptitude Test (SAT).

2. Muy recomendado: Gordon Ferguson, *The Victory of Surrender* (Woburn, MA: DPI, 1995).

3. He explorado más profundamente este tema en *Life to the Full: The Powerful and Practical Writings of James, Peter, John and Jude* (Woburn, MA: DPI, 1995), capítulo 18.

4. A veces se enseña incorrectamente que el bautismo nos perdona de todos nuestros pecados pasados. Pero esa es sólo la mitad de la fotografía; también cubre los pecados futuros.

5. Ver el libro de Thomas Jones, *Fuerte en la Gracia* (Spring Hill, TN: DPI, 2012) y el excelente estudio del evangelio de la gracia en "The Gospel" (el evangelio) en *The Leader's Resource Handbook*, Volume 1 (Woburn, MA: DPI, 1998).

9

Guiados por el Espíritu

Cómo el Espíritu guía a los discípulos

Ahora que nos sentimos seguros de los dones y la gracia de Dios, volvamos nuestra atención hacia cómo Él nos guía. ¿Cómo podemos estar seguros de sabemos conocer la voluntad de Dios? Como lo veremos a continuación, ser guiados por el Espíritu no es diferente a ser guiados por Dios o por Jesús. Ellos son uno y el mismo.

¿Giroscopios espirituales?

La noción de que si seguimos nuestra propia luz interior nos mantendremos en el camino, ha sido popular a través de las épocas y aún hasta el día de hoy. Richard Carlson, el autor del exitoso libro, *Don't Sweat the Small Stuff* (no te alteres por cosas insignificantes), un libro con otras partes que suenan a consejo, dice:

> Usted tiene a su disposición un sistema de guía infalible para navegar a través de su vida. Este sistema, conformado solamente por sus sentimientos, le permite saber si se ha desviado y se dirige hacia la infelicidad y el conflicto, o si está en el camino, dirigiéndose hacia la paz de su mente. Sus sentimientos actúan como un barómetro, dejándole saber cómo está su clima interno.[1]

Tristemente, esto suena muy parecido a la literatura que se encuentra en las librerías cristianas. Algunos pueden preguntarse si esto es lo que significa ser guiados por el Espíritu. ¿Son algunas personas tan santas que Proverbios 14:12 y Jeremías 17:9 no aplica para ellas?

> Hay caminos que al hombre le parecen rectos,
> pero que acaban por ser caminos de muerte. (Proverbios 14:12)

> Nada hay tan engañoso como el corazón.
> No tiene remedio.
> ¿Quién puede comprenderlo? (Jeremías 17:9)

Si algo es cierto, es el hecho de lo peligroso que es seguir nuestros sentimientos. Estos tienen muy poco que ver con ser guiados por el Espíritu y ciertamente no lo mantienen en el camino "recto." De todos modos, un giroscopio se corrige sólo mediante la acción de otra fuerza: la gravedad.

Sin la rotación (nuestra decisión diaria de seguir a Cristo) y la gravedad (la fuerza de la Palabra en nuestra vida), el giroscopio muy pronto se cae.[2]

¿Guiados a toda la verdad?

La mayoría de los neopentecostales[3] citan a Juan 14:26 y 16:13 cuando afirman que el Espíritu los guía. Sólo para aclarar la confusión, mejor citamos los textos completos.

> "Todo esto lo digo ahora que estoy con ustedes. Pero el Consolador, el Espíritu Santo, a quien el Padre enviará en mi nombre, les enseñará todas las cosas y les hará recordar todo lo que les he dicho." (Juan 14:25–26)

> "Muchas cosas me quedan aún por decirles, que por ahora no podrían soportar. Pero cuando venga el Espíritu de la verdad, él los guiará a toda la verdad, porque no hablará por su propia cuenta sino que dirá sólo lo que oiga y les anunciará las cosas por venir." (Juan 16:12–13)

Ante todo, ¿a quién están dirigidos estos pasajes? Estas son algunas de las últimas palabras de Jesús a sus apóstoles antes de ser arrestado. *Ellos*, no *nosotros*, son a los que se les garantiza que: (a) se les hará recordar lo que Jesús había estado enseñando, y (b) serán guiados a toda la verdad. La primera promesa aplica a aquellos que lo escucharon, pero cuyas memorias humanas podrían, sin la ayuda divina, olvidar algunas de las cosas que había enseñado. La segunda corresponde al futuro, al equipamiento de la iglesia. Estas promesas gemelas se cumplen en el Nuevo Testamento: los evangelios registran lo que Jesús dijo y cómo vivió; los Hechos de los Apóstoles, las cartas y el Apocalipsis aplican las enseñanzas de Jesús a la iglesia. ¡No hay sustento para la idea de que todos los cristianos están al mismo nivel de los apóstoles o de que el Espíritu tiene una revelación especial para nosotros![4]

La Biblia dice...

Ser "guiados por el Espíritu" es terminología bíblica. El problema es que ha sido tergiversado y reinterpretado creativamente por millones de personas en un concepto nada bíblico. La enseñanza popular acerca de ser guiados por el Espíritu es que, una vez que el Espíritu entra en nuestro corazón, tenemos un sistema de guía automático que permite que Dios nos guíe a través de la vida y sus intrincadas decisiones, como si tuviéramos un "giroscopio espiritual" en nuestra cabeza. ¿Qué dice la Biblia? Los dos pasajes más claros sobre la guía del Espíritu se encuentran en Romanos y Gálatas.

> Por tanto, hermanos, tenemos una obligación, pero no es la de vivir conforme a la naturaleza pecaminosa. Porque si ustedes viven conforme a ella, morirán; pero si por medio del Espíritu dan muerte a los malos

> hábitos del cuerpo, vivirán. Porque todos los que son guiados por el Espíritu de Dios son hijos de Dios. Y ustedes no recibieron un espíritu que de nuevo los esclavice al miedo, sino el Espíritu que los adopta como hijos y les permite clamar: "¡*Abba*! ¡Padre!" (Romanos 8:12–15)

> Así que les digo: Vivan por el Espíritu, y no seguirán los deseos de la naturaleza pecaminosa. Porque ésta desea lo que es contrario al Espíritu, y el Espíritu desea lo que es contrario a ella. Los dos se oponen entre sí, de modo que ustedes no pueden hacer lo que quieren. Pero si los guía el Espíritu, no están bajo la ley. (Gálatas 5:16–18)

En cada pasaje, la Biblia nos enseña que ser guiados por el Espíritu es matar la naturaleza pecadora (literalmente "la carne"). El Espíritu nos guía en la voluntad moral de Dios, no su voluntad mística para cada detalle de nuestra vida. Nosotros tendremos que tomar la mayoría de las decisiones en nuestra vida, sin dirección divina. Por supuesto, esto no descarta de ninguna forma la oración, la búsqueda de consejo y la cuidadosa ponderación de los principios bíblicos.

Los antecedentes en el Antiguo Testamento

Como vemos en Romanos 8 y en Gálatas 5, ser guiados por el Espíritu es matar la carne. Ese es el significado más común del término en el Nuevo Testamento. Pero, ¿cuáles son los antecedentes en el Antiguo Testamento? Ezequiel 36:27 muestra que el Espíritu nos llevará a obedecer a Dios, asumiendo, por supuesto, que ese es nuestro deseo (ver Salmos 40:8, 25:5). El Espíritu no elimina nuestro libre albedrío. Mi versículo favorito al respecto es el Salmo 143:10.

> Enséñame a hacer tu voluntad,
> porque tú eres mi Dios.
> Que tu buen Espíritu me guíe
> por un terreno sin obstáculos.

Vemos que ser guiados por el Espíritu es un asunto de disciplina. No hay atajos. (Cuán diferente del punto de vista de los carismáticos, para quienes ser "guiados" a menudo significa ofrecer la menor resistencia.) Debido a que nos estamos volviendo obedientes, ser guiados por el Espíritu es un proceso de aprendizaje, no sólo seguir instintos e impulsos.

En Números 10, especialmente en el versículo 31, hay una ilustración histórica de esto. Los israelitas eran guiados en el desierto por una columna de nubes (o de fuego, en la noche). Usted podría pensar que el camino por el que Dios estaba tratando de guiarlos sería difícil que se perdieran, con esa inmensa columna frente a ellos mostrándoles la ruta. Entonces, ¿por qué Moisés está tan empeñado en tener un buen guía? "Tú serás nuestro guía," le decía a Hobab. Muy probablemente, porque incluso con la dirección de Dios, aún hay numerosas decisiones que tenemos que tomar a un nivel más bajo.

La aplicación es que Dios nos guía a través de la nube (los principios generales de su Palabra, la inexplicable vuelta de los hechos, su providencia, etc.), pero también a través de su gente, la lógica, el sentido común y la aplicación específica de la Biblia. Debemos conseguir un balance entre las dos, sin depender mucho en la fuerza del hombre (especialmente la nuestra) ni flotar en el éter espiritual.

Sí, la guía viene a través de la Palabra, pero en un sentido mucho más amplio, el Espíritu nos lleva a través de todo el proceso de obediencia, como vemos en el Salmo 143:10 y en Ezequiel 36:27. El Espíritu está obrando en nuestra vida, en la providencia de Dios, en formas que no comprendemos. La analogía de la nube que guía a los israelitas nos ayuda a tenerlo en cuenta al considerar el lado humano y divino de la dirección de Dios a su pueblo.

Convicción respecto al pecado

No es terminología bíblica decir, "El Espíritu me hizo faltar hoy a la iglesia" o "El Espíritu me hizo ir a almorzar en McDonald's." Sin embargo, así es como se usa en los círculos neopentecostales, en el sentido de influir en alguien para que actúe de una forma específica. Es interesante que infrecuentemente he escuchado los seguidores del movimiento carismático decir: "El Espíritu me convenció de arrepentirme de comer demasiado," o "El Espíritu me está llevando a arrepentirme de los prejuicios y a amar a gente de todas las razas." Sin embargo, la Biblia es clara en que la actividad del Espíritu es *convencer en cuanto al pecado*.

> Y cuando él venga, convencerá al mundo de su error en cuanto al pecado, a la justicia y al juicio; en cuanto al pecado, porque no creen en mí; en cuanto a la justicia, porque voy al Padre y ustedes ya no podrán verme; y en cuanto al juicio, porque el príncipe de este mundo ya ha sido juzgado. (Juan 16:8–11)

A primera vista, podría parecer que el Espíritu convence así se haya predicado la Palabra o no. ¡Pero esto no es así! La Palabra de Dios es la que convence a los hombres en cuanto al pecado (Jeremías 23:22) y los guía hacia la fe (Romanos 10:17). Nehemías 9:20–30 muestra que el Espíritu le habló al pueblo en el Antiguo Testamento a través de los profetas. El problema principal de los falsos profetas fue que no convencieron al pueblo de su pecado (Lamentaciones 2:14). Vemos que cuando estamos convencidos de nuestra necesidad de cambiar las cosas, el Espíritu ha estado obrando en nuestro corazón por medio de la Palabra de Dios. Alabo a Dios por los poderosos sermones y desafíos directos de hombres y mujeres que me aman. ¡Necesito el desafío! Y cuando cambiamos, Dios es glorificado.[5]

Una vez más, el Espíritu nos guía en la voluntad moral de Dios ("sendas derechas"[6]) al convencernos respecto al pecado. No es que esto sea todo lo que hace el Espíritu. (Si así fuera, ¡este libro sería mucho más corto!) Este es el aspecto de la obra del Espíritu más frecuentemente relegado en el cristianismo contemporáneo, en favor de una especie de religión más pomposa, lo cual es en la mayoría de las veces, un pariente cercano de los psíquicos de la televisión e Internet.

Guiados a través de hombres y mujeres de fe

Las Escrituras enseñan una y otra vez que es más factible que sigamos el camino correcto cuando hacemos planes pidiendo consejo (Proverbios 12:5, 12:15, 13:10, 15:22, 19:20, 20:18). Recibir consejo nos ayuda, no porque nuestro consejero sea inspirado de alguna forma, sino porque podemos obtener una perspectiva más objetiva del tema en el que necesitamos ayuda. Es más probable hallar sabiduría cuando contamos con múltiples consejeros que cuando tenemos uno solo.

Naturalmente, hay algunas cosas en las que perfectamente podemos recibir un buen consejo de un no creyente. Difícilmente necesita un creyente fuerte para aconsejarlo sobre cómo mantener mejor su carro o atarse sus zapatos, pero sería muy tonto confiar totalmente en el consejo o las sugerencias de un no creyente para tener una cita, situaciones del matrimonio o acerca de la oración o del estudio de la Biblia (Proverbios 13:20, Isaías 19:11, Ezequiel 11:2).

Dios obra a través del consejo de otros, pero ¡no se confunda considerando a estas personas como inspiradas! Algunas de ellas parecen pensar que por estar en una posición de liderazgo, cualquier consejo que den es "voluntad de Dios." Esto no sólo no es lógico ni bíblico, sino que tiene el potencial para muchos abusos. A menos de que haya un fundamento bíblico, es muy posible que el consejo no sea más que la opinión de un hombre.

Mientras es agradable tener un amigo especial (un discipulador), que pueda guiarlo en su vida cristiana, a menudo la voluntad de Dios es evidente sólo después de consultar a varios hombres o mujeres de fe. Esta es realmente la forma como el Espíritu guía al pueblo de Dios.

También podemos entender mejor la voluntad de Dios, observando la vida de hombres y mujeres de fe (1 Corintios 4:15–17, 11:1; Filipenses 4:9; Hebreos 6:11–12, 13:7).

Digresión: El Espíritu y el romance

Una de las áreas más difíciles para discernir la voluntad de Dios es la del romance. ¿Cómo puede usted distinguir el amor verdadero de los sentimientos de amor por una persona? Estar enamorado —la euforia, el oleaje emocional— no es lo mismo que amar. En general, sería sabio no atribuirle al Espíritu ciertos eventos o sentimientos relacionados con el romance.

Más de una persona ha racionalizado un matrimonio no espiritual sobre fundamentos religiosos (p. ej.: "El Espíritu me está diciendo que ella es la elegida"). La Biblia es clara: si somos cristianos, sólo podemos casarnos con cristianos (1 Corintios 7:39, 2 Corintios 6:14ss, Esdras 9–10).

En Génesis 29 se encuentra el admirable ejemplo de Jacob, quien sirvió siete años por Raquel y durante los cuales mantuvo su pureza sexual. Ese largo período de cortejo pasó rápido, debido a su amor por ella. (¡Si él no hubiera amado a Raquel, el tiempo habría transcurrido con una desesperante lentitud!)

Finalmente, he aquí algunas trampas que deben ser evitadas en las relaciones románticas.

- Ir demasiado rápido en una relación.
- Involucrarse emocionalmente con un hombre o mujer no creyente.
- Buscar señales en la selección de un pareja ("Si me ve cuando la vea, sabré que ella es la indicada"). No hay forma de saber si Dios está "jugando su juego."
- Descartar los principios bíblicos. Tener una cita con un hermano (o una hermana) no espiritual, tendrá consecuencias al final.
- Ser muy selectivo. ¡El perfeccionismo puede prolongar su soltería por años!
- En caso de una ruptura, es posible que usted caiga en un vertiginoso descenso espiritual si su caminar en la fe se ha apoyado en sentimientos de euforia. Una falsa sensación de seguridad y bienestar puede dar paso a una profunda desilusión.

Guiados a través de la Palabra

La guía espiritual viene a través de la Palabra, pues toda Escritura es inspirada por el Espíritu de Dios. Por lo tanto, cuando nos resistimos a las claras enseñanzas de la Biblia, nos estamos resistiendo al Espíritu. Muchos dicen que el Espíritu obra aparte de la Palabra, lo cual con frecuencia es usado para auto justificarse: "Cuando el Espíritu me muestre que lo que dices es verdad, cambiaré." Pero las Escrituras enseñan que el Espíritu nos convence por medio de la Palabra (2 Timoteo 3:16–17, Juan 16:8).

Una vez que la Palabra está en nuestro corazón (Jeremías 31:33) condicionándonos a seguir sus principios de manera habitual, será más natural la capacidad del Espíritu para guiarnos sin que tengamos que buscar versículos o consultar con otros. Se convierte en una segunda naturaleza, la cual, aún entonces, nunca es infalible. La máxima autoridad es la Palabra de Dios.

En resumen: Guiados por el Espíritu

Antes de comenzar con la exploración introductoria de la mente de los supersticiosos (que continuará en los capítulos 10 y 11), resumamos nuestros hallazgos:

- El Espíritu no nos guía a través de sentimientos. Todo lo que se habla de "presentimientos," sentimientos ocultos y revelación mística, es poco más que "habladurías psicológicas."
- Las únicas personas a las que les garantizó ser "guiadas a toda la verdad" fueron los apóstoles.
- La actividad central del Espíritu es convencernos de nuestro error en cuanto al pecado y capacitarnos para vencerlo. Los dos pasajes más completos al respecto en el Nuevo Testamento, Romanos 8 y Gálatas 5, son bastante claros.
- Ser guiados por el Espíritu no quiere decir que ya no tomamos nuestras propias decisiones.
- Entre más profundo esté en nuestro corazón la Palabra de Dios, más podremos actuar de acuerdo a nuestras corazonadas. Pero esto nunca es infalible.
- El Antiguo Testamento se relaciona con seguir al Espíritu en la obediencia a Dios y a su Palabra.
- El Espíritu da convicción respecto el pecado. Por lo tanto, una persona espiritual es un ejemplo a seguir para otros; un sermón espiritual es un mensaje que convence profundamente de la verdad de la Biblia a los que escuchan.
- El Espíritu de Dios nos guía a través de los principios de la Palabra.
- Debemos ser extremadamente cautos en atribuirle al Espíritu de Dios situaciones en las que las fuerzas románticas están en juego.
- El Espíritu también nos guía a través de hombres y mujeres maduros en la Palabra.

"¡Me siento bien!"

La religión de muchos está estrechamente relacionada con "sentirse bien." No hay nada malo con sentirse bien, aunque esto es espiritualmente confuso. La falacia básica es que espiritualidad significa *sentir* a Dios, como lo opuesto a seguir su Palabra. En lugar de entender qué dice la Palabra de Dios y luego obedecerla, se ponen el énfasis en sintonizarse con la frecuencia divina. En resumen, la subjetividad reina.

Los sentimientos son la base de las decisiones de muchas personas. Ellas buscan la voluntad de Dios en su corazón, porque es donde creen que el Espíritu habla. Por tanto, deben estar alertas a las indicaciones de Dios, interpretando señales en situaciones, palabras, escrituras, sueños, el clima, etc. Haciendo esto, creen que están "guiados por el Espíritu." Tristemente, no son conscientes de lo que la Biblia realmente dice.

¿Felizmente ignorante?

El siguiente texto, tomado del libro *El progreso del peregrine* de John

Bunyan (1628–1688), capta perfectamente el espíritu del tema en discusión. Es un diálogo entre Cristiano (Crist.), el personaje principal, e Ignorancia (Ignor.), la persona religiosa y feliz. Creo que lo encontrará muy divertido. Como veremos, la "Ignorancia" aún vive.

Crist. —Di, ¿cómo te va? ¿Cómo están las relaciones entre tú y tu alma?
Ignor. —Confío que bien; estoy siempre lleno de buenos movimientos que vienen a mi mente para consolarme en mi camino.
Crist. —¿Qué buenos movimientos son esos?
Ignor. —Pienso en Dios y en cielo.
Crist. —Esto hacen también los demonios y las almas condenadas.
Ignor. —Pero yo medito en ellos y los deseo.
Crist. —Así hacen también muchos que no tienen habilidad alguna para llegar a ellos jamás; desea y nada alcaza el alma del perezoso [ver Proverbios 13:4].
Ignor. —Pero yo pienso en ellos, y lo abandono todo por ellos.
Crist. —Mucho lo dudo, porque eso de abandonarlo es cosa muy difícil. Sí, más difícil de lo que piensan muchos. Pero, ¿en qué te apoyas para pensar que lo has abandonado todo por Dios y el cielo?
Ignor. —Mi corazón me lo dicta.
Crist. —Dice el Sabio que "el que confía en su corazón es necio" [ver Proverbios 28:26, RVR].
Ignor. —Eso es cuando el corazón es malo; el mío es bueno.
Crist. —¿Y cómo lo pruebas?
Ignor. —Me consuelo con las esperanzas del cielo.
Crist. —Eso bien puede ser un engaño; porque el corazón de un hombre puede suministrarle consuelo con la esperanza de aquella misma cosa que no tiene fundamento alguno para esperar.
Ignor. —Pero mi corazón y mi vida se armonizan perfectamente, y, por lo mismo, mi esperanza está bien fundada.
Crist. —¿Quién te ha dicho que tu corazón y tu vida están en armonía?
Ignor. —Me lo dice mi corazón.
Crist. —Pregunta a mi compañero si soy yo ladrón. ¡Tu corazón te lo dice! Si la palabra de Dios no da testimonio en este asunto, otro testimonio es de ningún valor.
Ignor. —Pero, ¿no es bueno el corazón que tiene buenos pensamientos? ¿Y no es buena la vida que está en armonía con los mandamientos de Dios?
Crist. —Sí; es verdad. Es corazón bueno el que tiene buenos pensamientos, y vida buena la que está en armonía con los mandamientos de Dios; pero, en verdad, una cosa es tenerlos y otra cosa es pensar sólo que se tienen.[7]

Cristiano no pudo explicarlo mejor: una cosa es seguir los mandamientos de Dios y otra muy distinta es imaginar que usted está viviendo como un cristiano.

Jesús visita Tejas

En su libro *You Can Be Led by the Spirit of God*, Kenneth Hagin, un autor y orador carismático muy influyente, revela algunos de los secretos del negocio. En el prefacio, él comparte su "reveladora visión" de Jesús en la habitación de un hotel en El Paso, Tejas, seguida por una conversación de treinta minutos con el Señor mismo. Jesús medía 1,80 metros de alto y pesaba unos 82 kilos. ¡Un verdadero gigante para los estándares de la Palestina del primer siglo![8]

Pienso que debemos sopesar con mucho cuidado las cosas dichas por cualquier persona convencida de ser tan importante como para que Jesús lo visite personalmente. Mucho más cuando Hagin nos plantea su premisa: "El Espíritu de Dios nos guía a través de nuestros espíritus."[9]

Hagin continúa diciendo que el principal instrumento mediante el cual Dios guía a sus hijos es el "testigo interior." Insiste que "si usted renueva su mente por medio de la Palabra, todo lo que su espíritu le diga que haga estará correcto."[10] ¡Incluso uno de sus capítulos se titula: "Escucha a tu corazón"![11]

En su conclusión, Hagin afirma: "Si usted sigue estos lineamientos... después de un tiempo, puede llegar a conocer la voluntad de Dios Padre hasta en los más mínimos detalles de la vida. Recibirá dirección y siempre tendrá una respuesta afirmativa o negativa inmediatamente. En su espíritu, usted sabrá lo que debe hacer."[12]

Esto es algo erróneo por dos razones:

(1) Asume que existe una voluntad de Dios para cada mínimo detalle de nuestra vida. Es innegable que Dios obra en toda nuestra vida, que "en él vivimos, nos movemos y existimos" (Hechos 17:28), que nos "predestinó a ser transformados según la imagen de su Hijo" (Romanos 8:29), que su providencia obra aun a través de nuestros errores (Romanos 8:28), y que se preocupa por nosotros a un nivel personal. Pero, ¿dónde está la prueba de que Dios tiene un "plan" para cada detalle de nuestra vida? La Biblia dice que todos dependen de un momento de suerte (Eclesiastés 9:11, DHH). La evidencia en las Escrituras de hecho es muy escasa y los pasajes que generalmente se mencionan para apoyar la posición tradicional son algo ambiguos.[13]

(2) La posición supersticiosa asume que podemos confiar en nuestros sentimientos y por lo tanto, admite una completa confusión entre la voluntad de Dios y nuestros deseos. Un corolario de este enfoque es que, mientras usted se deje llevar por sus sentimientos, nunca podrá estar equivocado (después de todo, lo que usted hizo fue bajo la "dirección" del Espíritu). Por lo tanto, la responsabilidad final por sus acciones recae en Dios; usted no tiene ninguna responsabilidad personal. No es sorprendente que tal filosofía conduzca a un estilo de vida supersticioso, pues siempre anda preguntándose: "¿Qué significa esto?".

"¡Usted me está juzgando!"

Debemos mostrar amor hacia quienes han caído atrapados en la intrincada telaraña de una supersticiosa espiritualidad. Para traer el tema a discusión, déjenme compartirles la historia de Neil y la de Darin.

La primera vez que viví en Londres (1982), conocí a un personaje australiano muy amigable que vivía un piso abajo del mío. Neil era muy religioso y pronto comenzamos a estudiar la Biblia juntos. Tuvimos un estudio particularmente desafiante sobre Apocalipsis 3:14–22, un pasaje que nos llama a vivir una vida santa (ver el capítulo 12). Después le pregunté si él creía estar bien con Dios. Cuando él, muy satisfecho respondió que sí, le dije:

—¿Y cómo lo sabes?

Él dijo:

—Oh, sólo sé que soy salvo.

—Está bien, pero, ¿cómo es eso que "sólo sabes"? —le pregunté.

—Lo sé en mi corazón.

—Pero Neil, ¿qué hay de las cosas que acabamos de ver en la Palabra de Dios?

—¡Ahora me estás juzgando! No quiero hablar más del tema.

No es necesario decir que la actitud de este joven se enfrió considerablemente. Cuando alguien como él arriesga la eternidad basándose en sentimientos y si aún después de que usted le muestra la Palabra de Dios, continúa reacio a ceder, es muy poco lo que usted puede hacer. Retírese e intente de nuevo. Si persiste en mantener su posición, siga su camino (Mateo 10:14). Ore que Dios cambie su corazón más adelante (2 Timoteo 2:26).

¡Qué contraste vemos en Darin! Cuando nuestra familia vivía en el estado de Maryland, un apasionado sujeto llamado Darin vino a la iglesia donde yo estaba predicando. Después me dijo que quería que pasáramos un tiempo juntos para confraternizar, pero que tendría ser rápido, pues en cinco días se iría a una "escuela de predicadores."

Acordamos reunirnos y pronto se hizo evidente que Darin, tan evangelístico y comprometido con la Palabra como era, estaba arriesgando su salvación al basarla en sus sentimientos y experiencias. Como él creía tener el don de "hablar en lenguas," erróneamente asumía que había entendido el evangelio (Hechos 19:1–5). Después de tres días de estudiar la Biblia intensamente y de confrontar a algunos de sus viejos amigos acerca de su confusa doctrina, Darin tomó la decisión de hacerse discípulo. Aunque enfrentó una considerable oposición, decidió no ir a la escuela de predicadores y permanecer en el área de Washington D. C., como parte de un ministerio de discipulado. Pronto se inscribió en una universidad local y hasta el día de hoy es un cristiano feliz, satisfecho y confiado. Darin está emocionado porque sus nuevos amigos estaban dispuestos a decirle dónde se encontraba él según las Escrituras (Efesios 4:25) e indicarle la dirección correcta. (¡Qué contraste con Neil!)

El juicio es del Señor, tanto el de las intenciones presentes como el del final y definitivo. Sin embargo, las Escrituras enseñan que nosotros nos juzgamos, ayudamos, aconsejamos, enseñamos y reprendemos unos a otros en Cristo (Mateo 7:1–6; 1 Corintios 5:12–13, 6:1–5; Juan 7:24; Colosenses 1:28–29). Como lo experimentan todos los discípulos, algunas personas son más abiertas que otras a la corrección (Proverbios 9:7–9, 12:1).

No subestime los efectos de la falsa doctrina en la espiritualidad de una persona e incluso sobre su salvación. Mantengamos el corazón dispuesto a profesar la verdad en el amor (Efesios 4:15, DHH) cuando estén en juego importantes asuntos de doctrina.

Conclusión

Ciertamente el Espíritu Santo puede obrar como él escoja hacerlo y a veces guiarnos en formas que no comprendemos. El Espíritu no está limitado por lo que pensemos de Él. Quienes tratan de minimizar la obra del Espíritu a fórmulas humanas no podrán mantenerlo en cajas hechas por ellos mismos. Sin embargo, el Espíritu guía al pueblo de Dios principalmente a través de la Palabra de Dios, y nunca llevará a alguien a actuar contra ella. La religión popular, contraria a la Escritura, enseña, en efecto, que sentir a Dios es más importante que *seguirlo.*

Necesitamos guiar a la gente a la Palabra de Dios. Los sentimientos cambian, pero la Palabra del Señor es una constante en la ecuación de la vida (1 Pedro 1:25). Anime a la gente a leer la Biblia, a obedecerla y a permitir que el Espíritu los guíe.

PREGUNTAS PARA PENSAR

- *¿Está el Espíritu Santo guiándome verdaderamente a través de la Palabra? ¿Estoy consciente de ese hecho?*
- *En mi vida, ¿está triunfado el Espíritu sobre la carne?*
- *¿Soy supersticioso o ingenuo? ¿He tenido ideas equivocadas sobre cómo me guía el Espíritu?*

NOTAS

1. Richard Carlson, *Don't Sweat the Small Stuff* (New York: Hyperion, 1997), 217.

2. Un comentario acerca de 1 Juan 2:18–29: Está muy de moda en estos días hablar de la unción de Dios sobre una persona o un orador. Esta “unción” le confiere una inspiración de Dios, con un acceso especial a su voluntad y dirección. Aquí la “unción” que recibimos del Espíritu —refiriéndose más probablemente a nuestra instrucción e inducción en los principios de la fe— significa que los falsos maestros no podrán guiarnos por el camino equivocado. Aunque no discutiremos este pasaje

más allá de esta observación, hágase esta pregunta: ¿Se parece esto remotamente a la "unción" que muchos predicadores claman tener hoy? La respuesta obviamente es, "No." Ser ungido no es ser inspirado, ni tener algo que ver con un acceso directo a la voluntad de Dios.

3. El neopentecostalismo es diferente al pentecostalismo, que es la doctrina de la denominación Pentecostal. El neopentecostalismo se refiere a una religión carismática contemporánea, de teología pentecostal y predominante en casi todas las grandes denominaciones. En otras palabras, es el movimiento en el que las enseñanzas y prácticas pentecostales se han desbordado dentro de iglesias no pentecostales.

En consideración a la variedad dentro del movimiento carismático y la ocasional divergencia del neopentecostalismo de las doctrinas clásicas de la denominación Pentecostal, a partir de este momento utilizaremos el término "neopentecostalismo."

4. Además, el cumplimiento apostólico y profético de estas promesas constituyó el fundamento de la iglesia (Efesios 2:19–20). Como el fundamento ya está puesto, no pueden haber apóstoles o profetas hoy en día.

5. Que debemos escuchar la Palabra para llegar a la fe está claramente expresado en Romanos 10:13–17, donde descubrimos la secuencia: escuchar la Palabra, creer en la Palabra, invocar el nombre del Señor y recibir la salvación. Esto es importante porque muchos creen que usted puede ser salvo sin escuchar o entender realmente el evangelio. Para una viva ilustración de la secuencia en acción, ver Hechos 22:1–16.

6. Para el antecedente bíblico, ver Proverbios 2:12–13, 4:11, 4:25–27; Hebreos 12:13 y Marcos 1:3 (compare Isaías 40:3).

7. John Bunyan, *El progreso del peregrine*, editado a partir de la edición digital, www.elcristianismoprimitivo.com

8. Los arqueólogos aún no han desenterrado esqueletos de más de 1.72 metros de altura.

9. Kenneth Hagin, *You Can Be Led by the Spirit of God* (Tulsa, OK: Faith Library Publications, 1981), 15.

10. Ibid, 31, 98.

11. Esta es una reminiscencia del fragmento del libro apócrifo Eclesiástico 37:13, donde se nos dice: "Mantente firme en el consejo de tu corazón, que nadie te será más fiel que él."

12. Hagin, 137.

13. Se recomienda: Garry Friesen, *Decision Making and the Will of God* (Portland, OR: Multnomah Press, 1980).

Distracción e inactividad

No dejen que les prive de esta realidad ninguno de esos que se ufanan en fingir humildad y adoración de ángeles. Los tales hacen alarde de lo que no han visto; y, envanecidos por su razonamiento humano, no se mantienen firmemente unidos a la Cabeza. (Colosenses 2:18–19a)

La teología incorrecta ciertamente nos guía hacia la inactividad o al tipo de actividad incorrecta. En estos días, se están enseñando muchas cosas extrañas en nombre del Espíritu de Cristo, de lo cual se hizo una breve introducción en el capítulo 9. El énfasis indebido en los sentimientos y las experiencias conduce no sólo a una forma de narcisismo espiritual, sino también a la distracción. Y el resultado inevitable es la inactividad.

Cuando las personas se ven atrapadas en esta telaraña de la seudoespiritualidad, el ciclo vicioso se retroalimenta a sí mismo: distracción, inactividad, distracción, inactividad...

Los siguientes dos capítulos escudriñan las afirmaciones de las formas supersticiosas de cristianismo.

10

¡Nada de tonterías, de ninguna manera!

La mentalidad supersticiosa

¿Es éste un capítulo sobre supersticiones como creer que el día martes 13 es de mala suerte y no abrir un paraguas en la casa? En lo absoluto. Este es un capítulo acerca de la mentalidad supersticiosa que ha permeado gran parte del cristianismo. Es esencial entender este confuso concepto de espiritualidad si queremos evitar las trampas de su teología y ayudar a quienes han caído en ellas.

Familiarizarnos con la definición de superstición que da el diccionario puede resultar útil para identificar ésta equivocada teología.

> 1. Creencia o práctica religiosa irracional; hábito, escrúpulo, etc., basado en el temor o la ignorancia. 2. Credulidad concerniente a lo sobrenatural, temor irracional de lo desconocido o misterioso; reverencia equivocada. 3. Religión o práctica religiosa u opinión particular basada en tales tendencias.[1]

La falacia básica es que la espiritualidad tiene que ver con sentir la voluntad de Dios, en contraposición a seguir la voluntad de Dios. Una vez más, ¡algunos piensan que pueden burlar al verdadero cristianismo! Muchas personas demasiado supersticiosas se consideran a sí mismas "radicales." En este caso, estamos de acuerdo con la definición de Franklin D. Roosevelt: "El radical es el hombre que tiene ambos pies firmemente plantados en el aire."[2]

En este capítulo examinaremos tres componentes de la mentalidad supersticiosa: la búsqueda de experiencia, la orientación de los sentimientos y la irracionalidad. Como veremos, tal frivolidad en la fe nos aparta de Jesús en lugar de acercarnos a Él. La distracción refuerza la inactividad.

La búsqueda de experiencia

Para el supersticioso, la espiritualidad e incluso la salvación se basan en las experiencias que uno ha tenido. Entre más experiencias o entre más espectaculares sean las experiencias, mayor será el aprecio de los demás y su autoestima. Las experiencias en sí mismas no son malas; es su interpretación lo que puede reforzar el error moral y doctrinal.

Una vez más, a la mayoría de las personas les gustan las experiencias divertidas e interesantes.[3] Como a mí, por ejemplo. Una tarde, en lo profundo del bosque, en el campamento de Exploradores donde yo estaba trabajando, pensaba en Dios. Saqué mi navaja y tallé una cruz en un árbol. ¡Luego la apuñalé siete veces! Inmediatamente escuché un trueno, vi el destello de un relámpago, la oscuridad del firmamento y un repentino aguacero, seguido por el silbido del viento. Mi corazón latía y mientras me alejaba del árbol, miré hacia atrás y vi una estela de luz (creada por los rayos del sol que se filtraban detrás del árbol y se reflejaban en las relucientes hojas humedecidas por la lluvia) que venía de la cruz hacia mí. ¡Qué fantástica sensación! Me sentí feliz, ligero, como si Dios se me hubiera revelado.

¿Cuál es la interpretación de esta maravillosa experiencia? No tengo idea. Sin embargo, muchos expondrían su propia salvación en una experiencia esta. Es edificante intercambiar relatos de experiencias o "testimonios." Algunos creen que mientras más cosas maravillosas le pasan, ¡mayor es la evidencia de su salvación! Recuerde las palabras de Pablo acerca de los superespirituales adoradores de ángeles de la iglesia de Colosas, quienes, psicológicamente al menos, actuaban de acuerdo a parámetros similares.

> No dejen que les prive de esta realidad ninguno de esos que se ufanan en fingir humildad y adoración de ángeles. Los tales hacen alarde de lo que no han visto; y, envanecidos por su razonamiento humano, no se mantienen firmemente unidos a la Cabeza. (Colosenses 2:18–19a)

Quienes estaban ocasionando problemas entre los colosenses[4] dieron detalles precisos de lo que habían visto. Erróneamente asumieron que entre más experiencias tuvieran, más espirituales serían, pero perdieron su conexión con la Cabeza (Cristo); respecto a la profundidad de sus conceptos espirituales, ellos estaban en un profundo vacío teológico. Al igual que esta gente "superespiritual," muchas personas hoy buscan experiencias. En su versión del evangelio, la experiencia espiritual toma el lugar de la obediencia espiritual. Un "Espíritu" a la deriva es exaltado a expensas del Cristo crucificado.

La orientación de los sentimientos

En el capítulo 9 exploramos la mentalidad alrededor de los sentimientos en el neopentecostalismo. Aprendimos que muchas personas toman decisiones basadas en los sentimientos. Ellas buscan la voluntad de Dios en sus corazones, porque es donde creen que el Espíritu les habla. Luchan para permanecer sensibles a las "motivaciones" del Espíritu, buscando señales y presagios en palabras, eventos climáticos, sueños y otras situaciones normales. Esta posición es equivocada por dos razones: la primera es que asume que hay una "voluntad de Dios" para cada mínimo detalle de nuestra vida, pero no hay pruebas de que es así. La segunda es que asume que podemos confiar en nuestros sentimientos. Hay, por lo tanto, una absoluta mezcla confusión entre "la voluntad de Dios" y nuestros deseos.

Sin embargo, todos nosotros tenemos algo en común. El movimiento neopentecostal protesta contra el frío racionalismo y el formalismo de la iglesia tradicional, una crítica ampliamente compartida entre los creyentes de la Biblia.[5] ¿Puede usted realmente culpar a la gente por buscar una espiritualidad más basada en sentimientos, cuando su experiencia simplemente se ha basado en este tradicionalismo?[6]

- "Dios no parece real aquí... todas estas ceremonias sin sentido..."
- "¿Cómo esperan ellos que mis hijos crean en el cristianismo de esta manera?"
- "Se habla mucho, pero no hay poder aquí; la iglesia está muerta."
- "La comunión no es cálida. Los recién llegados son ignorados. Yo soy miembro, pero me siento como un visitante."
- "El predicador me produce sueño. Siento que el pastor no cree en lo que está diciendo."
- "Siento como si le faltara algo a mi vida, pero sea lo que sea, sé que no iba a encontrarlo aquí."

Considerando la pobreza espiritual de gran parte de la cristiandad (Amos 8:11–12), es fácil ver por qué la gente es atraída por una espiritualidad basada en los sentimientos. Cuando comenzamos a identificarnos con esos sentimientos, estamos en camino de poder ayudar a esas personas. No se sienta apartado, intimidado o desdeñoso cuando encuentre personas que quieran compartir su frustración con el cristianismo tradicional.[7]

La irracionalidad

Hay una palpable tendencia hacia lo irracional en muchas religiones modernas. La razón, la lógica e incluso la educación no son confiables, pues pueden guiarlo a las conclusiones equivocadas acerca de la realidad espiritual o la interpretación de la Biblia. En lugar de que las ciencias, la investigación y la búsqueda por comprender nuestro mundo den evidencia de la sabiduría, majestad, creatividad e inteligencia de Dios, esas se vean sospechosas. Con demasiada frecuencia, la racionalidad es un desafío para la mentalidad neopentecostal.

Esta corriente irracional está presente en gran parte de la literatura. Un ejemplo es *La Cuarta Dimensión*, de Yonggi Cho, pastor de la Iglesia Yoido del Evangelio Completo (Asambleas de Dios), una congregación de unos 1.000.000 miembros, en Seúl, Corea del Sur.[8] En el prefacio, Robert Schuller, en aquel entonces pastor de la Catedral Cristal, de 9400 miembros en Garden Grove, California, dice simplemente: "¡No trate de entender, sólo comience a disfrutarlo!"[9]

"¿No trate de entender?" He aquí la clave del problema. Cho ciertamente es un hombre de visión, pero presentar de tal manera su libro, ¡difícilmente hará a una persona pensante más receptiva a su mensaje! De acuerdo, hay algunas cosas fuera de nuestro alcance en las que no necesitamos desgastarnos tratando de imaginarlas (Salmo 131:1, DHH), pero la manera más efectiva de ganar a alguien no es rogándole que acepte lo que usted dice con una fe ciega. De hecho, el cristianismo es declarado "cierto y sensato" (Hechos 26:25) en las Escrituras.

Otro ejemplo de esta tendencia anti intelectual se encuentra en las palabras de Mel Tari, quien aconseja a sus lectores: "Sacar ese pequeño computador que es la mente y que está en su cerebro, lo pongan en una pequeña caja y lo lancen a la luna. Luego dejen que Dios use su corazón." ¡Increíble! Luego generaliza: "La principal diferencia entre ciencia y cristianismo es esta: en la ciencia, debemos experimentar para creer; en el cristianismo debemos creer para experimentar."[10] En otras palabras, para Tari, si uno simplemente creyera —y por favor no hagan muchas preguntas— todo estaría claro. Pero esto es opuesto a lo que la Biblia enseña acerca de la fe: creemos sobre la base de la evidencia y el testimonio. (El Evangelio de Juan resalta la importancia de esto con más claridad: 14:11, 5:31–40, etc.)

Como un ejemplo final de la inclinación irracional en una fe supersticiosa, recuerdo haberme quedado atónito mientras escuchaba un audio de "hágalo usted mismo" para aprender a "hablar en lenguas." Las instrucciones decían: "Ponga su mente en blanco; mueva su lengua con rapidez, y ¡acelere!" ¿La mente en blanco? ¡No, gracias! Eso es muy diferente a las instrucciones de Jesús (Mateo 22:37), Pablo (Colosenses 3:2, DHH) y Pedro (1 Pedro 1:13).

Efectuando el cambio

Bueno, ahí tiene la mentalidad supersticiosa. ¿Cómo vamos a comunicarnos efectivamente con personas que piensan de esta forma y traerlas a una manera de pensar más racional? ¿Cómo podemos ayudarlas a cambiar?

Que la verdad nos hace libres (Juan 8:32), no se puede interpretar como una libertad para todo y a la que se llega emocionalmente. La verdad, más que sólo una lista de doctrinas correctas, es objetiva por naturaleza: los hechos revelados por Dios y que los hombres han aceptado como ciertos nos llevan a la gloriosa libertad de la familia de Dios. Para conducir a alguien supersticioso al conocimiento de la verdad, debemos efectuar un cambio fundamental en la forma de pensar.

¡Sin disparates! (¡Pero sea sensible!)

Los siguientes son algunos pasos en falso en los que deberíamos ser cautelosos cuando ayudamos a nuestros amigos a tener una espiritualidad alejada de disparates.

Discutir contra la experiencia

No es sólo insultante, sino también ilógico, discutir contra la experiencia. No hay forma de probar que las personas no hayan tenido realmente las experiencias que ellos afirman haber vivido. La interpretación de la experiencia puede estar abierta al debate, pero nunca la experiencia en sí. Si alguien dice que vio a un ángel, bueno, ¡esa persona vio algo! Si fue o no un ángel, si fue algo bueno o malo o sólo una alucinación, eso puede determinarse luego. Pero esa persona experimentó algo. La gente a veces exagera de manera inconsciente, pero por lo general, están tratando de ser honesta.

Alguien podría decirle: "He sido sanado. Ellos oraron por mí y... ¡todas mis úlceras desaparecieron!" Cuán insensible y desconsiderado sería decir: "¡No, no fuiste sanado! Aún tienes esas úlceras y creo que sólo pretendes que el dolor se ha ido." ¡Qué descortés! Puede que usted no esté de acuerdo con una posición o encuentre inaceptable su argumento, pero no puede hablar contra una experiencia. (Eso no quiere decir que no podamos sugerir una explicación alterna.)

Tal vez su enfermedad sí desapareció, quizás sí sintió un calor estimulante durante esa caminata por el bosque. Discutir sobre una experiencia no conduce a nada, porque usted no puede probar lógicamente que esa persona no haya experimentado lo que dice. Además, tal discusión nos desvía del tema principal y produce muchos dolores de cabeza. Hermanos, ¡nunca discutan contra una experiencia!

Muchos no cristianos han tenido experiencias religiosas en algún momento de su vida; y no todas ellas pueden ser descartadas. Por ejemplo, considere la promesa "busquen, y encontrarán" (Mateo 7:7). Si un no cristiano empieza a buscar a Dios, ora por la dirección de Dios y Él empieza a obrar de manera especial en la vida de esa persona en respuesta a sus oraciones, ¿quiénes somos nosotros para decir que esas extrañas coincidencias, esas oraciones respondidas, esos ocasionales destellos de luz que cada vez tienen más sentido, no son más que fenómenos psicológicos o la obra de Satanás? En lugar de discutir acerca de las experiencias, es más efectivo desafiar los estilos de vida: discutir el discipulado. En el verano de 1980, acababa de graduarme de la universidad y viajaba por Escandinava, cuando conocí a un joven finlandés que se fijó en mi Biblia mientras caminaba por la calle y me invitó a un café. Me dijo: "Siento que el Señor te ha traído a mi vida, Douglas." Después de tomar el café y de una larga discusión, inclinó la cabeza y comenzó a "hablar en lenguas."

—Bueno, —le dije— ¿qué se supone que prueba eso?

—Estoy hablando en lenguas —replicó.

—Lo sé, —le dije— pero hay muchas personas que hablan en lenguas y que no están bien con Dios. Dime algo: ¿Con qué frecuencia lees la Biblia? ¿Todos los días?

—No, me temo que no.

—Entonces, ¿día de por medio?

—Bueno, no.

—¿Una vez a la semana?

—Trato de buscar el tiempo para leer, pero... (Podía ver su falta de compromiso con la Palabra.)

—Creo que tienes razón. El Señor me trajo hasta ti y te tengo un mensaje: lee tu Biblia. ¡Deja de basar tu salvación en tus emociones y lee la Palabra de Dios todos los días!

Él necesitaba ese desafío más que una discusión sobre la explicación psicológica de hablar en lenguas. Debemos aprender a mostrarle a la gente que podemos tener confianza en nuestra salvación gracias a la Palabra de Dios (1 Juan 2:3–6, 5:13).

Burla

"Si crees en la sanación por la fe, ¿por qué sigues usando lentes?" Comentarios como este no le van a ayudar a ganar puntos. Además, hubo una cantidad de personas a quienes Dios no sanó por medio de hombres que definitivamente tenían el don de sanidad. Por ejemplo, Pablo dejó a Trophimus enfermo en Mileto (2 Timoteo 4:20), le dijo a Timoteo que tomara vino para su mal de estómago (1 Timoteo 5:23) y él mismo tuvo clavada en el cuerpo una espina que Dios no removió ni siquiera después de tres oraciones que él hizo pidiéndole que lo sanara (2 Corintios 12:7–9). El sarcasmo también entra en esta categoría.

Negación del trabajo de Dios

Dios obra en la vida de todos, independientemente de si la gente está siguiendo la Biblia o no. Uno de los peores errores que podemos cometer es atribuirle buenas obras y experiencias religiosas sinceras al diablo. A veces se enseña erróneamente que como "Dios no escucha a los pecadores" (Juan 9:31; debemos tener presente que quienes hablan son fariseos y que en el contexto, Jesús les dijo que estaban equivocados), no tiene nada que ver con las vidas de los no creyentes. Esto es falso.

Dios puede obrar, y de hecho lo hace, en la vida de cada persona y ciertamente en la de quienes lo buscan (Mateo 7:7, Hechos 14:16–17, 2 Reyes 5:1–15).

Lo fundamental

Lo fundamental es que la experiencia espiritual no certifica la salvación. La actividad milagrosa no es garantía de una relación correcta con el Señor. Los hombres que profetizan o realizan señales maravillosas no son necesariamente confiables. Por ejemplo, en 1 Samuel 19:23, leemos acerca del Espíritu viniendo con poder sobre Saúl. Él incluso profetizó. ¿Esto significa que fue salvo? No; el Señor ya había dejado a Saúl (1 Samuel 16:14) por la perversidad de su corazón al desobedecer las claras instrucciones de Dios. Además, dio rienda suelta a sus celos enfermizos por David (quien rápidamente se levantó hasta eclipsarlo), intentando en repetidas ocasiones quitarle la vida. Aunque Dios lo había rechazado como rey de Israel, hizo que el Espíritu viniera sobre Saúl (para fines propios de Dios), así como sobre las tres compañías de hombres que Saúl había enviado delante de él a capturar a David.

En 1 Reyes 13, un joven profeta fue condenado por haberle dado mayor credibilidad a la palabra de otro hombre que a la palabra de Dios que le había sido revelada. Y en Deuteronomio 13:1–5, encontramos, creo, el pasaje más claro del Antiguo Testamento sobre el peligro de seguir a personas simplemente basados en su milagrosa actividad.

> "Cuando en medio de ti aparezca algún profeta o visionario, y anuncie algún prodigio o señal milagrosa, si esa señal o prodigio se cumple y él te dice: 'Vayamos a rendir culto a otros dioses', dioses que no has conocido, no prestes atención a las palabras de ese profeta o visionario. El SEÑOR tu Dios te estará probando para saber si lo amas con todo el corazón y con toda el alma. Solamente al SEÑOR tu Dios debes seguir y rendir culto. Cumple sus mandamientos y obedécelo; sírvele y permanece fiel a él. Condenarás a muerte a ese profeta o visionario por haberte aconsejado rebelarte contra el SEÑOR tu Dios, que te sacó de Egipto y te rescató de la tierra de esclavitud. Así extirparás el mal que haya en medio de ti, porque tal profeta habrá intentado apartarte del camino que el SEÑOR tu Dios te mandó que siguieras."

El Señor puede estar probando la pureza de nuestro corazón y nuestra devoción hacia Él a través de un evento aparentemente "milagroso."[11]

Acerca de las farsantes

En muchas ocasiones ha habido gente que me ha dicho: "Esto definitivamente pasó, sé que no fue una farsa." Cuando les pregunto cómo pueden ellos estar tan seguros, generalmente dicen: "Sólo lo sé." Hay un problema con esa respuesta. ¿Qué clase de persona tiene la experiencia necesaria para distinguir entre un artículo genuino y uno falso?

En Inglaterra, hace muchos años, tuve un encuentro con la policía por usar, supuestamente, dinero falso, en una máquina de juegos de video. La moneda de cincuenta peniques me parecía perfectamente normal. Pero cuando la moneda se atascó en la máquina, los propietarios del establecimiento llamaron al alguacil. Después de un breve interrogatorio (no en la cárcel), me dejaron ir con la siguiente advertencia: "Hay unas cuantas monedas de estas circulando, compañero. ¡Esté atento con las falsificaciones!"

¿Cómo puede usted saber la diferencia entre una ingeniosa falsificación y el original? A menos que la falsificación haya sido burdamente producida o que usted sea un experto en milagros, no hay forma de saberlo. Simplemente no tenemos la pericia para decir con certeza: "Esto es genuino, eso es falso."

A continuación hay unos cuantos pasajes muy útiles, que muestran claramente que los milagros no son una prueba fehaciente de que alguien sea salvo.

- Deuteronomio 13:1–11: Dios nos puede estar probando para ver si nos mantenemos fieles a su Palabra. No sea sentimental; aun los amigos y gente cercana pueden ser decepcionados.
- 1 Samuel 19:18–24: El Espíritu puede venir incluso sobre personas que no están bien con Dios. Los milagros tienen un propósito, pero no dicen nada acerca de la salvación de la persona por medio de la cual Dios está obrando.
- 1 Reyes 13:1–26: Un profeta es engañado por otro hasta cuestionar la Palabra de Dios y muere por ese error.
- Marcos 13:22: Falsos Cristos realizan "milagros" y muchos grupos religiosos surgen alrededor de "obreros milagrosos."
- Hechos 19:13: Algunos judíos estaban expulsando demonios. En algunos casos, los exorcismos (ninguno ocurrió en el Antiguo Testamento) son hechos por quienes aún no están siguiendo a Jesucristo (Marcos 9:38–40).
- 2 Tesalonicenses 2:9–11: Debemos realmente amar la verdad para verla. Dios se convierte en un agente activo en endurecer nuestros corazones, al permitir que creamos en lo que queremos creer.
- Apocalipsis 13:11–13, 16:14, 19:20: Estos son ejemplos de más milagros falsos. (Estos pasajes altamente ilustrativos, como en la referencia anterior a los Tesalonicenses, no prueban que Satanás tenga poder para hacer milagros. Según las Escrituras, sólo puede falsificarlos.)

¡Hacer la voluntad de Dios y no los milagros, es lo que certifica la salvación! Como Jesús enfatizó:

> "No todo el que me dice: 'Señor, Señor', entrará en el reino de los cielos, sino sólo el que hace la voluntad de mi Padre que está en el cielo. Muchos me dirán en aquel día: 'Señor, Señor, ¿no profetizamos en tu nombre, y en tu nombre expulsamos demonios e hicimos muchos milagros?' Entonces les diré claramente: 'Jamás los conocí. ¡Aléjense de mí, hacedores de maldad!'" (Mateo 7:21–23)

Conclusión

Permanezcamos con la cabeza en alto, renunciando a la superstición. La distracción conlleva a la inactividad. Enseñémosle a la gente cómo obra realmente el Espíritu.

PREGUNTAS PARA PENSAR

- *¿Soy supersticioso? ¿Soy alguien que busca "señales," o estoy satisfecho con aceptar la voluntad de Dios como se revela en la Palabra y lucho para implementarla por medio de decisiones responsables?*
- *¿Estoy dispuesto a tener la paciencia necesaria para instruir a una persona supersticiosa en los principios de la Palabra?*

NOTAS

1. Tomado del *Diccionario Enciclopédico Barsa.*

2. Transmisión dirigida al Forum on Current Problems (foro sobre problemas actuales), 26 de octubre de 1939.

3. En mayo de 1997, el servicio de noticias Scripp's Howard News Service citó al abogado James Kelley de Washington, D.C., como miembro de un pequeño grupo de su iglesia local, que son Episcopales pero no creen en Dios. Kelley dijo: "Todos amamos el incienso, los vitrales, la música del órgano, el vestuario y todo eso. Es la estética. Es el ritual. Es algo absolutamente elegante. No quiero renunciar a eso, sólo porque no creo en Dios" (*News of the Weird*, 12 de setiembre de 1997).

Todos tenemos un deseo interno de tener experiencias espirituales, ¡incluso los ateos! Esto no es malo en sí, pero puede estar mal enfocado, como en el caso anterior. La base de todo es la verdad, no la satisfacción.

4. Técnicamente, ascetas Gnósticos Judaizantes.

5. Esta insatisfacción da cuenta del surgimiento del movimiento monástico (s. III), una reacción contra la falta de espiritualidad en la Iglesia Católica de entonces. Los hombres se fueron de la iglesia y se agruparon en comunidades separadas, a menudo volviéndose místicos, buscando nuevas revelaciones de Dios y experiencias íntimas de comunión con Él. De hecho, tales reacciones contra el mundanismo han sido documentadas en incontables ocasiones en los anales de las grandes religiones del mundo. Así sucede con quienes, desilusionados con el cristianismo tradicional, se apartan para unirse al movimiento neopentecostal.

6. Se han hecho muchas investigaciones al interior del movimiento carismático, o del neopentecostalismo. En el siguiente estudio, cerca del ochenta y dos por ciento de los encuestados indicaron que estaban espiritualmente insatisfechos y fundamentalmente infelices con la situación de su iglesia antes de encontrase con algo nuevo en el movimiento carismático.

Satisfacción espiritual antes del "bautismo del Espíritu"

Ninguna	15.9%
Un poco	25.0%
Algo	34.1%
Mucho	22.7%
No contestaron	2.3%

Fuente: Russell P. Spittle, editor, *Perspectives on the New Pentecostalism* (Grand Rapids, MI: Baker, 1976), 143

7. Una lectura fascinante: Thomas C. Reeves, *The Empty Church: The Suicide of Liberal Cristianity* (New York: The Free Press, 1996).

8. En la era de la "mega iglesia," esta probablemente sigue siendo la "giga iglesia" del mundo.

9. Paul Yonggi Cho, *La Cuarta Dimensión* (Miami, FL: Editorial Vida, 1981). A propósito, el 28 de junio de 1997, Schuller fue demandado por un aeromozo por cinco millones de dólares. Schuller interrumpió un vuelo de United Airlines de Los Angeles a Nueva York al zarandear violentamente al aeromozo después de experimentar la insatisfacción con el servicio de cabina. "Soy una persona de 'manos encima'" —bromeó Schuller después de disculparse y pagar una multa de US$1100. Fuente: *Christianity Today* (06 de octubre de 1997), 85.

10. Mel Tari, *Como un Viento Recio* (Nashville, TN: Grupo Nelson, 1992).

11. Si el argumento contrario es que los carismáticos no están realmente apoyando la idolatría, Gálatas 1:7 y 2 Corintios 11:3–4 probarían ser útiles.

11

¿Línea directa con Dios?

¿Divino, psicológico o diabólico?

Cuando era un adolescente, mis padres me dieron mi propia línea telefónica con un número de emergencia. Por esta línea conversaba con mis amigos de la escuela, ordenaba pizzas, hacía llamadas para molestar, hablaba con las muchachas y hasta jugaba ajedrez. ¡Mi propia línea privada! Debo confesar que me sentía tan importante como el presidente de los Estados Unidos con ese teléfono rojo. (Además, ¡vivíamos en una casa blanca!) ¡Era mi propia "línea directa"!

Todos tenemos la necesidad de sentirnos importantes. Pero a veces, la gente compensa la soledad, la baja autoestima y hasta la culpa viviendo en un mundo de fantasía. Se imaginan que tienen su propia "línea directa" con Dios, dando a entender que tienen un lazo tan seguro y directo que no necesitan probar lo que escuchan de las Escrituras ni el consejo de otros. La atracción por esta línea directa es extremadamente fuerte en los círculos neopentecostales.

¿Resucitando a los muertos?

Mi colega Douglas Arthur se encontró con una mujer en la Universidad de Boston que decía tener una línea directa con Dios. Ella decía que era tan espiritual que podía hacer milagros. Douglas le preguntó si alguna vez había resucitado a un muerto.

—En realidad, sí lo he hecho —replicó—. Llegué a la escena de un accidente y allí, sobre el pavimento yacía un hombre muerto. Puse mis manos sobre él, dije una oración y lo resucité.

Douglas estaba tan sorprendido que le preguntó:

— ¿Está segura de que él no estaba aún con vida? Las personas involucradas en accidentes automovilísticos y que sufren golpes quedan inconscientes todo el tiempo.

—Bueno, él definitivamente estaba muerto —insistió.

—Está bien. Sólo pregunto cómo podía estar tan segura de que estaba muerto.

—Oh, simplemente pude sentirlo —replicó.

—¡No me diga! —dijo Douglas— ¿Cree que podría hacerlo de nuevo?

—Seguro, si esa fuera la voluntad de Dios.

—Supongo que el Espíritu le diría si eso es lo que Dios quisiera que se hiciera.

—En efecto, el Espíritu me lo diría.

"¿El Espíritu me lo diría?" Esta es la línea directa con Dios. Por supuesto, no es posible razonar con todo el que clama tener esta conexión con la Deidad.

Como vimos en el capítulo 5, la búsqueda de atajos a la espiritualidad es una de las formas que la cultura moderna ha infiltrado a los que pretenden ser seguidores de Jesucristo. Todos quieren ir en línea recta. Por ejemplo, en los Estados Unidos ha habido por décadas, "auto iglesias." Hay una iglesia en Florida donde usted ingresa en su carro, deposita una moneda y en retorno recibir una hostia y una pequeña cantidad de jugo de uva. Después de escuchar "el pensamiento del día," usted sale de la iglesia sin haber descendido de su carro. ¡Imagínese eso! Rendir culto en menos de diez minutos. ¡Qué conveniente! Fe en el camino; cristianismo sin dolor ni sacrificio, lo cual es precisamente el problema.

En este capítulo veremos diez áreas en las que hay confusión en cuanto a saber cuál es la voluntad de Dios. Y veremos que hoy, nadie tiene "una línea directa con Dios."

El don de profecía

Muchos grupos modernos presumen hoy de "profetas y profetisas." Ciertamente es agradable pensar que Dios lo ha escogido como medio para comunicar su Palabra. Si estas personas se conectan con Dios o no, es otro problema.

Efesios 2:20 nos enseña que los profetas cristianos, junto con los apóstoles, constituyeron el fundamento de la iglesia. En Efesios 2:20, 3:5 y 4:11, los profetas de los que se habla son los del Nuevo Testamento y no los del Antiguo Testamento. El oficio "profético" milagroso fue probablemente el ejercido en los escritos de los cuatro evangelios. También parece haber sido un oficio como se ve en la mención de las predicciones de Agabo y de las hijas de Felipe (Hechos 11:28, 21:8–11). Sin embargo, esto ya no se ve hoy en día. Una vez que los fundamentos fueron puestos, la estructura fue levantada sobre ellos. Por lo tanto, no hay necesidad de poner nuevamente las bases; por tanto, no es necesario que el oficio profético del primer siglo aparezca de nuevo.

Si los profetas estuvieran hoy aquí, no habría razón para que los apóstoles no estuvieran también con nosotros, como sucedió en Efesios 2:20, 3:5 y 4:11. Sin embargo, no hay apóstoles. Para ser un apóstol, es requisito ser testigo ocular del Cristo resucitado (1 Corintios 9:1, Hechos 1:15–22), así como hacer milagros, señales y maravillas (2 Corintios 12:12). Los apóstoles también fueron milagrosamente equipados por el Espíritu para que recordaran las palabras que Jesús les había dicho a ellos, entre otras cosas (Juan 14:26, 16:13). ¡Hoy simplemente no hay apóstoles! (La afirmación de la iglesia Mormona está en conflicto con las Escrituras.)

Una vez más, ya que no hay más apóstoles y que los profetas y los apóstoles están juntos en el Nuevo Testamento, tampoco hoy hay profetas capaces de "adivinar." (Por supuesto, aún necesitamos muchos predicadores/profetas que nos "adviertan" y nos llamen poderosamente a volvernos a Dios y a su Palabra.)

El discernir "espíritus"

1 Corintios 12:10 habla del discernir espíritus, mientras que 1 Juan 4:1 nos pide probar a los que dicen que están inspirados por Dios, a ver si el espíritu que hay en ellos es de Dios o no. Los neopentecostales dirán que ellos pueden "sólo saber" si alguien tiene un buen espíritu o si Dios les quiere hacer esto o aquello. Yo creo que esto no tiene nada que ver con los textos bíblicos. Quienes afirman tener este don espiritual no están, en este caso, "discerniendo" mucho.

De hecho, "espíritu" significa mensaje profético. Por extraño que pueda sonar, en 2 Tesalonicenses 2:2, la misma palabra griega para "espíritu" se traduce a veces "profecía" o " revelación." Cuando leemos la palabra "espíritu," inmediatamente pensamos en un ser inmaterial. Sin embargo, esto no siempre es correcto. El espíritu puede ser el mensaje mismo. 1 Tesalonicenses 5:19–22 y 1 Corintios 14:29 tratan el mismo tema: qué hacer con las profecías.

En conclusión, el "discernimiento de espíritus" sólo significa tener presentes los mensajes proféticos enviados a las iglesias del primer siglo a través de quienes tenían el don milagroso de la profecía.

"Tendiendo vellones"

En Jueces 6:36–40, el vacilante Gedeón tendió un vellón de lana para saber la certeza de la voluntad de Dios; ¡no era que Dios no hubiera hablado ya! "Tender un vellón" es, en realidad, darle a Dios una especie de ultimátum: "Dios, si esto es lo que tú quieres que haga, dame la señal que te estoy pidiendo; si no sucede, pensaré que no es tu voluntad."

Cuando fui parte del movimiento carismático, mi "vellón" habitual para la toma de decisiones era un simple semáforo. "Señor, si está en verde, lo haré; si está en rojo, no lo haré; y si está en amarillo, me esperaré e intentaré hacerlo más tarde." La mentalidad con que funciona en base a señales busca indicaciones de la voluntad de Dios. Poner un "vellón" es una práctica común y aceptable. Pero, ¿es realmente una práctica espiritual? Algunas consideraciones:

1. Gedeón tenía una fe débil, a pesar de la Palabra de Dios revelada para su vida.
2. En ninguna parte, Gedeón es elogiado por "tender el vellón." De hecho, Isaías 7:11–12 dice claramente que pedir una señal es "poner a prueba al Señor."
3. En Mateo 4:7, Jesús rehusó poner a prueba a Dios. (En Deuteronomio 6:16, la Escritura que Jesús cita, la "prueba" viene por el egoísmo y la

rebeldía, lo cual era muy diferente a la situación de Gedeón.)
4. Un gran problema con la idea de la tendida del vellón es que uno nunca sabe si Dios está de acuerdo en participar o no, pues el resultado no proporciona un indicio definitivo de la voluntad de Dios. (Incluso si la luz estuviera en verde, siempre habría un margen de duda sobre si Dios realmente estaba contestando mi oración o si Él lo consideró una prueba digna de su voluntad.)
5. Dios no está obligado a participar en nuestros juegos. Él está en el cielo y puede hacer lo que le parezca (Salmo 115:3). Nosotros no somos los que determinamos los fundamentos sobre los cuales obedeceremos su Palabra.
6. Tender vellones no debe confundirse con pedir una puerta abierta (1 Corintios 16:9, 2 Corintios 2:12, Colosenses 4:3, Apocalipsis 3:8). Al tender un vellón usted es libre de "seguir adelante" sin importar el resultado de la prueba. Pero con una puerta, usted puede "seguir adelante" sólo si Dios la abre. (¡A menos que quiera romperse la nariz!)

La "paz de Cristo"

Se ha enseñado mucho que usted puede conocer la voluntad de Dios a través de este sencillo proceso:

1. Orar por el asunto.
2. Ver si su corazón está en paz o no con cierta decisión o curso de acción.
3. Si no es así, someta su petición a Dios hasta que sienta paz al respecto.
4. Una vez que su corazón esté en paz, sabrá que encontró la voluntad de Dios.

Este interesante punto de vista se basa en Colosenses 3:15: "Que gobierne en sus corazones la paz de Cristo." Pero veamos el contexto del pasaje: ¡no tiene nada que ver con discernir la voluntad de Dios, sino de la relación de unos con otros! Otra escritura en la que se apoya este punto de vista es 2 Corintios 2:12–13, donde Pablo dice que había sentido intranquilo de ministrar en cierta ciudad porque sintió la necesidad de trabajar con su amigo, el evangelista Tito, que estaba en otro lugar. La noción de la "paz de Cristo" está dilatando un poco las cosas, ¿no le parece?

Oraciones respondidas

Si usted puede estar cien por ciento seguro de que Dios le ha escuchado y que sus oraciones han sido contestadas, entonces es de suponer que usted tiene una línea directa con Dios. Usted probablemente es salvo y su nombre está escrito en los libros de Dios. Pero la primera noción debe ser desafiada. Mientras que nosotros podemos estar razonablemente seguros de que Dios ha contestado algunas de nuestras oraciones y nos ha dado lo que hemos pedido, en otros casos esto está lejos de ser verdad. Además, Dios no es el único poder con la capacidad de disponer situaciones.

Por cierto, no estoy diciendo que Dios nunca haya contestado mis oraciones de forma bastante clara. También es evidente que en muchas ocasiones, Él me ha dado sin que yo siquiera le hubiera pedido algo. La oración es poderosa, y ningún creyente puede dejar de experimentar su valor y el sentido de majestad que nos permite sentir mientras entramos a la presencia de Dios. Sin embargo, la oración tiene que ver con la fe. Siempre hay lugar para la duda, así el margen sea mínimo. ¿La fe exige acaso una total certeza? No, ¡porque entonces no sería fe! (2 Corintios 5:7).[1] En resumen, las oraciones respondidas (1) son difíciles de evaluar, (2) no se pueden verificar científicamente, y además, (3) están al alcance incluso de los no creyentes.

Oyendo voces

Cuando la gente dice que oye la voz de Dios en su cabeza, ¿es algo psicológico o satánico? Este tipo de persona tiene problemas, y he intentado estudiar la Biblia con algunas de ellas, convencidas de que Dios u otro poder les está hablando. Conocí a una mujer que había recibido de Dios muchas "profecías." Ella estaba tan ansiosa de que Dios le hablara, que un día "escuchó" la palabra "Ishmael," que en hebreo quiere decir, "Dios está escuchando," lo cual era precisamente lo que ella esfuerza hacer. (Una curiosa inversión.)

Aunque no podemos descartar (bíblicamente) que Dios nos hable de forma audible, la afirmación de esta mujer parece muy improbable. Tomaría mucho tiempo determinar si la fuente es demoníaca o psicótica.

¿Cuál es la justificación teológica para escuchar voces? Algunos apoyan la teoría de la voz en Isaías 30:21 es una "voz interior," pero en el contexto, la voz es la de los maestros espirituales o verdaderos profetas y no el místico susurro del Espíritu Santo. (Para una mayor explicación de este pasaje, ver el capítulo 27.) En la historia bíblica, Dios, en raras ocasiones, le habló a un ser humano en particular. Abraham y Salomón, por ejemplo, cada uno de ellos oyó la voz de Dios en dos o tres oportunidades, y leemos en la Biblia que Jesús mismo escuchó la voz de Dios en tres ocasiones. En el libro de los Hechos de los Apóstoles, el Espíritu le habla una vez a Pedro, una vez a Felipe y una vez a Ananías. Siendo tan excepcionales estos sucesos en las Escrituras, ¿no es extraño que hoy en día algunos tengan visitas (de Dios o del Espíritu) con tanta frecuencia?

En resumen, las voces no se pueden refutar porque son una experiencia mental. Y como son escuchadas por todo tipo de personas con todo tipo de agendas y problemas, no podemos llegar a ninguna conclusión respecto a su espiritualidad.

Sueños

Todos tenemos sueños. Cuando era adolescente, solía tener sueños recurrentes sobre tornados. La negra nube se encontraba en el horizonte y yo trataba de advertirle a todo el mundo, pero por lo general, nadie me tomaba en serio. He soñado con vampiros y otras criaturas de la oscuridad. Muchas veces he estado huyendo de los Nazis de Hitler y en varias ocasiones de la mafia. (¡Demasiadas películas!) Antes del golpe a la Unión Soviética en julio de 1991, ¡soñé que estaba caminando sobre el agua en la URSS! En otra oportunidad, soñé que estaba siendo detenido y drogado por la KGB, pero logré escaparme. ¿Soñé esto porque había estado en Rusia y estaba uniendo cabos sueltos? ¿O fue una premonición para advertirme de tener cuidado en futuras visitas? ¿O fue para prepararme para un almuerzo que mi esposa y yo tuvimos con un agente de la KGB? ¿O tuve estos sueños simplemente porque me interesa Rusia? ¿Quién sabe?

Todos tenemos la tendencia a soñar con las cosas que más nos importan, y la teoría de los sueños ha descubierto un patrón más o menos exacto de símbolos.[2] En los tiempos bíblicos, los sueños fueron un medio ocasional de comunicación divina. Sin embargo, no hay evidencias de que Dios continúe hablándole a la humanidad de esta forma. (Si usted está interesado, el capítulo 26, en la pregunta 14, trata este tema más ampliamente.)

No se impresione ni alarme demasiado por los sueños de alguien, aun si estos incluyen a Jesús, al diablo y a usted. Mientras no podamos descartar la posibilidad de que Dios esté llamando nuestra atención, nunca podremos saberlo con certeza (Job 4:12–17, 33:14–18).

Exégesis sin costo

El enfoque común del neopentecostalismo en su interpretación de las Escrituras es que a medida que usted lee la Biblia, el Espíritu le revela el significado del pasaje. Si su actitud es la correcta o "tiene la paz de Dios en su corazón," todo lo que usted sienta en su espíritu será digno de confianza. Esta posición gira en torno a una más que dudosa interpretación de 1 Corintios 2:14, así como de Juan 16:13 y 14:26, las cuales, aunque están dirigidas específicamente a los apóstoles, son sacadas de su contexto y convertidas en promesa para todos los creyentes.

El resultado de este enfoque subjetivo es que las escrituras son sacadas de contexto. La pastora de una congregación en Londres tuvo un sueño sobre "los últimos días," completo con rapto, tribulación, la conversión de Israel, la bestia del mar, el Armagedón, el Anticristo, la intriga política en el Politburó, etc. ¿Cómo supo ella que esta visión provenía de Dios? "Porque el libro del Apocalipsis la respalda." ¿Y cómo supo que esto es de lo que está hablando el Apocalipsis? "Porque Dios me lo mostró en mi sueño." Esto nos lleva a una exégesis circular.

Me acuerdo de una persona que estaba empezando a involucrarse en una iglesia. Como todos nosotros, este joven tenía un estilo de vida que necesitaba cambiar. (¡La Biblia lo llama arrepentimiento!) Cuando le mostramos que la homosexualidad es un pecado, él se incomodó. Incluso cuando finalmente estuvimos de acuerdo en que la Biblia dice que está mal, él seguía afirmando: "Pero el Espíritu me está diciendo que está bien. Que yo soy la excepción." *¿Qué?* ¿El Espíritu Santo está en desacuerdo con la Biblia, en tensión con la Palabra? Si es así, el Espíritu está en conflicto con la "espada del Espíritu" (Efesios 6:17). ¿Esto tiene sentido para usted? Tampoco para nosotros. No es necesario decir que el hombre no se arrepintió ni hizo a Jesús su Señor.

Pocos creyentes llegan tan lejos como para cuestionar la autoridad de la Biblia, aunque en algún momento de descuido, algo podría hacer que inadvertidamente lo hicieran. "Usted tiene que entender que esa [la profecía] no es exactamente Dios quien lo hace. Son hombres por inspiración del Espíritu de Dios. Todo lo que tenga que ver con el hombre, es imperfecto..."[3] Así que, ¿ellos escogen y seleccionan lo que quieren aceptar? Como con los errores anteriores, este se cae por su alta subjetividad.

Echando suertes

¿Nos mostrará el Espíritu su voluntad hoy al echar suertes? En Proverbios 16:33 leemos: "Las suertes se echan sobre la mesa, pero el veredicto proviene del SEÑOR"; y más adelante, en Proverbios 18:18 leemos: "El echar suertes pone fin a los litigios y decide entre las partes en pugna." En la antigüedad, la gente a menudo echaba suertes[4] para conocer la voluntad del cielo. Por ejemplo, los antiguos persas lanzaban el pur, tal como leemos en el libro de Esther. A diferencia de otros pueblos, Dios le aseguró a su pueblo, los hebreos, que cuando ellos buscaran su voluntad, Él les daría respuestas seguras.

Además, bajo la ley Levítica, el sacerdote llevaba en su vestimenta una pieza especial llamada el efod, al que estaban adheridos el *urim y el tumim*,[5] un método sacerdotal para conocer la voluntad de Dios. (Uno significaba "Sí," el otro significaba "No.") Sacar palitos no es una mala idea para arreglar disputas, incluso hoy en algunas circunstancias, pero, ¿podemos estar seguros de que el resultado refleja verdaderamente la voluntad de Dios?

La confusión surge cuando no discernimos los dos pactos. Bajo el antiguo pacto, la última vez que las suertes fueron echadas para tomar decisiones fue cuando el grupo apostólico buscó un reemplazo para Judas. Las suertes fueron echadas y la elección del Señor fue clara (Hechos 1:21–26). (No tenemos referencias de que esta costumbre muy judía haya sido utilizada por alguien bajo el nuevo pacto.)

No hay garantía hoy de que echando las suertes podamos discernir la voluntad de Dios. Ahora tenemos todos los principios, preceptos, mandamientos y lineamientos que necesitamos... ¡en la Biblia!

¿"Del Señor"?

¿Qué significa esta frase tan curiosa? "Una bella joven entró en mi vida, y aunque no es cristiana siento que debería salir con ella. El Señor me la envió. Definitivamente esto vino del Señor."[6] El problema es que "del Señor" puede significar que algo es (a) bueno o (b) malo en el sentido de doloroso o desafortunado. ¡Cualquiera de los dos! El término "del Señor" significa que Dios ha permitido o causado que algo pase que encaja dentro de sus planes y su providencia.

En 1 Samuel 26, Saúl es decepcionado por su guardaespaldas. David y Abisay habrían podido matar fácilmente a Saúl, pero en lugar de eso, sólo tomaron su lanza y su jarro de agua. Abisay interpretó la situación de la siguiente manera: "Hoy ha puesto Dios en tus manos a tu enemigo" (26:8). Lo que en efecto estaba diciendo Abisay era: "Mira, esto viene del Señor; este giro que ha dado la situación revela cuál es la voluntad de Dios para ti, David." El hombre de Dios, sin embargo, sabía que un principio mucho más alto estaba en juego. En 1 Samuel 24:6 se ve una situación similar, en la que Saúl, habiendo entrado en una cueva para hacer sus necesidades, estaba completamente a merced de David, pero este se negó a alzar su mano contra el ungido del Señor (como en 26:11)

En 1 Reyes 12:15, es claro que "del Señor," utilizado aquí para referirse a la poca sabia decisión de Roboán de rechazar el consejo, no significa que los individuos involucrados estén siguiendo un curso de acción espiritual. La locura de Roboán llevó a la total separación entre Israel y Judá, y sin embargo, es descrita como "del Señor." Un ejemplo similar se encuentra en Jueces 14:4, donde Sansón se compromete en un matrimonio no espiritual. No, los hechos no son un indicador confiable de la voluntad de Dios. Sí, cualquier cosa que sucede, pasa porque Dios ha permitido que así sea y es parte de su soberana voluntad, pero Dios prueba nuestras acciones y motivos por medio de los hechos.

Mi pasaje favorito para demostrar esta importante verdad se encuentra en Números 20:2–12. Aquí Moisés desobedece al Señor; en un arrebato de ira, golpea la roca en lugar de hablarle. Como resultado, no surge agua, ¿o sí? (¡Véalo usted mismo!)

El fin no justifica los medios ni el resultado justifica el camino para alcanzarlo. Muchos asumen que han hecho lo que es correcto a los ojos de Dios, porque su curso de acción parece haber sido "bendecido" por Dios; hubo un final feliz. ¡Alabado sea el Señor que obra a través de nuestros errores! Pero eso de ninguna manera pone su sello de aprobación a nuestros momentos de rebeldía.

Ayudar a los confundidos

A fin de ayudar a aquellos cuya religión ha sido condicionada por cualquiera de los diez equivocados conceptos mencionados anteriormente, será necesaria "mucha paciencia y una cuidadosa instrucción." Necesitaremos:

- Escuchar cuidadosamente lo que nos están diciendo.

- Enseñar a las personas a razonar lógicamente y corregirlas cuando lo hagan de manera ilógica, asegurándonos de conducirlas a través del sendero de nuestro razonamiento.
- Indicarles cuando están siguiendo sus emociones.
- Recordarles continuamente que Dios nos habla en las Escrituras y no a través de una experiencia subjetiva.
- Ser pacientes.
- Ser lógicos.
- Usar las Escrituras mientras enseñamos.[7]

Confundiendo lo que es útil

Cuando las personas religiosas ilusionadas con la divina grandiosidad imaginan que tienen una línea personal directa con Dios, lo que debería ser útil (las Escrituras), se torna completamente confuso. ¡Todo se pone de cabeza! Su necesidad de la Biblia es anulada por su "acceso directo" a Dios. Como lo comenta Pedro, hablando de las cartas de Pablo:

> En todas sus cartas se refiere a estos mismos temas. Hay en ellas algunos puntos difíciles de entender, que los ignorantes e inconstantes tergiversan, como lo hacen también con las demás Escrituras, para su propia perdición.
>
> Así que ustedes, queridos hermanos, puesto que ya saben esto de antemano, manténganse alerta, no sea que, arrastrados por el error de esos libertinos, pierdan la estabilidad y caigan. (2 Pedro 3:16–17)

Las Escrituras vuelven tergiversadas. Sólo se leen para justificar las posiciones preconcebidas de algunas personas que toman la ley (la ley de Dios) en sus manos. Algunas personas "ignorantes e inconstantes" están muy confundidas.

Poco después de hacerme evangelista, un visitante llegó a la puerta de la oficina de la iglesia en Londres. Vi a una figura imponente y enojada, con ojos oscuros, usando sandalias, turbante y una manta y sosteniendo una vara en sus manos. Le pregunté quién era.

—¿No lo sabes? —contestó, y de inmediato me di cuenta que esta pobre persona tenía algunos problemas, así que decidí seguirle el juego.

—Por favor, dígamelo —le dije.

—Soy el Alfa y la Omega.

¡Había elegido uno de los nombres de Dios en los libros de Apocalipsis (1:8, 21:6, 22:13) e Isaías (41:4, 44:6)!

—Sr. Alfa, —le dije— ¿por qué no nos sentamos por allá?

Me siguió y nos miramos a los ojos.

—¿Qué idiomas hablas? ¿Hablas francés? (Supuse que este hombre era del Norte de África.)

—El Alfa y la Omega habla todas las lenguas.

—Muy bien —dije, y le hablé en latín— *Verba mei potes comprehendere? Loquirisne Latinum?* Pero sólo me miraba, sorprendido.

—*¿Hellenidzeis?* —añadí, esta vez hablando en griego clásico, pero seguía sin dar señales de reconocer nada.

—Me temo que no sé lo que me está diciendo —respondió finalmente el Sr. Alfa.

—¡Seguramente el Alfa y la Omega entiende latín y griego! Como usted no lo entiende, sólo puedo concluir que usted no es quien dice ser.

El hombre aún tenía esa mirada salvaje en su rostro y comencé a sentirme algo nervioso por lo que pudiera hacer, especialmente con su pesada vara.

—Es hora de irme —concluí—. Déjeme acompañarlo hasta la puerta. Que tenga un buen día.

Y esa fue la última vez que lo vi.

¿De acuerdo con nosotros mismos?

Obviamente no todo el mundo es tan "engañado de sí mismo" como el "Sr. Alfa." Y sin embargo, las iglesias están llenas de hombres y mujeres que creen tener un camino interno a la mente de Dios, sin estudiar a su fondo su Palabra. Afirman que creen en la Biblia, pero cuando usted les muestra escrituras que los desafía a cambiar, dicen: "No creo que ese versículo sea inspirado por Dios," "esa parte ya no aplica," o "eso sólo es tu interpretación." De hecho, ellos sólo creen en sí mismos y la Biblia los respalda de vez en cuando. Cuando hay algún conflicto, ¿quién tiene la autoridad? ¡No es la Palabra!

Cuando estas personas dicen que creen en la Biblia, lo que realmente deberían decir es: "Creo en mí y a menudo Dios tiene el buen sentido de ver las cosas desde mi punto de vista. Cuando no lo hace, es una lástima, pues yo sé que tengo razón." Esta es una profunda decepción y no es para nada el espíritu en el que Dios quiere que recibamos su Palabra (1 Tesalonicenses 2:13, 1:5).

La pregunta fundamental es: ¿Cómo sabemos la verdad? ¡Cuidado! Mucha gente se las han arreglado para contornear la Biblia diciendo que tienen una línea privada y directa con Dios. Muchos dicen que siguen sólo la Biblia, pero su falta de voluntad para ser consistentes cuando son confronta con la verdad, penetra su delgada capa de religiosidad.

¿Psicológico, diabólico o divino?

La próxima vez que usted se encuentre con alguien que tenga una línea directa con Dios, puede estar seguro que está jugando. En mi opinión, lo que está sucediendo es puramente psicológico. (¡Ciertamente no es divino!) Puede que no esté inspirado por un demonio, pero la confusión y la distracción que ello genera sirve muy bien a los propósitos de Satanás. Hasta ese punto es diabólico.

Aquellos que guardan con celo su línea directa con Dios pueden estar celosos, pero su celo no se basa en el conocimiento (Proverbios 19:2, Romanos 10:2). Una vez más, ¡nadie tiene hoy una línea directa con Dios! Quienes dicen tenerla, exponen el evangelio a la burla y desprecian y distraen a otros de la verdadera obra del Espíritu que es cambiar vidas y extender el reino. Pongámosle un final a los juegos.

PREGUNTAS PARA PENSAR

- *¿Conozco a alguien que esté profundamente confundido acerca de Dios y de su Espíritu, alguien a quien esta información podría ayudar?*
- *¿Tiendo instintivamente a confiar en mi primera interpretación de una Escritura, o estoy dispuesto a seguir trabajando hasta entender el texto?*
- *¿Es posible que haya retenido algo de mi antigua naturaleza supersticiosa de antes de ser cristiano?*

NOTAS

1. Ver las excelentes análisis sobre la oración en las obras de C.S. Lewis, por ejemplo, *Los Milagros* (New York: Rayo/HarperCollins, 2006). Mucho más sobre este tema en capítulo 16.

2. Uno no tiene que volverse un experto freudiano para aceptar que los sueños nos dicen algo de nuestro subconsciente.

3. Kenneth Hagin, *You Can be Led by the Spirit of God* (Tulsa, OK: Faith Library Publications, 1981), 109.

4. Ver Levítico 16:8–10; Números 26:55–56, 33:54, 34:13, 36:2; Josué 14:2, 18:6, 8, 10–11, 19:1, 10, 17, 24, 32, 40, 51, 21:4, 10; Jueces 20:9; 1 Samuel 14:41–42; 1 Crónicas 6:54, 24:5, 7–18, 31, 25:8–31, 26:13–16; Nehemías 10:34, 11:1; Ester 3:7, 9:24; Salmos 22:18; Proverbios 16:33, 18:18; Joel 3:3; Abdías 1:11; Jonás 1:7; Nahúm 3:10; Mateo 27:35; Marcos 15:24; Lucas 1:8–9, 23:34; Juan 19:24 y Hechos 1:26.

5. Ver Éxodo 28:30, Levítico 8:8, Números 27:21, Deuteronomio 33:8, 1 Samuel 28:6, Esdras 2:63 y Nehemías 7:65.

6. En Génesis 24:12–50 vemos el sentido legítimo de que algo sea "del Señor," pero con frecuencia se abusa de esto.

7. Aquí hay un estudio bíblico sugerido que usted puede compartir con sus amigos acerca de los sentimientos.

   - Proverbios 3:5, 14:12, 16:2, 28:26, Jeremías 17:9: Los sentimientos no son confiables como sistema de guía espiritual confiable.
   - 1 Samuel 13:7–14, 1 Reyes 13:1ss, 2 Reyes 5:10–15: Podemos meternos en serios problemas cuando seguimos nuestras emociones.

- Gálatas 1:6–9, 2 Corintios 11:3–4: ¡Nadie tiene derecho a modificar el evangelio! Cuídense de las variaciones al mensaje que justifiquen un nivel de compromiso inferior al que Jesús predicó.
- Jeremías 23:16ss: Diez puntos emergen de este estudio.
  1. Los falsos profetas afirman hablar en nombre de Dios (v.16).
  2. Sus mensajes son de origen netamente psicológico, no de Dios (v.16).
  3. Disminuyen la Palabra de Dios (v.22).
  4. Sus sueños (compare Números 12:6) son ilusiones puramente psicológicas (vv.25–26) y disminuyen el compromiso de las personas al impartir falsas esperanzas (v.27).
  5. Si bien les gusta decir que Dios habla a través de ellos, no lo está haciendo; sus mensajes no tienen nada que ver con la palabra de Dios (vv.28–29).
  6. Se intercambian mensajes entre sí (v.30).
  7. No benefician a las personas (vv.31–32).
  8. Sinceramente esperan que el Señor les hable (v.35).
  9. Sufren de una terrible confusión teológica ya que la Palabra de Dios y la de ellos se confunden completamente (v.36).
  10. El resultado final es que distorsionan la Palabra de Dios (v.36).
- Judas 19: Las personas que no son espirituales dividen el cuerpo de Cristo.
- Lucas 9:23: El discipulado consiste en negar tus sentimientos, no en seguirlos. ¡Cristo nos enseñó lo opuesto! Niega los sentimientos; sigue a Cristo. Seguir los sentimientos es negar a Cristo.
- Mateo 7: 21–23: Sorprendido y quizá sincero, los trabajadores milagrosos no fueron salvados por no obedecer la palabra de Dios. (Ver 1 Corintios 8:3 para la explicación de Mateo 7:23.)

De cabeza

En la tercera sección fuimos testigos de un desbordado celo que no tiene ninguna base espiritual real. Finalmente, tal religión carece del poder para cambiarnos a un nivel más profundo.

El verdadero Espíritu de Dios nos cambia de adentro hacia fuera; esa es la primera transformación. Entonces, y sólo entonces, puede ocurrir la segunda transformación: la salvación del mundo. Sin embargo, aquellos que buscan la comodidad, difícilmente trastornarán al mundo entero (Hechos 17:6).

La cuarta sección nos llama a pensar claramente acerca de los temas y a un compromiso total con Jesucristo. Cuando usted sigue a Jesús, el sacrificio de la comodidad ya es una decisión tomada. ¡Que el Espíritu de Dios nos sacuda de nuestra comodidad!

12

Un verdadero celo

El Espíritu "Santo"

Al Espíritu de Dios no se le llama Espíritu Santo sin razón. Para la mayoría de las personas, la palabra "santo" significa serio, místico, de otro mundo y hasta extraño. Pero los creyentes sabemos que la santidad tiene que ver con devoción, dedicación y un carácter intachable.

Estamos hablando de un compromiso con Dios de poner nuestra vida a un lado por Él. Estamos hablando de hacer grandes cosas por Dios y por su mundo; de pensar, creer, soñar, vivir y morir heroicamente. Como dijo Horace Mann: "Avergüénzate de morir antes de haber logrado una victoria para la humanidad."[1] Y como dijo Pablo: "La gracia sea con todos los que aman a nuestro Señor Jesucristo con amor imperecedero" (Efesios 6:24). El verdadero celo no es algo superficial. Tampoco es algo efímero, que suceda semanalmente cada domingo. El llamado de Dios es sobre toda nuestra vida y no sobre parte de ella.

¡Asesinado por una fiera salvaje!

Desde mi infancia aprendí (en la escuela dominical) que se suponía que vivíamos para Dios. Cuando escuché que personas lo habían vendido todo y vivían en la pobreza, algo en mi alma me dijo: "Yo también debería vivir así." Había cierto atractivo en los grandiosos himnos antiguos, las velas de cera, las caminatas en el cementerio y pensar en Dios. ¡Hasta las clases de confirmación me intrigaban! Y aún recuerdo las palabras de una canción que escuché cuando tenía seis o siete años:

Canto una canción de los santos de Dios,
Pacientes y valientes y verdaderos.
Trabajaron y lucharon y vivieron y murieron
Por su buen Señor que ellos conocieron.

Y uno fue médico... y uno un sacerdote,
Y uno fue asesinado por una fiera salvaje.
Y no existe ninguna, ninguna razón en lo absoluto,
Por la que yo no sea uno también.

Mi conciencia fue medianamente perseguida por las palabras de esta canción por doce años más, ¡especialmente por la idea de ser devorado por una bestia! ¿Habría algo por lo que valiera la pena vivir y morir? Las palabras permanecieron en mi corazón hasta que comencé a percibir la Biblia más seriamente. En retrospectiva, creo que sólo estaba esperando la oportunidad para comprometerme. (¡Tal vez usted también!) Cuando conocí personas que vivían una vida tan comprometida como la que enseñaban (y sobre la que cantaban), los viejos acordes comenzaron a vibrar, y supe entonces que en un sentido, mi búsqueda había terminado.

El mundo está buscando una causa, algo por lo cual vivir. Por lo general, las personas van tras una causa u otra, pero muy rara vez van tras la causa correcta. Depende de nosotros enseñarles que vale la pena vivir por Jesucristo. Y morir por Él, si eso es a lo que hemos sido llamados.

¿La santidad es una opción?

¿Es la santidad sólo una opción? En estos días de la "iglesia de su elección" y del "no criterio," ¿es la santidad sólo otra variación prescindible de un tema tan trillado que bien podemos prescindir de ella? ¿No es este el camino angosto que Jesús recorrió y por el que nos invita a caminar también? El escritor de Hebreos lo dice con mucha lucidez: "Busquen la paz con todos, y la santidad, sin la cual nadie verá al Señor" (Hebreos 12:14).

Las Escrituras son claras: la santidad no es una opción. Dejemos que el mundo se burle y que el mundo religioso defienda su religiosidad superficial con una teología que hasta Félix habría aplaudido (Hechos 24:25). La tibieza no es una opción porque Dios, el Dios Santo, no es una "opción." Dios nos ordena ser santos porque Él es santo (1 Pedro 1:15–16; Levítico 11:44–45, 19:2, 20:7).

La santidad viene del Espíritu

No debería ser una sorpresa que el Espíritu Santo es quien nos hace santos. Él fluye a través de nuestras venas, como una transfusión de vida y determinación que circula por cada arteria y vaso capilar. La persona que afirma tener el Espíritu debe llevar una vida santa, ¡o se acabó el juego! "Por sus frutos los conocerán" (Mateo 7:20). Sin santidad, nadie verá al Señor.

Si bien con el tiempo el énfasis en la santidad ha declinado, especialmente después de la legalización del cristianismo en el siglo IV d. C., Dios nunca redujo su nivel ni las exigencias para el discípulado.[2] Por eso leemos en Romanos 12:11: "Nunca dejen de ser diligentes; antes bien, sirvan al Señor con el fervor[3] que da el Espíritu." Este fervor, energía o calor es la diferencia entre una religión mórbida y sin pulso y una fe vibrante y llena de vida. No hay explicación alguna de porqué un cadáver está "realmente vivo," que va a convencer a alguien que puede observar lo contrario por sí mismo. Una fe viva tiene pulso porque recibe energía del mismo Espíritu de Dios (Santiago 2:26).

"Cuando algo está caliente, quema"

Un refrán dice: "Cuando algo está caliente, quema." La palabra de Dios exige que estemos calientes, no fríos o tibios.

> "Escribe al ángel de la iglesia de Laodicea:
> Esto dice el Amén, el testigo fiel y veraz, el soberano de la creación de Dios: Conozco tus obras; sé que no eres ni frío ni caliente. ¡Ojalá fueras lo uno o lo otro! Por tanto, como no eres ni frío ni caliente, sino tibio, estoy por vomitarte de mi boca." (Apocalipsis 3:14–16)

Estas palabras están dirigidas a una iglesia que solía estar caliente, pero que había caído en la tibieza de la auto satisfacción. Tristemente, sólo unas décadas más tarde, esta iglesia no parece haberse arrepentido. Otras iglesias que también recibieron cartas en Apocalipsis 2 y 3 todavía existían (como las de Éfeso y Filadelfia, por ejemplo); pero de la iglesia de Laodicea, los escritores del segundo siglo no dijeron nada. Parece que esta iglesia del primer siglo menguó tanto en su fe y en número, que finalmente desapareció de la escena.

Jesucristo ve no sólo el corazón, la fe y la intención, sino también las obras. "Santo" y "caliente" casi se convierten en sinónimos cuando se refieren al compromiso. Además, las Escrituras afirman que frío es, de hecho, mejor que tibio (Malaquías 1:10, Apocalipsis 3:15). Las experiencias religiosas no son un sustituto. La gente verdaderamente espiritual no sólo reúne relatos de "milagros" y luego buscan un rumor espiritual, sino que hacen la obra de Dios (Mateo 7:21–23).

¿Puede decir honestamente que usted está "caliente" para Dios, su Palabra, su voluntad, su gente y sus planes?

"Hirviendo por dentro"

Cientos de millones afirman ser cristianos a pesar del hecho de que su "pulso" es casi imposible de ubicar. Una fe muerta crea un peso muerto en iglesias muertas que proclaman una causa muerta.

Imagínese a un amigo pidiéndole que revise una olla de agua en la estufa. "Ya debería estar hirviendo" —dice.

Usted la revisa, probando el agua delicadamente con un dedo (sólo para estar seguro), y lo único que siente es agua tibia. "Todavía está fría" —le dice.

—No, ya debería estar hirviendo —le replica—. Por favor, regresa y revísala de nuevo.

La revisa una vez más y sólo siente agua tibia.

¿Qué pensaría usted si él dijera: "Yo sé que está caliente; ya debe estar hirviendo. Sí, debe estar hirviendo *por dentro*"?

¿Qué tal si él insistiera en recitar refranes como: "Lo que cuenta es el corazón, no el calor," o, "El agua tibia necesita tiempo para madurar"? ¿No cuestionaría eventualmente su sinceridad o su comprensión de palabras como "caliente," "frío" e "hirviendo"? Él entonces pasaría a defender su doctrina: "Ningún agua es perfecta." "Toda agua tiene derecho a buscar su propia temperatura." "Lo que cuenta es ser agradable, no ser caliente." O tal vez: "Es más importante el calentamiento que el calor." La teología de la tibieza continúa floreciendo: "Verdaderamente creemos en hervir por dentro," "No juzgues el calor del agua," y, finalmente, "¡Los grupos de sólo agua caliente son demasiado exclusivos!" ¿No se sentiría con el derecho a cuestionar su lógica?

Lo mismo sucede con la santidad. El mandamiento del creyente no es negociable. El fervor del celo espiritual está definido por Dios y no por el hombre. Nadie tiene derecho a diluir la santidad y luego decir: "Está bien así."

El verdadero y el falso fervor

¿Tiene un fervor verdadero o es del tipo emocional? ¿Qué piensa Dios de la falsa dedicación, de una devoción fingida, del falso discipulado y de una santidad inventada? La historia de Ananías y Safira (Hechos 5:1–11) revela el corazón de Dios al respecto. Cuando esta pareja fingió su compromiso en lugar de ser honestos acerca de su condición espiritual, leemos que ellos le estaban mintiendo al Espíritu Santo (v.3) y poniendo a prueba al Espíritu del Señor (v.9). El Espíritu de Dios se ofende cuando en lugar de permitirle que nos haga santos, hacemos de la fe una farsa.

¡Basta de religiones ostentosas, superficiales e hipócritas! Esforcémonos por tener un fervor verdadero.

Compromiso candente

¿Cómo podemos afirmar que somos el pueblo de Dios cuando nos falta fervor? Muchas personas carecen de la verdad y a veces son tan fervorosas en su religión como los cristianos (Romanos 10:1–2). El fervor no significa gritar ruidosamente, "¡amén!" ni comportarse ostentosamente, sino estar lleno del Espíritu de Dios y ser modelo de lo que anunciamos. Después de todo y como lo dijo Mark Twain: "Pocas cosas son más difíciles de soportar que un buen ejemplo." Cuando las personas vean ese tipo de fervor, sabrán que es verdadero.

Nunca jamás olvide quién y de quién es usted. Somos el pueblo santo en una misión santa en una iglesia santa que sirve a un Dios Santo. ¡El fervor debe ser verdadero! Entonces y sólo entonces trastornaremos al mundo.

PREGUNTAS PARA PENSAR

- *¿Soy un cristiano fervoroso? ¿Soy tibio o caliente? ¿Hay algo que me detiene?*
- *¿Entiendo que la santidad no tiene nada que ver con los sentimientos y*

sí con estar fogoso por Dios?

- *¿Soy del tipo emocional? ¿Mis raíces son profundas o superficiales?*
- *¿Profeso una religión tibia que exalta "el estímulo espiritual" por encima de conocer a Cristo?*

NOTAS

1. O, en las palabras de Theodore Roosevelt: "Es mucho mejor atreverse a cosas poderosas, ganar triunfos con gloria aunque estén salpicados de derrotas, que clasificar con aquellos pobres espíritus que ni disfrutan ni sufren mucho, porque viven en el crepúsculo gris que no conoce la victoria ni la derrota."

2. La preocupación por la santidad continuó igual por casi tres siglos antes que la iglesia primitiva se enfriara. Tomemos el sermón del segundo siglo llamado 2 Clemente, por ejemplo. Claramente, en esta época, todavía existía cierta preocupación por la santidad. "¿Qué certeza tenemos de entrar en el reino de Dios si no mantenemos nuestro bautismo puro y sin tachas? O, ¿quién abogará por nosotros si no se nos encuentran obras santas y rectas?" (2 Clemente 6:9b). Leer a los "Padres de la Iglesia," o a los escritores Patrísticos (de los primeros siglos del cristianismo), puede ser de mucho provecho, permitiendo una mayor claridad acerca de cómo la iglesia original evolucionó hasta el confuso estado del cristianismo moderno y acercándonos mucho más al espíritu radical de nuestros primeros hermanos y hermanas en la fe.

3. "Fervor" es la palabra latina para "hirviente, calor; ardor, pasión." El verbo *fervere* significa "hervir."

13

“¡El Espíritu insiste!”

Evangelización mundial

Como ya lo dijimos anteriormente (en capítulo 4), la misión y el propósito son dos cosas diferentes. Nuestro propósito es disfrutar de nuestra relación con Dios y llegar al cielo; por su parte, nuestra misión es cambiar al mundo. (Cuando se confunden los dos, el agotamiento espiritual no está muy lejos.)

La misión tiene dos partes: somos llamados a predicar la Palabra y a ayudar a los pobres. Aunque finalmente lo que cuenta es la condición espiritual de cada quien y no su situación médica o económica, como pueblo de Dios, aún estamos llamados a cumplir con ambas facetas de la misión. Los verdaderos cristianos aman a los pobres. Los verdaderos cristianos aman a los perdidos y comparten con ellos lo que han encontrado. Es sencillamente injusto descuidar a uno u otro.

En este capítulo nos enfocaremos en nuestra responsabilidad evangelística; en el siguiente hablaremos de nuestra obligación hacia los necesitados. Así como Jesús envió a sus discípulos a predicar la Palabra y a ayudar a los necesitados, el Espíritu nos envía hoy en la misma misión (Marcos 3:14).

La sangre vital de la iglesia

La evangelización mundial es nuestra pasión absoluta como discípulos. Fue la voluntad de Dios en el primer siglo, el último mandato de nuestro Señor Jesús y algo vital para la iglesia del Nuevo Testamento. ¡La situación no es diferente hoy! Mientras que humildemente comprendemos que esto es posible, nuestra generación bien puede no ser la última en la historia de la humanidad (1 Tesalonicenses 5:1–2). Seguramente nuestro objetivo común debe ser traer a Cristo a cada nación, para saturar la tierra con el evangelio en nuestra generación por todos los medios posibles.

Nuestros hermanos y hermanas del primer siglo, movidos por el Espíritu Santo, causaron una gran conmoción cuando predicaron el mensaje radical del evangelio. El inspirante tema del musical *Upside Down* (de cabeza), que revive el libro de los Hechos de los Apóstoles, nos llama a la misma misión que inspiró los corazones de los discípulos de antes.

De cabeza, el mundo necesita ser agitado;
Agiten las jaulas, ¡las cadenas deben ser rotas!
Dos mil años y aquí estamos, sólo un mundo de desperdicio y gritos.

Pero una banda de hombres andrajosos puede despertar de nuevo todos esos sueños.
Hay una forma de agarrar este planeta y darle la vuelta a todas las cosas;
O, para decirlo mejor: ¡Pongamos todas las cosas de cabeza![1]

El Espíritu insiste en que debemos trabajar juntos para poner al mundo de cabeza.[2] ¿Cómo lo sabemos? Porque el Espíritu inspiró toda la Biblia y ella es muy clara al respecto. Europa, Asia, África, Australia, las Américas —¡el mundo entero!— pueden y deben ser evangelizados si nosotros, como hijos de Dios, somos fieles a los deseos de nuestro Padre. Esto no es negociable. Por tanto, no abandonemos nunca nuestra "gran obra" para negociar con los que la critican (Nehemías 6:1–14).

Las buenas nuevas se anuncian solas

Cuando usted tiene buenas noticias y realmente lo emociona traer a alguien a la mejor de todas las cosas, ¡no es difícil compartirlas! El día que escribí este capítulo, celebramos el noveno cumpleaños de mi hijo James. De vez en cuando a través de los años, mi esposa Vicki y yo habíamos estado hablando de tener un perro, pero habíamos decidido renunciar a expandir nuestra familia de esta forma, en parte debido a que los niños eran muy pequeños. En mi corazón, yo supe que ese día que fuimos a la perrera y vimos a los cachorros directo a sus ojos, las probabilidades de rendirnos ante la idea iban a ser muy altas. Al final, elegimos un hermoso cachorro *cocker spaniel*, lo llevamos a casa y lo escondimos en el sótano hasta que los niños hubieran llegado de la escuela. Vicki y yo sentamos a los niños en la cocina y les tapamos los ojos. En este momento, nuestros corazones latían a toda velocidad; ¡estábamos muy emocionados! Vicki sostenía la cámara lista para capturar la expresión de mi hijo cuando viera por primera vez su regalo de cumpleaños, el único que movía la cola. Bajé al sótano y volví con el cachorro. Lo puse sobre las piernas de mi hijo, le quité la venda de los ojos, y, *¡voilà!* El resto es historia. Mi hijo de nueve años le puso por nombre *Columbus* (Colón).

Nuestras buenas noticias eran tan buenas que no las podíamos contener (Jeremías 20:9). Si no las compartíamos pronto, se nos iban a escapar (literalmente). Noticias como estas se anuncian solas. Como alguien dijo: "El Espíritu de Cristo siempre insiste en hacer que Cristo sea conocido" (ver Juan 15:26).

¡Nos largamos de aquí!

¿Cuán determinados estamos a seguir al Espíritu y a no tolerar la falta de espiritualidad? Hace años, mi hermano y yo recorrimos la costa este de los Estados Unidos, asistiendo a varias conferencias cristianas. El primer mensaje en una de las conferencias en la que nos habíamos registrado era sobre el evangelismo. El orador comenzó describiendo el evangelismo como un "talento" o "don." Según este hombre, los expertos habían calculado que sólo se puede esperar que el diez por ciento de los cristianos evangelicen, pues el noventa por ciento de nosotros carecemos de este don.

Pero hay una diferencia entre dones y mandamientos. Por ejemplo, a todos se nos ha ordenado animar a otros (Hebreos 3:13); sin embargo, algunos de nosotros tenemos el don de animar (Romanos 12:6, 8). Encontraremos por tanto que lo que puede ser difícil para unos es relativamente fácil para otros. Si bien es verdad que algunos encontramos ciertos mandamientos más fáciles de obedecer, nunca debemos minimizarlos a ser una opción al afirmar que "¡No es mi don!" La evangelización no es una opción.[3]

A medida que el conferencista seguía hablando, pensé en los diez leprosos (Lucas 17) y cómo sólo uno de ellos tuvo la actitud de devolverse y agradecerle a Jesús por haberlo sanado. (Sí, sólo el "diez por ciento" tuvo la delicadeza de mostrar su gratitud por lo que Dios había hecho en sus vidas. Aquí se aplicó la "regla del diez por ciento," ¡aunque no es lo que quiso decir el orador!) Después de la exposición, me volví hacia mi hermano Steve y le dije: "¡Me largo de aquí!" Y nos fuimos, porque no estábamos interesados en justificar la Gran Comisión o en consolarnos por nuestra falta de compromiso.

¿Qué hay de usted? ¿Anda con los que tienen bajas expectativas de hacer un impacto mundial? ¿Se siente atraído por una iglesia o religión que diga: "Yo estoy bien, tú estás bien," "no juzgues," y "la tibieza es aceptable"? Poniéndolo de otra forma: ¿Cuenta las horas o los días que pasan entre las veces que comparte su fe? ¿Con qué frecuencia trae amigos a la iglesia? Recuerde que el Espíritu Santo no es un espíritu de timidez, sino uno de poder, amor y dominio propio. La próxima vez que un pensamiento acerca del compromiso empiece a "instruirlo" sobre la razón por la que no debe obedecer la Gran Comisión, diga: "¡Me largo de aquí!"

Hechos del Espíritu

Después del Pentecostés, los cristianos del primer siglo no estaban interesados en ocultar el evangelio, sólo en revelarlo. Cuando la iglesia fue dispersada por la Gran Persecución que se desató después del martirio a Esteban, todos compartían su fe, ¡no sólo los líderes principales! (Hechos 8:1, 4). El libro de Hechos (a menudo llamado Hechos de los Apóstoles) registra el nacimiento y crecimiento de la iglesia durante sus primeras tres décadas. Varios aspectos de la explosiva expansión de la iglesia merecen ser destacados:

- La valiente proclamación del mensaje llevada a cabo por todos los discípulos
- La oposición universal que enfrentó la iglesia
- El rápido crecimiento del movimiento

Dado que ese mismo Espíritu nos capacita hoy, ¿hay realmente alguna razón para no esperar que el Espíritu haga el mismo trabajo en nuestra propia vida? ¿Por qué no estudiar el libro de Hechos enfocados en el espíritu de los cristianos mientras el Espíritu los impulsó a llevar la Palabra a un mundo perdido?

El título "Hechos de los Apóstoles" no es del todo exacto ya que sólo Pedro y Pablo reciben un cubrimiento importante en este libro. Muchos estudiosos dicen que el segundo volumen de Lucas debería llamarse "Hechos del Espíritu," pues es el Espíritu Santo quien esencialmente obra como "Director de Evangelismo" y "Jefe de Capacitación del Movimiento Cristiano."[4] Esta es la clave para entender el proyecto de Hechos. En nuestra vida, no tenemos un defensor más poderoso del evangelismo que el mismo Espíritu Santo. Examinemos algunas de las formas como el Espíritu nos ayuda.

Estimulador de la valentía

¡La timidez nunca ha sido la manera del Espíritu![5] El Espíritu nos ayudará a cambiar cualquier área de nuestra vida que sea necesaria para ser evangelísticamente efectivos. ¿Hay circunstancias que lo han deprimido? ¿No es hoy tan valiente como en el pasado? Si es así, recurra al poder del Espíritu como lo hicieron los primeros cristianos cuando estaban bajo mucha presión: "Ahora, Señor, toma en cuenta sus amenazas y concede a tus siervos el proclamar tu palabra sin temor alguno" (Hechos 4:29). ¡Esa oración tuvo respuesta! (¿Dejaría Dios una oración como esa sin respuesta?)

> Después de haber orado, tembló el lugar en que estaban reunidos; todos fueron llenos del Espíritu Santo, y proclamaban la palabra de Dios sin temor alguno. (Hechos 4:31)

¿Un milagro? Tal vez. (El temblor es inmaterial.) Ellos deseaban sinceramente valentía, oraron por ella y salieron de ese tiempo de oración juntos más valientes que nunca. ¿Coincidencia? ¡Difícilmente! Dios está esperando y anhelando llenar con su Espíritu a cualquiera de nosotros que necesite crecer en el área de la valentía.

Evangelismo guiado por el Espíritu

El libro de Hechos muestra cuán involucrado está el Espíritu Santo en la obra evangelística.[6] Hagamos un rápido recorrido a través del libro de Hechos y veamos con qué frecuencia se menciona al Espíritu en relación con el evangelismo.

- A través del Espíritu, Jesús instruyó a sus apóstoles, explicándoles el Reino de Dios y preparándolos para la misión que estaban por empezar (Hechos 1:1–2).

- El Espíritu capacitaría a los cristianos para evangelizar sistemáticamente al mundo: primero la ciudad, luego los pueblos y aldeas de los alrededores y finalmente, hasta los confines de la tierra (Hechos 1:8).
- El Espíritu reunió a una multitud internacional para que escuchara las Buenas Nuevas sobre Jesucristo (Hechos 2:5).
- El Espíritu llenó a los cristianos que oraban, de valor para evangelizar (Hechos 4:31).
- El Espíritu equipa a los discípulos obedientes para hablar incluso ante la oposición (Hechos 5:27–32).
- El Espíritu dejó claro que la diferencia racial no es un obstáculo para el reino de Dios (Hechos 8:14–17).
- El Espíritu aconsejó a los primeros misioneros dónde predicar y cuándo proseguir (Hechos 8:29, 39).
- El Espíritu animó a la iglesia, llevándola a un crecimiento numérico y a una sobriedad espiritual (Hechos 9:31).
- El Espíritu hizo evidente de manera dramática, que debemos enfocarnos en los elementos centrales del evangelio y no en los periféricos, cuando los gentiles fueron incorporados al Reino de Dios (Hechos 10:44–11:18).
- Cuando una persona está llena del Espíritu y de fe, muchas personas son traídas al Señor (Hechos 11:24).
- El Espíritu concibe los planes de la misión (Hechos 13:2) y los supervisa hasta el final (Hechos 13:4).
- A veces el Espíritu bloquea los planes misioneros (Hechos 16:6–7).
- El Espíritu pone el liderazgo, particularmente a los ancianos, sobre aquellos que han sido guiados hacia Cristo (Hechos 20:28).

Seguramente podemos confiar en que el Espíritu ha estado obrando en nuestra generación para levantar líderes y derribar los muros del comunismo y del apartheid, para abrirle la puerta a la evangelización de nuestro mundo. Jesús concluyó la Gran Comisión diciendo: "Y les aseguro que estaré con ustedes siempre, hasta el fin del mundo." ¿No es por medio de la continua labor del Espíritu que se cumple su promesa?

El Espíritu cambia corazones

El Espíritu trabaja con nosotros en nuestro evangelismo. No necesitamos depender de nuestra sabiduría, sino del poder del Espíritu de Dios (1 Corintios 2:1–5). Según Juan 16:8, el Espíritu convence los corazones de los no cristianos.[7] He aquí el plan para la evangelización del mundo en resumen:

- El Espíritu cambia el corazón de los discípulos de Cristo.
- Los discípulos de Cristo predican la Palabra dondequiera que van.
- El Espíritu obra a través de la Palabra para cambiar el corazón de los no creyentes.

Conclusión

La iglesia primitiva llevó la Gran Comisión (Mateo 28:18–20) a su corazón e hizo un esfuerzo conjunto para implementar la clara orden de Jesús de predicar el evangelio. Gran parte del territorio alrededor del Mediterráneo fue evangelizado durante la vida de los apóstoles y se hicieron muchas incursiones hacia África, Asia y Europa. En los siglos siguientes, antes de la legalización del cristianismo en el año 313 d. C., la incipiente fe continuaba expandiéndose, llevando el mensaje a casi todo el mundo, al menos de alguna forma, para la época de la Reforma Protestante.

Aunque la iglesia nuclear original explotó en acción, más tarde dejó de hacerlo. Sin embargo, hoy el Espíritu de Dios se mueve de nuevo en el mundo para que la antorcha vuelva a encenderse. El investigador de la patrística,[8] David Berçot, ha escrito lo siguiente:

> El cristianismo fue originalmente una revolución que desafió las actitudes, los estilos de vida y los valores del mundo antiguo. Fue mucho más que un mero conjunto de doctrinas: era toda una forma de vida. Y todas las fuerzas económicas, sociales y militares del mundo Romano no podían detenerlo. Pero después de 300 años, la revolución se debilitó parcialmente.
>
> Se estancó porque muchos cristianos que profesaban su fe perdieron su obediente confianza en Dios. Ellos imaginaron que podían mejorar el cristianismo por medios humanos, adoptando los métodos del mundo. Pero en lugar de mejorarlo, lo destruyeron... No había nada malo con el cristianismo primitivo. No necesitaba ser "arreglado," pero los cristianos del siglo IV se convencieron de que ellos podían mejorarlo. Su razonamiento fue: "Si el cristianismo significa bendición material y prosperidad en lugar de sufrimiento y privaciones, podríamos convertir a todo el mundo." Pero al final, la iglesia no convirtió al mundo, pero el mundo sí convirtió a una gran parte de la iglesia...
>
> La iglesia aún está casada con el mundo, y los cristianos todavía piensan que pueden mejorar el cristianismo por medios humanos. Pero el cristianismo no mejorará hasta que la iglesia regrese a la santidad sencilla, al amor genuino y a la disposición a cargar la cruz que profesaban los primeros cristianos. Nuestro divorcio del mundo debió haberse efectuado hace tiempo; este es un divorcio que tendría la inequívoca bendición de Dios.
>
> La cruz y el estandarte revolucionario de los primeros cristianos siguen donde los mártires los dejaron. No es demasiado tarde para que la

iglesia regrese y los lleve de nuevo.[9]

Sí, Dios nos ha llamado para que pongamos al mundo de cabeza. Prediquemos la Palabra y oremos a Dios que (1) sature la tierra con el mensaje, (2) lo sature en nuestra generación y (3) nos ayude a ser los mejores embajadores que podamos ser. ¡El Espíritu insiste!

PREGUNTAS PARA PENSAR

- *¿Tengo una verdadera pasión por ver el mundo evangelizado en mi generación?*
- *¿Con qué frecuencia me doy cuenta del impulso espiritual de compartir a Cristo con otras personas?*
- *¿Estoy dando excusas para no evangelizar afirmando que el evangelismo es un "don" en vez de una orden?*
- *¿Me opongo al Espíritu Santo al no hablar de la verdad y compartirla con otros?*
- *¿Estaría dispuesto a unirme a un equipo misionero y predicar la Palabra donde Cristo no es conocido (Romanos 15:20)?*

NOTAS

1. Letra: Steve Johnson, *Upside Down* (New York: NYC Church of Christ, Inc., 1994), traducido del inglés:

   Upside down, the world needs shakin';
   Rattle the cages, the chains that need a-breakin'!
   Two thousand years and here we are, just a world of waste and screams.
   But just a ragged band of men can reawaken all those dreams.
   There's a way to take this planet and turn everything around;
   Or, a better way to say it: Let's turn the whole thing upside down!

2. La frase "poner al mundo de cabeza" se toma específicamente de varias versiones inglesas de la Biblia, del libro de Hechos 17:6: "¡Estos que han trastornado el mundo entero han venido también acá!" Técnicamente, el verbo griego significa "molestar" ("perturbar" en el sentido de "perturbar la paz") más que "poner patas arriba." Cuando se hizo la traducción del latín vulgar, Jerónimo escogió la palabra *concitant*, que simplemente significa "agitar, incitar."
3. Como notamos anteriormente, en Efesios 4:8–11, el don no es el evangelismo, sino los evangelistas, una posición de liderazgo.
4. ¡Sólo en el libro de Hechos el Espíritu es mencionado más de sesenta veces! Para comparar, los cuatro evangelios juntos mencionan al Espíritu Santo unas ochenta veces.
5. De hecho, los versículos de 2 Timoteo 1:8, 12 y 16 y 2:15 hablan de no tener vergüenza. Esto es parte integral de ser un discípulo y ¡es necesario para llegar al

cielo! (Ver Marcos 8:38, Lucas 9:26, Romanos 1:16, Filipenses 1:20 y 1 Pedro 4:16.)

6. Mucho se ha hecho de lo que aparece en Hechos 17:26–27: "De un solo hombre hizo a todo el género humano, para que habiten sobre la faz de la tierra, y les ha prefijado sus tiempos precisos y sus límites para vivir, a fin de que busquen a Dios, y puedan encontrarlo, aunque sea a tientas. Pero lo cierto es que él no está lejos de cada uno de nosotros" (Reina Valera Contemporánea). ¿Es verdad que Dios mismo es quien determina dónde vive la gente —125 Avenida Principal y no 127 Avenida Principal— para ponerla cerca a los discípulos? La providencia de Dios es asombrosa y es evidente en todas partes. Pero cuando Hechos 17:26–27 se predica de esta forma, no estamos hablando de providencia, sino de una forma muy sutil de predestinación.

El problema teológico es que si Dios ha determinado dónde viven aquellos que serán salvados y cuándo estarán allí, entonces Él ha destinado *de facto* a otros a situaciones en las que no tendrán una oportunidad de responder al evangelio. Entre muchas buenas traducciones, en la Nueva Versión Internacional leemos: "De un solo hombre hizo todas las naciones para que habitaran toda la tierra; y determinó los períodos de su historia y las fronteras de sus territorios. Esto lo hizo Dios para que todos lo busquen y, aunque sea a tientas, lo encuentren. En verdad, él no está lejos de ninguno de nosotros." Aquí se hace una alusión a Deuteronomio 32:8. Pablo no está hablando de predestinación geográfica local, sino de la *providencia* de Dios.

7. La Palabra es la espada del Espíritu (Efesios 6:17).

8. La "patrística" es el estudio de los escritos de los "padres de la iglesia," tales como Clemente, Ignacio, Tertuliano y Orígenes, hombres que escribieron en los primeros siglos de la cristiandad.

9. David W. Berçot, *Will the Real Heretics Please Stand Up* (Tyler, TX: Scroll, 1989), 158. Berçot es un estudioso de la patrística y amigo del autor.

14

El espíritu del occidente

La maldición del consumismo

Uso la frase "el espíritu del occidente" en su sentido sociopolítico para referir a las prósperas regiones de Europa del Norte y Occidental y América del Norte.[1] El espíritu del occidente es el espíritu del materialismo y de la sociedad que vive para consumir y consume para vivir, en un ciclo vicioso de la vida absurda (1 Pedro 1:18), que nos deja con un profundo sentimiento de que todo es un absurdo (como en Eclesiastés). Cada nación del mundo respira este espíritu, sin importar si sus habitantes están en la categoría de los que "tienen" o de los que "no tienen."

Nada para mí, gracias

El otro día escuché las noticias más extrañas en mucho tiempo: una mujer de 72 años se había ganado la lotería del Estado de Nueva Jersey, cuyo premio fue de 11,2 millones de dólares. ¿Cómo gastó su recién adquirida fortuna? Contrariamente a lo que se esperaba, ella no se quedó con nada. Desde que comenzó a jugar a la lotería, ella siempre había dicho: "Si alguna vez me gano la lotería, voy a regalar todo ese dinero." Y así lo hizo: lo dio a su iglesia y a algunas instituciones sin fines de lucro.

¿Cómo puede usted ayudar haciendo algo además de sentir admiración por alguien que está dispuesta a regalarlo todo? Independientemente de que la sabiduría adquirida con los años le haya enseñado el verdadero valor del dinero, su desinteresada decisión fue de gran valor. Seguro que allí hay una lección para todos nosotros.

Ni pobreza ni riqueza

El desafío del Espíritu no es ganar la lotería y luego regalar todo el premio. Es amar a aquellos menos afortunados que nosotros, vivir con más sencillez y "conservarse limpio de la corrupción del mundo," como lo dijo Santiago.[2] El espíritu del materialismo (Mamón o el amor a la riqueza) está por doquier, y puede ser difícil hasta para los discípulos de Jesús navegar entre las rocas traicioneras de la indulgencia y la indigencia.

Las Escrituras nos exhortan a la modestia en el uso y la posesión de bienes materiales.

> "Sólo dos cosas te pido, SEÑOR;
> no me las niegues antes de que muera:
> Aleja de mí la falsedad y la mentira;

no me des pobreza ni riquezas
sino sólo el pan de cada día.
Porque teniendo mucho, podría desconocerte
y decir: '¿Y quién es el SEÑOR?'
Y teniendo poco, podría llegar a robar
y deshonrar así el nombre de mi Dios." (Proverbios 30:7–9)

Sospecho que muchos más de nosotros oramos: "Oh Señor, no permitas que llegue a ser pobre," que "Oh Señor, no permitas que llegue a ser rico." Sin embargo, las Escrituras nos enseñan que ambos extremos son peligrosos.

El mundo es demasiado para nosotros

Si aspiramos a tener riquezas, verdaderamente el mundo nos corromperá. Hace unos doscientos años, el poeta William Wordsworth describió muy apropiadamente la maldición del consumismo.

El mundo es demasiado para nosotros: siempre
recibiendo y gastando, disipamos las fuerzas;
poco vemos en la naturaleza que es nuestro.[3]

Todo esto de conseguir y gastar, gastar y conseguir, es parte esencial del consumismo. Y el consumismo es la ruina de nuestra cultura.

¿Cristianos materialistas?

Como cristianos, afirmamos que valoramos más lo espiritual que lo material, pero, ¿refleja nuestro estilo de vida lo que predicamos? Si no tenemos una pasión por ayudar a los pobres (Gálatas 2:10), es poco probable que escapemos ilesos del virus del materialismo. La Biblia está llena de advertencias contra el materialismo (1 Juan 2:15–17, Apocalipsis 3:14–20, Eclesiastés 4:4). Sólo toma una visita al Tercer Mundo[4] para apreciar la difícil situación de los pobres.[5]

No asuma que sólo por haberse arrepentido, bautizado y asistir a la iglesia, está libre del materialismo. Los hábitos de gasto de muchos cristianos varían muy poco de los de sus amigos no creyentes. Cuando leí el libro *The Liberation of Christmas*, por Richard Horsley, me sorprendió su abierta exposición del materialismo rampante en mi país, donde el veintiocho por ciento de los recursos del mundo se consumen en el mes transcurrido entre Acción de Gracias y Navidad.[6] ¿No hay algo de disparidad en esto, una gran distorsión?

El incubador

El virus del materialismo es inculcado a través de la crianza de los padres y de nuestras instituciones educativas. La falta de espiritualidad en la cultura moderna ha debilitado seriamente nuestro sistema inmunológico:

sucumbimos fácilmente al espíritu del materialismo.

Si el virus entra por los valores que hemos heredado, seguramente es alimentado con el mensaje que leemos, oímos y vemos en quienes nos rodean a diario. El mensaje: el dinero lo es todo. Su "valor neto" es definido únicamente por su *valor monetario*. Si no es próspero, usted no vale mucho. Pero si es rico, usted es alguien valioso. Si usted está viviendo en la pobreza, no existe. Claramente esto no concuerda con todo lo que Dios nos dice en su Palabra. En lugar de amar a las personas y usar las cosas, hemos sido enseñados a amar las cosas y usar a las personas.

¿Cómo se incuba este pernicioso virus en nuestro corazón? La *televisión* es el incubador y cría el materialismo de forma muy efectiva, y en particular el *consumismo*, que nos conduce a comprar más de lo que verdaderamente necesitamos y a encontrar valor en las cosas materiales más que en las cosas del Espíritu.

La televisión también nos ha inoculado efectivamente contra la preocupación por los pobres. Algunos destellos de pobreza de vez en cuando alejan su agobiante realidad. Las imágenes de los necesitados y de la guerra adormecen nuestra conciencia. ¿Cómo se siente Jesucristo acerca de esto?

Televisión y consumismo

Sí, la televisión es el medio principal a través del cual el consumismo, la violencia, la inmoralidad y la secularización entran en nuestra vida. Casi todas las familias en los Estados Unidos tienen al menos un televisor. (Cuando era pequeño, en nuestra casa había un televisor en blanco y negro; para cuando me fui a estudiar a la universidad, el número había incrementado a cinco en colores.) ¿Cuáles son los resultados de tal consumismo guiado por la televisión?[7] Consideremos la erosión social ocasionada por la codicia de los grandes negocios y sus espectaculares anuncios.

- *Quiebra financiera*. Gastos impulsivos, finanzas personales sin principios y no presupuestadas, "esclavitud" a las tarjetas de crédito y una asombrosa deuda personal (y nacional), afectan a la mayoría de nosotros. Tal descuido es promovido poderosamente por las corporaciones y sus amigos. El dinero es uno de los temas más comunes en las disputas matrimoniales. Para hacer peores las cosas, privamos a nuestros niños de la oportunidad de aprender de nuestros errores al mantener en silencio el tema del dinero.[8]
- *Desintegración de las relaciones*. La unidad social básica está siendo reducida sólo al individuo, al ser tentados a quedarnos en casa viendo televisión. La alienación resulta cuando la erosión social nos afecta al nivel familiar.
- *Desintegración de la salud*. La televisión ha hecho mucho daño con su contribución a la adicción a la nicotina, al alcohol, etc. La flojera es asociada, en principio, con la vida de los "ricos y sinvergüenzas"

que desfilan en la pantalla. Como nación, los estadounidenses estamos tremendamente fuera de forma.

- *Ruina de los valores familiares.* La televisión se come el precioso tiempo en familia. Una encuesta realizada por *USA Today* en 1996 reveló que en promedio los hombres ven televisión durante veintiocho horas a la semana; algunos niños, en detrimento de su salud, ven mucho más.[9] En el territorio de la televisión, la infidelidad marital es descrita como "natural" y la disfunción familiar como algo normal. La "familia," gracias a algunos de los medios, está adquiriendo connotaciones negativas.
- *Modelos patéticos a seguir.* Cuando los criminales condenados son los modelos a seguir por los niños, ¡estamos en problemas!
- *Erosión de la moralidad.* La violencia, la promiscuidad y el materialismo son glorificados en los medios y son los principales agentes de nuestro deterioro moral. Esto se traduce claramente en injusticias, crimen y hedonismo.
- *Secularización.* En estos días, el dinero lo es todo. Cuando el valor es definido como valor financiero, la humanidad queda vacía de lo que es verdaderamente valioso. Jesús observó que los fariseos amaban el dinero, sin embargo, Él nos asegura que lo que el hombre más valora es detestable a los ojos de Dios (Lucas 16:14–15).[10]

Sí, la televisión, para bien o para mal, es la "institución educativa" más influyente del mundo actual. ¿Cuánto tiempo ve usted la televisión? O más importante aún: ¿Cuánto tiempo de televisión permite que vean sus hijos? Establecer que hay una relación directa entre ver televisión y el materialismo es como decir que existe una relación entre la guerra y el derramamiento de sangre. Como diría la nueva generación: "¡Obvio!"

El consumismo es una forma de esclavitud en el mejor caso y el suicidio de la familia, en el peor. Verdaderamente, es la maldición de la cultura occidental.

La siguiente digresión se escribe como un desafío para los que trabajan tiempo completo como ministros del evangelio. (Si no está en esta categoría, ¡échele un vistazo de todos modos!)

Digresión: Sugerencias para predicadores

He aquí diez sugerencias que pueden ser fácilmente aplicadas y predicadas a nivel de las congregaciones.

1. *Expliquen por qué los grandes negocios quieren que veamos sus programas y comerciales.* Esto puede parecer evidente por sí mismo, pero es sorprendente cuán lejos puede llegar un mensaje ocasional.
2. *Enfaticen cuánto tiempo extra, energía y dinero habrán disponibles cuando se reduzca el tiempo de ver televisión.* La publicidad aumenta

nuestro consumo. La televisión nos quita tiempo valioso, no sólo para nuestra actividad productiva, sino para las relaciones, especialmente la matrimonial y paternal. Aquellos que ven mucha televisión, por lo general lucen lentos y regordetes. Sugieran actividades recreativas alternas, como practicar un nuevo deporte o leer.

3. *Expliquen cómo las corporaciones buscan a los niños en su publicidad.* Ha sido mi experiencia que mientras menos televisión ven los niños, menos se escucha "yo quiero," especialmente en época de cumpleaños y Navidad.
4. *Aconsejen a los padres que limiten el tiempo que sus hijos pasan viendo televisión.* A los niños más pequeños es fácil decirles: "Ahorita no."[11]
5. *Prediquen contra la adicción a la televisión y esperen que la iglesia cambie.* Es mi convicción que las iglesias generalmente hacen lo que los predicadores esperan que hagan. Si él espera que la congregación cambie y está dispuesto a hacer seguimiento (pacientemente), el cambio llega. Es patético el predicador que culpe a la congregación antes de culparse a sí mismo.
6. *¡Modélalo!* Restrinjan su propio tiempo de ver televisión, enfocándose principalmente en noticias, algunos deportes y programas educativos. Realmente, un predicador enfocado en los asuntos del Maestro tendrá muy poco tiempo para la televisión.
7. *Limiten el número de televisores en la casa.*[12] Esta sabia decisión les llevará a promover una mejor vida en familia. Vendan o regalen los aparatos extras.
8. *Hagan sugerencias específicas acerca de qué ver y qué no ver.* Conozcan los canales de su área y su programación. Mientras más específicos sean sus consejos, mejor.
9. *Animen a las personas a tener convicciones propias, personales y específicas sobre este tema.* Eviten el legalismo. Prediquen pasajes como Efesios 5:3–10 y Filipenses 4:8–9.
10. *Hagan seguimiento de la instrucción con prácticos consejos financieros.* Mucha de nuestra gente "está fuera de control" en sus finanzas personales. Ayúdenlas a ver las conexiones entre los valores del mundo y su propio endeudamiento, infelicidad y manipulación. Enfaticen el hecho de que todos tenemos opciones.

"El Espíritu dice"

Si decimos que somos guiados por el Espíritu, no podemos permitirnos ignorar las palabras del Espíritu, que se deleita en ayudar a los necesitados y en vivir con sencillez. Permítame sugerir que tome su Biblia y lea cuidadosamente Isaías 58:1–10, y medite en el tipo de religión que Dios acepta.

El Espíritu dice en este pasaje (y a través de toda la Palabra inspirada de Dios) que nuestra espiritualidad interna como pueblo de Dios (la comunión, adoración y meditación) debe estar balanceada por un enfoque externo (dejando que nuestra luz brille, el evangelismo, ocupándonos de los necesitados). Pero, ¿deberíamos sorprendernos? Consideremos a Jesús: "Ya conocen la gracia de nuestro Señor Jesucristo, que aunque era rico, por causa de ustedes se hizo pobre, para que mediante su pobreza ustedes llegaran a ser ricos" (2 Corintios 8:9). Ya que Cristo se identifica con los pobres y no sólo con los ricos, ¿no espera Él que sigamos sus pasos? Veamos ahora una visión panorámica a la enseñanza bíblica sobre los pobres. ¿Debería esta estar en un libro sobre el Espíritu Santo? ¡Por supuesto! Pero me aterra que algunos lectores puedan sentirse tentados a saltarse esta parte y seguir con algo más "emocionante" o controversial. Espero que usted no sea uno de ellos.

Enseñanza bíblica sobre los pobres

La situación de los pobres y necesitados es terrorífica, y a menudo los seguidores de Jesucristo no saben cómo reaccionar.[13] Durante los primeros diez años de mi vida cristiana, mi actitud fue la de asumir que las necesidades espirituales son más importantes que las físicas. Aunque esto es cierto en un sentido, también funcionó para mi conveniencia. Me acuerdo que en el seminario tuve una discusión con un hombre que me recordó que la Biblia nos ordena luchar por los derechos de los pobres. "Eso es el *Antiguo Testamento* —decía tercamente—. Bajo el Nuevo Testamento tenemos *permiso* para ayudar a los pobres, pero no *la misión* de hacerlo." ¡No hace falta decir que ese hombre no estaba muy impresionado con mi espiritualidad!

Antes de que yo estudiara lo que las Escrituras enseñan acerca de la pobreza y la respuesta adecuada, yo había bloqueado de mi mente los horrores de los necesitados, enfocándome en lo "espiritual," rehusándome a dar a los mendigos y sellando herméticamente mi corazón a la realidad de un mundo necesitado.

Todo cambió para mí en Calcuta, India. Una ciudad de doce millones de habitantes, construida para albergar sólo a un millón de personas, donde el exceso de población literalmente se desborda en las calles, las cuales son hogar para un incontable número de hombres, mujeres y niños. Pasé la primera noche despierto, sentado en el piso, aturdido. El impacto de mi primera exposición real a la pobreza extrema derrumbó la barrera que había puesto frente a mi corazón. Finalmente estaba libre para leer la Biblia sin la presuposición de que mi iglesia tenía la interpretación correcta de la respuesta cristiana a la pobreza. Quiero compartir con usted lo que aprendí.

La verdad del evangelio

Descubrí que todos, tanto en el Antiguo como en el Nuevo Testamento, somos animados una y otra vez a recordar a los necesitados. De la cantidad de pasajes relacionados con el tema, fui profundamente convencido por versículos como Deuteronomio 15:4–5, 11; Job 31:16–23; Isaías 58:6–10; Amos 6:1a, 4–7 y el desgarrador Ezequiel 16:49–50:

> "Tu hermana Sodoma y sus aldeas pecaron de soberbia, gula, apatía, e indiferencia hacia el pobre y el indigente. Se creían superiores a otras, y en mi presencia se entregaron a prácticas repugnantes. Por eso, tal como lo has visto, las he destruido."

Los pecados más grandes de Sodoma no fueron cosas como sodomía, que son sólo síntomas de un corazón depravado y que se busca a sí mismo. El verdadero pecado está claramente especificado: fueron desconsiderados y distantes con los pobres.

Mi corazón se vio bombardeado una y otra vez con las enseñanzas de Proverbios 3:27–28, 14:31, 19:17, 21:13, 28:27, 30:7–9 y 31:8–9. Pero esto no era sólo una enseñanza del Antiguo Testamento. En el Nuevo Testamento, Lucas, con su énfasis sobre la pobreza y la riqueza, lo gritó con más fuerza (Lucas 3:10–11, 6:20b, 24–25a, 30–31, 35, 10:25–37, 12:33–34, 16:19–24). En el libro de Hechos, también escrito por Lucas, se siguió hablando del tema (2:44–45, 4:32–35, 6:1–7, 11:27–30, 9:36, 10:1–2, 4b...), y luego estaban todos esos pasajes en las cartas, como Santiago 2:14–26 y Gálatas 2:10. Un pasaje que habla con perfecta claridad es Lucas 10:25–37, también conocido como la Parábola del Buen Samaritano.

El "buen" samaritano

Jesús, de hecho, nunca llamó "bueno" a este hombre. Ese es un adjetivo nuestro. ¿Es acaso en contraste a que no somos tan buenos que elegimos llamar "bueno" al héroe de la historia? Deje que la simplicidad y la verdad de sus palabras penetren en su corazón.

> En esto se presentó un experto en la ley y, para poner a prueba a Jesús, le hizo esta pregunta:
>
> —Maestro, ¿qué tengo que hacer para heredar la vida eterna?
>
> Jesús replicó:
>
> —¿Qué está escrito en la ley? ¿Cómo la interpretas tú?
>
> Como respuesta el hombre citó:
>
> —"Ama al Señor tu Dios con todo tu corazón, con todo tu ser, con todas tus fuerzas y con toda tu mente," y: "Ama a tu prójimo como a ti mismo."
>
> —Bien contestado —le dijo Jesús—. Haz eso y vivirás.
>
> Pero él quería justificarse, así que le preguntó a Jesús:
>
> —¿Y quién es mi prójimo?
>
> Jesús respondió:
>
> —Bajaba un hombre de Jerusalén a Jericó, y cayó en manos de unos ladrones. Le quitaron la ropa, lo golpearon y se fueron, dejándolo

> medio muerto. Resulta que viajaba por el mismo camino un sacerdote quien, al verlo, se desvió y siguió de largo. Así también llegó a aquel lugar un levita, y al verlo, se desvió y siguió de largo. Pero un samaritano que iba de viaje llegó a donde estaba el hombre y, viéndolo, se compadeció de él. Se acercó, le curó las heridas con vino y aceite, y se las vendó. Luego lo montó sobre su propia cabalgadura, lo llevó a un alojamiento y lo cuidó. Al día siguiente, sacó dos monedas de plata y se las dio al dueño del alojamiento. "Cuídemelo —le dijo—, y lo que gaste usted de más, se lo pagaré cuando yo vuelva." ¿Cuál de estos tres piensas que demostró ser el prójimo del que cayó en manos de los ladrones?
>
> —El que se compadeció de él —contestó el experto en la ley.
>
> —Anda entonces y haz tú lo mismo —concluyó Jesús. (Lucas 10:25–37)

¿Qué observa en esta parábola? A menudo se usa para exhortarnos a evangelizar y es correcto, ya que cubrir las necesidades de los extraños es el punto de Jesús en esta parábola. Pero aparte del valor principal, esta parábola contiene abundantes principios acerca de cubrir las necesidades de los pobres. ¿Cuál era la situación?

El samaritano era consciente de una necesidad. La infortunada víctima tuvo un trato desigual. Así tienen aquellos en el mundo actual que nacen en desigualdad, oportunidades limitadas, pobreza y decadencia moral. A través de los medios masivos muchos de nosotros también somos conscientes de sus necesidades; no podemos excusarnos diciendo que no sabemos, como tampoco podían hacerlo el sacerdote ni el levita.

La raza de la víctima fue irrelevante para el samaritano. Aunque la víctima era un judío, el héroe samaritano no dejó que el prejuicio afectara el amor por su prójimo. ¿Cuántos de nosotros reaccionaríamos diferentemente si los desfavorecidos pertenecieran a nuestra propia raza y acomodada clase social? ¿Permitimos que las diferencias de color de piel y de otras características externas nos distancien del mundo del sufrimiento humano?

Otros no cubrieron sus necesidades. Los que tenían menos excusa (aquí representan los líderes religiosos) se desviaron de su camino para evitar los remordimientos de consciencia que podían haberlos empujado a mostrar misericordia, como lo habría hecho el Dios que ellos afirmaban conocer.

La víctima no podía ayudarse a sí misma. Él no estaba en posición de ayudarse a sí mismo. Hay un mundo afuera de millones, de cientos de millones, que están en legítima necesidad. A menos que nosotros los ayudemos, es poco probable que alguien más lo haga. Diversas organizaciones asistenciales apenas empiezan a cubrir sus necesidades. No, no podemos excusar nuestra inactividad con la idea de que otros están a cargo de que el trabajo sea hecho.

Esta es, entonces, la situación. ¿Qué hace el samaritano?

- Él ve la necesidad.

- Él se compadece de su prójimo. Dejemos de discutir acerca de quién es nuestro prójimo; ¡todo ser humano es nuestro prójimo!
- Él le proporciona cuidado médico y cubre las necesidades físicas.
- Él le dio dinero a una agencia responsable (el posadero).
- Él no limita su responsabilidad, sino que está dispuesto a "ir más allá."

Cuando se trata de cubrir las necesidades de los pobres del mundo, Jesús nos empuja a "ir y hacer lo mismo."

¿Cristianos del *"statu quo"*?

El mundo necesita ser puesto de cabeza en más de una manera. ¡Ay de nosotros si simplemente apoyamos el establecimiento![14] El camino de Jesucristo establece un juicio sobre todo materialismo, consumismo y apatía. Nuestra misión es llevar buenas noticias a la vida de cada hombre y mujer sobre la faz del planeta. Necesitamos compartir el evangelio y también nuestras vidas. Estamos llamados a dar bendiciones espirituales, pero también bendiciones materiales. Tengan cuidado con la predicación que separe a las dos. ¿Se siente desafiado? ¡El Espíritu de Dios no lo querría de otra manera!

> El Espíritu del SEÑOR omnipotente está sobre mí,
> por cuanto me ha ungido
> para anunciar buenas nuevas a los pobres.
> Me ha enviado a sanar los corazones heridos,
> a proclamar liberación a los cautivos
> y libertad a los prisioneros,
> a pregonar el año del favor del SEÑOR
> y el día de la venganza de nuestro Dios,
> a consolar a todos los que están de duelo (Isaías 61:1–2)

¿Dónde empiezo?

1. Estudie el tema. Medite en todos los versículos que usted pueda encontrar sobre el dinero y la riqueza. Nada es tan motivadora como estar personalmente convencido de las Escrituras. Para un excelente complemento, lea Isaías 5:8–25.
2. Venda algunas de sus posesiones, como Jesús enseñó en Lucas 12:33.
3. Examine sus gastos y su estilo de vida. Cuando se sienta tentado a adquirir algo, hágase estas cuatro preguntas:[15]
   - ¿En verdad lo necesito?
   - ¿Lo compraría si espero un mes?
   - ¿Puedo comprarlo en alguna otra parte por menos?
   - ¿Me atrae porque me da el *status* que busco?
4. Haga un presupuesto y sométase a él. Decida cuánto necesita para vivir, haga el balance de sus cuentas y conviértase en una persona disciplinada con sus finanzas personales.[16]

5. Ayune regularmente. Esto le ayudará a mantener una conciencia de la terrible situación en la que se encuentran los pobres mientras usted desarrollar su solidaridad con ellos. También agregará concentración y picante a sus oraciones. Y lo dejará con más dinero para darle a quienes verdaderamente lo necesitan.
6. Haga un plan concreto de sacrificio para ayudar a los pobres. Por ejemplo, considere adoptar un niño.[17]
7. Ore... ¡ahora mismo! Cuéntele a Dios cómo se siente acerca de estas cosas y qué planea hacer al respecto. Mantenga vivo su propósito. Pídale a Dios que le haga claro si Él quiere que usted dedique su vida a ayudar a los pobres y necesitados.

PREGUNTAS PARA PENSAR

- *¿Soy esclavo del consumismo? ¿Estoy listo para alterar mi estilo de vida?*
- *¿Tengo una preocupación bíblica por los pobres y necesitados?*
- *¿Cuánto sacrifico financieramente cada año para la causa de los oprimidos?*

NOTAS

1. Ciertamente la cultura del occidente prevalece también en Australia y en varias otras regiones geopolíticas. El término tiene más la intención de dar claridad que exactitud.

2. "La religión pura y sin mancha delante de Dios nuestro Padre es ésta: atender a los huérfanos y a las viudas en sus aflicciones, y conservarse limpio de la corrupción del mundo" (Santiago 1:27).

3. Traducido del poema de William Wordsworth (1770–1850), "The World Is Too Much with Us" (1807).

4. El "Tercer Mundo" son los países en desarrollo, muchos de los cuales se encuentran más hacia el sur del planeta. El "Primer Mundo" son los países desarrollados que conforman un mundo altamente tecnológico. El "Segundo Mundo," un término raramente usado, es el antiguo Bloque Comunista, el cual en términos económicos se encuentra en alguna parte entre los otros dos "mundos."

5. Después de mis primeras visitas al Tercer Mundo, yo estaba obsesionado por el sentimiento que no sólo yo, sino toda mi cultura cristiana, había sido ignorando las claras enseñanzas de la Biblia respecto a los pobres. Un invaluable recurso fue el libro de Ronald J. Sider, *Rich Christians Living in an Age of Hunger* (London: Hodder & Stoughton, 1977).

6. "En los Estados Unidos, que consume el 70% de los recursos del mundo, el 40% de todos los artículos promocionados anualmente son vendidos durante las cuatro semanas comprendidas entre el Día de Acción de Gracias y el 25 de

Diciembre" (traducido del libro de Richard A. Horsley, The Liberation of Christmas [la liberación de la Navidad] [New York: Continuum, 1993], ix).

7. Este consumismo, a propósito, encuentra un apoyo en casi todas las denominaciones religiosas.

8. Como lo ha demostrado convincentemente el sociólogo Robert Wuthnow en *Poor Richard's Principle: Recovering the American Dream Through the Moral Dimension of Work, Business, & Money* (Princeton, NJ: Princeton University Press, 1996), 138, 147, 166. ¿Por qué no involucrar a nuestros niños en nuestro pensamiento financiero mientras lo ponemos en práctica? ¿No es este el mejor entrenamiento que ellos podrían recibir?

9. El típico preadolescente pasa varias horas al día viendo la televisión. Creo que los que necesitan el desafío no son tanto los jóvenes como sus padres, quienes deben tomar seriamente la responsabilidad dada por Dios de proteger y cuidar a sus hijos durante los años de formación.

10. Los sociólogos reconocen que la secularización se impone por tres vías: (1) los medios, (2) la explosión tecnológica, y (3) la universidad. ¿No podríamos agregar un cuarto: la iglesia tradicional? En verdad, la iglesia ha perdido su rumbo y ahora está éticamente a la deriva en el mar de la relatividad. El problema es que es "políticamente incorrecto" hablar claramente y con autoridad para darle dirección a gente tan desesperadamente necesitada. Pero debemos hablar.

11. Nosotros dejamos que nuestros niños (todos los que viven en casa) ver sólo algunos canales seleccionados. Como ministros, estamos yendo claramente a la necesidad para confrontar la pereza de los padres que afirman que prefieren no "dar clases" de moralidad. Mi experiencia es que entre más involucrados estén los padres, más dirección moral den, y entre más sean un modelo sincero de moralidad en sus propias vidas, más felices y agradecidos son sus hijos.

12. Tenemos un solo televisor en nuestra casa. Simplemente no queremos que interfiera con nuestra vida familiar.

13. Esta sección está adaptada del libro de Douglas Arthur y Douglas Jacoby, *I Was Hungry! The Christian Response to Poverty* (London: CLCC, 1987).

14. "I Was Hungry" es traducido de un poema inglés que ha sido adaptado para una lectoría principalmente americana. Fuente desconocida.

Tenía hambre

Usted alimentó a sus cerdos con mi alimento.
Usted lo culpó en los mercados.
Usted lo culpó en los marxistas.
Usted me dijo que los pobres son bendecidos.
Usted realmente tuvo la intención de escribir a su miembro del Congreso.
Usted me utilizó como vertedero para su montaña de alimento.
Usted prometió orar por mí.
Usted estaba seguro que yo podría manejar con lo que recibo de asistencia social
Usted cambió el canal para evitar la vista de mí.
Usted pagó una miseria mi cosecha.

Usted vendió armas a mi gobierno para guardarme en silencio.
Usted utilizó mi tierra para crecer las flores para su mesa.
Usted me dijo: "¡Vete!"

15. Creado por Karen Louis de Singapur.

16. Es más, reduzca el uso de combustible, electricidad, etc. Ponga el termostato más bajo en invierno y más alto en verano. Use transporte público. Adquiriendo un carro más pequeño reducirá costos de seguro y de consumo de combustible.

17. Mi esposa, Vicki, y yo tomamos ese paso en 1995, adoptando una niña huérfana de Shangai, China.

15

Libre en el Espíritu

La falsa y la verdadera libertad

Desde una perspectiva, este ha sido un libro acerca de cómo el Espíritu Santo obra y no obra en nuestra vida. Los conceptos conflictivos de obediencia y libertad se encuentran al centro de la discusión. Pablo ciertamente enseña que el Espíritu trae libertad.

> Ahora bien, el Señor es el Espíritu; y donde está el Espíritu del Señor, allí hay libertad. Así, todos nosotros, que con el rostro descubierto reflejamos como en un espejo la gloria del Señor, somos transformados a su semejanza con más y más gloria por la acción del Señor, que es el Espíritu. (2 Corintios 3:17–18)

Pero, ¿cuál es la naturaleza de la libertad que el Espíritu trae a nuestra vida? De muchas formas esta pregunta golpea el corazón de la espiritualidad y separa la verdadera religión de la seudoreligión.

¿Sentimiento o seguimiento?

La liberación es un motivo poderoso, sea espiritual, política, económica o de cualquier tipo. Sin embargo, hay una tremenda diferencia entre la falsa libertad prometida por religiones que buscan su propio interés, y la verdadera libertad que Dios nos promete en las Escrituras. Donde esté el Espíritu, hay libertad, no irresponsabilidad ni una euforia inconsciente al llamado bíblico a vivir una vida santa, y definitivamente no una excusa para desobedecer. Para los hijos e hijas de Dios, nuestro sentido de libertad no disminuye mientras la transformación del Espíritu continúa; sólo es más profunda año tras año, mientras nos aferremos a la verdad.

La libertad, que sólo se alcanza a un alto precio, no es barata. Aunque a veces es falsificada, la genuina libertad cristiana (Gálatas 5:1) sólo se encuentra en Cristo. Consideremos la falsa libertad prometida no sólo por el mundo, sino incluso en el nombre de Cristo. La atracción de una forma más fácil siempre ha estado a la raíz de las falsas enseñanzas. Por eso hay el llamado en este tiempo a "liberar el espíritu," "ir con la corriente" y "confiar en su corazón."

¿Sentimiento o seguimiento?: esta es la pregunta. Cuando nos enfocamos en *sentir* a Dios, vamos en la dirección equivocada; pero cuando resueltamente decidimos *seguir* a Dios, vamos en la dirección correcta. (Y los grandes sentimientos vendrán con el tiempo.)

Saltando de los rieles

"Síganme y yo los haré libres: libres del deber, libres para interpretar las leyes como quieran, libres para determinar lo que *ustedes* crean que es correcto." Esta es la promesa de Satanás, si sólo renunciáramos a Dios y regresáramos al mundo. Tan tentador como el papel matainsectos para las moscas, como el gusano para el pez, el queso para el ratón, la fruta prohibida para la primera pareja, así de atractiva es la tentación de volver al mundo.

Pedro describe a los falsos maestros: "Les prometen libertad, cuando ellos mismos son esclavos de la corrupción" (2 Pedro 2:19).[1] Pero, ¿cómo puede un esclavo ofrecer libertad? ¿Puede un hombre pobre pagar el rescate de un hombre rico? Simplemente no puede.[2] Entonces, ¿qué tipo de libertad es la que ellos están prometiendo? Creo que no es más que huir de la razón y la responsabilidad.

Imagínese que usted es un tren. A usted le han enseñado que puede ir a donde quiera mientras se mantenga dentro de los rieles. Sin embargo, usted ha oído de locomotoras "independientes" que se han hecho a sí mismas y se han salido de los rieles en busca de "libertad." Estos trenes se negaron a aceptar "el sistema," con sus rieles estrictamente enlazados, túneles, cruces y señales. Tuvieron las agallas para evadir el sistema y presumen diciendo que vale la pena hacerlo. Usted se pregunta nostálgicamente: "¿Por qué yo no puedo experimentar también la libertad de ir adonde quiera, en lugar de sólo donde estos confinantes y estrechos rieles me permitan ir?"

Todos somos como ese tren y hemos sido tentados a ver con deseo al mundo y la vacía libertad que promete. Y cada uno de nosotros sabe también que nadie que "salte de los rieles" es "libre" por mucho tiempo. Tarde o temprano —y generalmente más temprano— nos tropezamos con el dolor y el daño, premios gemelos a nuestra audacia.

La verdadera libertad espiritual sin los preceptos de las Escrituras y de la obediencia a los mandamientos, es una ilusión. Simplemente no existe. La religión de la Nueva Era, el neopentecostalismo, el Budismo Zen, ni ninguna creencia alternativa puede superar la verdad que Dios nos ha revelado, porque ninguna alternativa puede cambiarnos de lo que somos ("trenes") a lo que no somos (místicos voladores con paquetes de propulsión espiritual). Fuimos creados y diseñados para "quedarnos en los rieles," y mientras lo hagamos, la vida, a pesar de esos problemas "ligeros y efímeros," se mantendrá relativamente en calma (2 Corintios 4:17). Pero una vez que salgamos de los "confines" (y protección) de los caminos de Dios, turbulencia y tragedia son palabras débiles para describir lo que viene después.

Sin embargo, donde está el Espíritu del Señor, está la verdadera libertad.[3]

El Espíritu de Dios, no el suyo

"Lo hice a mi manera" dice una canción popular. Triste pero cierto, como una fotografía de un mundo descarriado. Todos hemos tratado de hacerlo a nuestro modo y de seguir nuestro espíritu. Es mucho mejor cantar: "¡Lo hice a la manera de Dios!" (ver Mateo 7:21–27).

El Espíritu de Dios nos llenará y cambiará, de adentro hacia afuera, para que seamos poderosos, amorosos y disciplinados. Esta es la triple combinación ganadora si usted quiere disfrutar de su relación con Dios, así como ganar amigos e influenciar personas para Cristo. Pero el cambio de carácter toma tiempo. No piense por un minuto que puede "probar su cristianismo" durante algunos años y luego obtener su dinero de vuelta si no está satisfecho con los resultados. Ser como Cristo en nuestro carácter es una tarea para toda la vida. Siéntase animado por tu progreso (Filipenses 1:25).

Su Espíritu nos da dones, gracia y dirección. Esos dones son para usarlos en hacer el bien a otras personas. Esa gracia cubre todos los pecados, pasados y futuros, dándonos confianza mientras disfrutamos de nuestra libertad como hijos de Dios. La dirección viene de las Escrituras, las cuales son inspiradas por el Espíritu Santo, así como de personas en quienes mora y actúa la sabiduría de las Escrituras.

Su Espíritu, debido a que es *Santo*, también nos hará santos. El Espíritu insiste en que llevemos a cabo nuestro divino encargo, con sus dos aspectos: evangelización mundial y generosidad hacia los necesitados mientras llevamos vidas modestas. Cuando este es nuestro estilo de vida, ¡somos verdaderamente libres en el Espíritu!

¡De adentro hacia afuera y de cabeza!

Espero que su comprensión haya aumentado a medida que ha ido leyendo este libro. Si es así, ¿qué está planeando hacer al respecto? ¿Qué cambiaría? Winston Churchill dijo una vez: "Los hombres se tropiezan con la verdad de vez en cuando, pero la mayoría se limita a ponerse de pie y seguir como si nada hubiera pasado." La capacidad humana para la complacencia y la inercia frente a la verdad es sorprendente (Santiago 1:23–24, Ezequiel 33:30–32). No dejemos que esto sea verdad para nosotros, pues tenemos un poder interior que nos fortalece e impulsa a vivir de manera heroica, atrevida y espiritual. Ese poder invisible pero al mismo tiempo muy visible, ¡es el Espíritu Santo!

El Espíritu de Dios, que vive en nuestro corazón y que dirigirá nuestra vida si sólo no le resistimos, está exhortándonos a seguir las Escrituras y buscar la voluntad de Dios con todo nuestro corazón. Si estamos dispuestos a hacerlo, seremos transformados de adentro hacia afuera y, en el proceso, ¡pondremos al mundo de cabeza!

PREGUNTAS PARA PENSAR

- *¿Estoy disfrutando mi salvación? ¿Tengo la sensación de libertad?*
- *¿Qué me ha querido mostrar el Espíritu Santo esta semana? ¿Cuánto más libre y ligera sería mi vida si siguiera las indicaciones del Espíritu?*
- *¿Quiero profundizar más? ¡La segunda mitad del libro está esperando!*

NOTAS

1. Para ver como se presenta la falsa libertad en el Antiguo Testamento, ver Jeremías 2:21–32.
2. "El hombre que no se controla a sí mismo no puede ser libre" (Pitágoras).
3. Recomendado: Steve Brown, *A Scandalous Freedom: The Radical Nature of the Gospel* (West Monroe, LA: Howard Publishing, 2004).

PARTE DOS
Aclarando conceptos errados

La segunda mitad de este libro se compone de material que originalmente se concibió como una serie de apéndices. Estos capítulos son, en cierta forma, de una naturaleza más técnica y tratan una gran variedad de temas, especialmente aquellos relacionados con el movimiento neopentecostal.

- *Del capítulo 16 al capítulo 25, se refieren a temas relacionados con milagros. Los capítulos 26 a 28 son más generales, cubriendo una diversidad de preguntas y problemas. El apéndice restante es una hoja de trabajo sobre los dones espirituales, como suplemento del capítulo 7 sobre los dones del Espíritu.*
- *Finalmente, usted encontrará un glosario de términos. Aproximadamente unos 40 son explicados. Espero que esto sirva de ayuda mientras leen la Parte Dos.*

16

¿Milagros hoy?

¡No me engañe!

Como estudiante de penúltimo año del colegio, acepté una invitación para asistir a un encuentro carismático de oración.[1] Después del encuentro, cuatro de los miembros del grupo me llevaron a un salón en la parte posterior, me sentaron en una silla, y me preguntaron si me gustaría ser sanado.

—¿Sanado de qué? —pregunté algo perplejo.

—Tú sabes, una de tus piernas es más larga que la otra. ¿Te habías dado cuenta?

—Bueno, supongo que es verdad —contesté, pensando: "La verdad es que es poco probable que ambas piernas sean exactamente del mismo tamaño." Muy probablemente sucedería lo mismo con los brazos, los dedos, las orejas (lo único no satisfecho de la simetría bilateral que Dios nos dio).

—Nos gustaría orar por ti. ¿Te gustaría que oráramos por tus piernas?

Como no quería avergonzarlos, estuve de acuerdo. Ellos me hicieron estirar las piernas, y en verdad parecía que una fuera más corta que la otra (por una fracción de centímetro por mucho). Pude ver que esta no iba a ser la curación más sensacional jamás hecha.

Los cuatro hombres oraron por mis piernas. Pusieron sus manos sobre mí y pidieron el poder sanador de Jesús.

—Listo, todo está bien. Estás sano —me dijeron. Y siguieron algunos calmados "aleluya" y "amén."

Aunque no estaba tan impresionado por el "milagro" en sí, me sentía intrigado por la extraña fe de esta gente que creía que con sólo un poco de fe, las personas al orar pueden hacer que Dios haga algo que de otra forma no haría. Volví al siguiente encuentro. "¿Existía un Dios lo suficientemente poderoso como para sanar? —me preguntaba. ¿Podría yo llegar a tener una relación genuina con Dios?"

¿Caído en el Espíritu?

En otra oportunidad, en un encuentro de la Fraternidad Internacional de Hombres de Negocios del Evangelio Completo (FIHNEC), el orador invitado estaba "haciendo caer" personas "en el Espíritu." En una atmósfera caldeada y frenética de expectación, él le daría un firme empujón al hombre o mujer que le tocara el turno de ser "caído," a veces después de haber hecho una petición especial por oración o "sanidad." Ellos caían de espaldas y eran atajados por dos ujieres parados a los lados. El "apuro" que este tipo de actividad produce en la gente no debe subestimarse. Desde la perspectiva de los neopentecostales, las personas estaban siendo "caídos en el Espíritu." Desde la mía, estaban siendo empujados por un hombre que estaba aprovechándose de la ingenuidad de una multitud supersticiosa.

Cuando me llegó el turno (me tomó casi una hora calmar mis nervios), iba a pedirle que me curara la miopía. Iba a ser el próximo "caído" cuando se detuvo el programa. ¡Ni modo!

¿"Milagros" cada día?

Tengo tres problemas con las señales y maravillas del neopentecostalismo. Primero, no puedo aceptarlos como milagros verdaderos en lo absoluto. Los aspectos risibles y poco impresionables de los discursos sin sentido, la irritante petición de dinero y la extraordinaria similitud con las señales y maravillas de otras religiones del mundo o incluso con trucos de espectáculos de magia, son demasiado vergonzosos y molestos.[2] Los hechos que les conté anteriormente son muy típicos de esta forma supersticiosa de religión.

Segundo, los milagros bíblicos fueron hechos con fines claramente teológicos. La gente era *realmente* ayudada, desde el punto de vista médico, por ejemplo, o para entender mejor la naturaleza de Dios. Los milagros bíblicos no fueron un espectáculo ni algo para animar a los espectadores a hacer una "donación." ¿Por qué deberíamos desprendernos del dinero que tanto nos ha costado ganar, para llenar los bolsillos o alimentar el ego de quienes deberían sentirse avergonzados de sí mismos?

Mi tercera objeción es que el movimiento carismático nos haría creer que los milagros ocurren a diario en la Biblia. Ellos apelan al superficial argumento basado en Hebreos 13:8 ("Jesucristo es el mismo ayer y hoy y por los siglos") como prueba de que los milagros del Nuevo Testamento ocurrirían en cada generación de cristianos.

¡No, los milagros son escasos!

C.S. Lewis, en su clásico libro *Milagros*, señaló que si estos sucedieran todos los días, pronto dejaríamos de apreciarlos como milagros.[3] Por definición, un milagro es algo que sucede muy raramente, algo fuera de lo común, que Dios hace apartándose de las leyes de la naturaleza. El hecho es que los milagros no fueron cosas normales en los tiempos bíblicos. Si usted fuera una mujer o un hombre común viviendo en la época de la Biblia, fácilmente hubiera podido vivir toda su vida sin jamás ver un milagro. Sin embargo, los neopentecostales hablan de los tiempos bíblicos como si hubiera habido milagros todos los días.

Como los estudiosos han notado, existe un marcado descenso en la frecuencia de los milagros desde los evangelios hasta los Hechos e incluso un descenso mayor desde los Hechos a las cartas.[4] En el Nuevo Testamento, los milagros son relativamente poco frecuentes. El Nuevo Testamento en sí puede reforzar la impresión de que los milagros ocurrían todos los días, especialmente en los evangelios y en los Hechos, los cuales sólo registran los "destacados," comprimiendo en unos cuantos papiros lo que transcurrió en un periodo de muchos años. ¿Son diferentes las cosas en el Antiguo Testamento?

Si bien existen los milagros ocasionales en el Antiguo Testamento, muchos de ellos se agrupan en torno a dos eventos: el Éxodo y el surgimiento del movimiento profético (comenzando con Elías y Eliseo). El Salmo 74:9, escrito durante el exilo, podría aplicar a muchos otros períodos de la historia del Antiguo Testamento aparte del exilo.

> Ya no vemos ondear nuestras banderas;
> ya no hay ningún profeta,
> y ni siquiera sabemos
> hasta cuándo durará todo esto.

Pocos neopentecostales son conscientes del silenciamiento de la voz de la profecía. Para ellos, la desaparición de la profecía y el don de lenguas y de sanidad es impensable. Pero Dios suspendió el fluir profético en más de una ocasión. La mayoría de las veces, nosotros debemos adoptar la actitud expresada en el Salmo 77:11: "Prefiero recordar las hazañas del SEÑOR, traer a la memoria sus milagros de antaño."

Explicando los "milagros" de hoy

La diferencia entre los milagros bíblicos y los "milagros" actuales es clara. Pero, ¿cómo explicamos las más dramáticas afirmaciones que se hacen hoy? Vamos a confinar nuestra discusión a la "sanidad por la fe."

- Las sanidades podían ser sicosomáticas. Nunca subestime la conexión entre la mente y el cuerpo. Cerca del treinta por ciento de todas las "curas" médicas son sicosomáticas.
- Podría ser un caso de fraude (2 Corintios 11:13–15), especialmente donde el dinero está involucrado (2 Corintios 2:17).
- Podría tratarse de un evento paranormal,[5] el cual, con el tiempo, tendría alguna explicación.
- La exageración en las afirmaciones siempre debe ser tenida en cuenta. Es bueno preguntar: "¿Usted vio esto personalmente o alguien le contó la historia?" Las afirmaciones no son siempre exageradas, pero esta es una tendencia común y muy humana.
- Satanás tiene la habilidad de falsificar milagros (Apocalipsis 13:13, 2 Tesalonicenses 2:9). Sólo Dios hace verdaderos milagros (Salmo 72:18, 136:4). Los magos del faraón se aproximaron a lo que Dios hizo a través de Moisés (Éxodo 7:12, 22), pero había límites a lo que ellos podían hacer (Éxodo 8:18–19). De todas formas, yo dudo en atribuirle presuntos "milagros" al demonio.
- El milagro puede ser simplemente la respuesta a la oración de alguien

que busca sinceramente a Dios. Él oye las oraciones de los que aún no son salvos (Hechos 10:4, 1 Reyes 8:42–33). Las oraciones que Él no escuchará ni responderá son aquellas en las que el pecado deliberado está involucrado (Salmo 66:18, Juan 9:31).

¿Algunas afirmaciones legítimas?

Vamos por un momento a elaborar sobre esa última posibilidad, la respuesta a la oración de un sincero buscador de Dios. La Biblia no dice nada acerca de que Dios no pueda o no quiera responder la oración de un no cristiano. ¿Cómo puede Dios dejar de responder la oración de una persona sincera que ruega poder encontrarlo a Él? ¿Y por qué Dios ocasionalmente no respondería una oración, tal vez una oración por sanidad, para ayudar a alguien en su búsqueda de Él, o, en el evento de que el milagro no tenga efecto, dejarlo a él y a cualquier testigo también, sin excusa en el último día? Es una mentalidad rígida que no acepta que Dios responda alguna de las oraciones de sus hijos perdidos.

Si usted está teniendo un tiempo difícil con esto, considere esta analogía: en una casa hay un sirviente y un hijo. El sirviente no pertenece a la familia y no puede llamar legítimamente al amo "padre." Pero él sí puede acercarse al amo con varias peticiones. El padre permitirá con complacencia que su hijo tome prestado su carro, pero el sirviente no tiene ese privilegio; sin embargo, él sí puede pedirle al amo que le diga que hora es o le de un vaso de agua. Pero el amo le daría estas cosas a su hijo también.

La analogía no apoya la idea de que un no cristiano tenga una relación personal salvadora con Dios; pero sí hay alguna clase de relación, ¿y quién puede decir que no es personal? Obviamente, si Dios respondió la petición de Salomón para que Él atendiera las oraciones de la gente que no hacía parte del pacto y así ellos pudieran venir a conocerlo, eso no sería nada nuevo (1 Reyes 8). El amor de Dios por cada hombre y cada mujer nunca ha cambiado.

Ofenderíamos innecesariamente a la gente sincera y les cerraríamos en su cara las puertas del reino del cielo, si insistimos que todas sus experiencias espirituales son del demonio. Aprendamos algo sabio en esta área. Demasiado de la apología cristiana es un asunto de intentar desacreditar las experiencias de otros.

Observaciones respecto a las sanidades

- Pocos de hecho han presenciado sanidades. La mayoría de los reportes vienen de información de segunda mano.
- Muchas "sanidades" son frívolas (resfríos, "cánceres" no diagnosticados, etc.).
- Muchas sanidades son sicosomáticas. Las actitudes positivas favorecen o aceleran los procesos de sanación. Muchas enfermedades son sicosomáticas.

- Dios aún puede responder nuestras oraciones por sanidad, aunque el don de sanidad haya pasado.
- La manera usual de obrar de Dios en este mundo es a través de procesos naturales. Cuando usted es sanado, Dios debería recibir la gratitud. Él puede obrar también a través de los doctores.

¿Son necesarios los milagros hoy?

Los milagros no son ciertamente esenciales, si creemos lo que dice Lucas 16:19–31 y Juan 20:30–31. Los milagros registrados en las Escrituras son suficientes y no se necesitan más. Pero, ¿realmente lo estamos sintiendo la falta de ellos? ¿En verdad necesitamos los milagros para lograr que la Palabra se extienda en nuestra generación? Tenemos tantas ventajas sobre nuestros hermanos del primer siglo: viajes rápidos a casi cualquier parte del planeta, medios impresos, teléfonos, máquinas de fax, correos electrónicos y un servicio postal relativamente eficiente, radio y televisión, la totalidad del Nuevo Testamento, dos mil años de historia y errores de los que podemos aprender, sin mencionar la libertad religiosa que hay en muchos países.

Además del milagro ocasional, ¿qué tuvieron ellos que no tenemos nosotros? Viajes más demorados (generalmente a pie), un espantoso legado de fracaso espiritual nacional bajo el antiguo pacto, sin medios impresos (los manuscritos tenían que ser meticulosamente copiados), un extenso analfabetismo, sin teléfono (aunque las cartas privadas podían llegar a cualquier parte del Imperio Romano en cuestión de días), sin electricidad, radio ni televisión, sólo la totalidad del Antiguo Testamento (el cual pocos tenían el privilegio de poseer), y una abierta y virulenta persecución.

Cuando usted piensa en esto, es obvio que Dios nos ha bendecido con muchas ventajas que nuestros hermanos y hermanas del primer siglo no disfrutaron. Tomen su decisión. Por nuestra parte, ¡mi familia y yo escogeríamos los tiempos modernos!

El contraste es como del día a la noche

¿Cuál es la diferencia entre los falsos milagros de la actualidad y los milagros bíblicos? ¿Hay alguna diferencia? ¿Unos son falsos y los otros genuinos? ¿No podrían los mismos argumentos que explican los seudomilagros ser usados para explicar los milagros en la Biblia? Miremos las diferencias, porque ellas son grandes. De hecho, el contraste es como el del día a la noche.

1. Los milagros bíblicos fueron bien definidos y documentados.

Muchas "historias de milagros" no son realmente milagros. Una cosa es repetir una historia de una sanidad que alguien más le contó a usted y otra muy diferente es ser sanada o que usted haya llevado a cabo la sanación. Una cosa es balbucear con sílabas que desafían cualquier análisis, tal vez con la ocasional mezcla de una frase en otro idioma, pero una totalmente diferente es hablar con fluidez un idioma que usted nunca ha estudiado. Una cosa es pronunciar una profecía vaga que tiene la aplicabilidad de un horóscopo, pero otra absolutamente diferente es dar una información precisa y detallada que tiene valor para otros. Una vez estudié con un hombre que estaba convencido de que tenía SIDA, aunque esto no había sido verificado por ningún médico. Un día, él "sintió" que Dios había entrado su vida con una descarga de energía y lo había "sanado" completamente del SIDA. ¿Aleluya?[6]

2. En la Biblia, la gente era sanada indiscriminadamente.

Una fe personal no fue siempre esencial para que ocurriera la sanidad. Marcos 6:5 muestra que un clima religioso carente de fe podía impedir que incluso Jesús hiciera milagros, pero nosotros aún vemos a muchos sanados en la Biblia que no tienen una fe personal (Lucas 13:13, Mateo 8:13). Los sanadores modernos atribuyen con frecuencia la imposibilidad de sanar a la falta de fe del que necesita ser sanado. En la Biblia, las personas no era primero "investigada" para valorar su posible candidatura. En los modernos cultos de sanidad carismáticos, los ujieres "evalúan" los casos "sin esperanza": amputados, deformes, etc. Algunos sanadores van incluso más allá en los esfuerzos para brindar un buen espectáculo. Un reconocido evangelista de los medios y sanador, Peter Popoff, fue "sacado" de la televisión nacional cuando se reveló que su esposa estaba enviándole mensajes desde la audiencia acerca de las enfermedades de la gente por un transmisor de FM. A su vez, él estaba diagnosticándolos "milagrosamente" en el escenario. También recuerdo un escándalo que surgió cuando un reportero entró al camerino mientras el "grupo de silla de ruedas" (los que iban a ser sanados esa noche más tarde) estaba siendo entrenados acerca de cómo comportarse.[7]

3. Los milagros bíblicos fueron realizados en cualquier tipo de ambiente.

Una atmósfera emotiva y artificial era innecesaria. Tampoco era necesario un preludio o una ruidosa introducción, y con frecuencia, los milagros eran llevados a cabo a pesar de una audiencia hostil. Las reuniones carismáticas en la actualidad, en la mayoría de los casos, ocurren en ambientes sintéticos y controlados.

4. En la Biblia, cualquier milagro podía y sí ocurrió.

Unos hombres caminaron sobre el agua (Mateo 14:25, 29); otros aparecieron y desaparecieron (Lucas 24:31, Hechos 8:39–40). Grandes cuerpos de agua fueron restablecidos (Éxodo 14:21), y tormentas fueron reprendidas para calmarlas (Marcos 4:39). Grandes cantidades de alimentos fueron provistas (Juan 6:1–13). Carros celestiales fueron enviados (2 Reyes 2:11). Orejas fueron restauradas (Lucas 22:51). Hubo milagros extremos de pesca (Lucas 5:4–6), de fuerza corporal (Jueces 16:30), sobre plantas

(Marcos 11:21) y de fenómenos físicos (2 Reyes 6:6). Hubo milagros de transportación inmediata (Juan 6:21, 1 Reyes 18:12). Ejércitos fueron enceguecidos (2 Reyes 6:18), grilletes fueron soltados de las muñecas de los santos y portones de hierro se abrieron por sí mismas (Hechos 12:6–10). Legiones de demonios aceptaron habitar en otros lugares (Marcos 5:1–13). Cualquier condición era curable, desde la ceguera hasta la lepra e incluso la muerte misma. Aunque no todas las enfermedades fueron sanadas, ninguno acto fue demasiado difícil, siempre que hubiera una razón en los planes de Dios para que el milagro ocurriera. Las modernas afirmaciones palidecen ante ellas por su insignificancia, limitadas casi exclusivamente a eventos triviales o no verificables: resfríos y dolores de la columna "sanados," visiones, lenguas, etc.

5. Las sanidades en la Biblia eran instantáneas, casi sin excepción.

Si los dones milagrosos de sanidad aún están vigentes en la actualidad, llevemos a alguien que lo posea a una sala de hospital y liberemos algunas camas, o visitemos un cementerio y hagamos que el jardinero trabaje horas extras. Se pregunta por qué Jesús dijo en Juan 11:43: "¡Lázaro, sal fuera!". Si Jesús no lo hubiera dicho así, ¡todos en el cementerio se habrían salido! No sucede así con los sanadores modernos que no pueden imitar las resurrecciones del Nuevo Testamento, como las hacían Jesús y los apóstoles (Mateo 10:8, Hechos 9:40). Muchos "milagros" modernos suceden sólo bajo la más ideal de las circunstancias.[8]

6. Las sanidades bíblicas fueron completas.

No hubo sanidades parciales, un poco de mejoría o recaídas. Los "sanadores" modernos generalmente encajan en uno de los anteriores casos. La Palabra de Dios muestra los "milagros" modernos como lo que realmente son (Isaías 44:25).

7. Las sanidades bíblicas fueron realizadas por personas de reconocida integridad.

Ellos no trataban de sacarle el dinero de aquellos a quienes ayudaban ni deslumbraron por su propio ego (Hechos 8:10–11). Tristemente, no se puede decir lo mismo de los "obreros de maravillas" de hoy.[9]

8. El propósito detrás de los milagros bíblicos fue llevar a la humanidad la Palabra de Dios.

Para la mayor parte, los milagros bíblicos producían fe en el entorno del orador. Ellos confirmaban la divina autoridad del que hablaba y certificaban su mensaje (Éxodo 4:1–9; 1 Reyes 17:22–24; Marcos 2:10–12, 16:20; Juan 20:30–31; Hechos 14:3; Hebreos 2:4).

Conclusión

¡Qué contraste para las "señales y maravillas" de hoy! Sólo Dios puede hacer milagros; todos los demás son falsificaciones. Desde mi perspectiva, los seudomilagros superan por mucho en número a los genuinos. Si quienes sigan después a los supuestos sanadores estudiaran sus Biblias más cuidadosamente, no se asombrarían tan pronto, sino dirían: "¡No me engañe!"

NOTAS

1. En una nota autobiográfica, yo me encuentro en deuda con el movimiento carismático en su totalidad, en el cual yo estuve involucrado durante dos años en la década de los 70's. Aunque no puedo apoyar su teología de discipulado o conversión ni estar más de acuerdo con su interpretación de la obra del Espíritu, estos hombres y mujeres fueron las primeras personas que vi que parecían tomar su fe con seriedad. Fue a través de involucrarme con ellos que llegué a aceptar las cosas básicas: el poder de Dios, la Biblia como Palabra de Dios, la certeza del cielo o del infierno, la necesidad de nacer de nuevo, y la bancarrota del cristianismo tradicional. Gran parte del material que presento en este libro es resultado directo del proceso de encontrar respuestas a las muchas preguntas que tuve cuando me involucré.

2. Recomendado: la película *Leap of Faith*, protagonizada por Steve Martin. Aunque hay un serio señalamiento a ella, la exposición de las tácticas de los tan llamados sanadores es de hecho reveladora.

3. C.S. Lewis, *Los Milagros* (New York: Rayo/HarperCollins, 2006). Como dijo John Donne: "Nada hay que Dios no haya establecido en un constante curso de la naturaleza y que por lo tanto, está hecho cada día, sino parecería un milagro y ejercitaría nuestra admiración, si estuviera hecho nada más que una vez" (Sermon LXXX [1640], xxii, Easter Day, Marzo 25 de 1627).

4. Por ejemplo, Jimmy Jividen, *Miracles: From God or Man?* (Abilene, TX: ACU Press, 1987).

5. Un evento dejado por fuera del rango de la actual investigación científica normal.

6. Algunas personas creen en "sanar" objetos inanimados, como por ejemplo: "El pastor puso sus manos sobre mi carro y lo arregló." (¿El espíritu de 2 Reyes 2:21?)

7. Ver a James Randi, *The Faith Healers* (Buffalo, NY: Prometheus Books, 1987). James Randi es un mago que ha emprendido una minuciosa investigación de los sanadores mejor conocidos como Oral Roberts, Pat Robertson, Peter Popoff, W.V. Grant, A.A. Allen, Leroy Jenkins, Earnest Angley e incluso de sanadores y santuarios católicos. Él ha asistido a muchos cultos de sanación, conducido extensas entrevistas, usado videos y audios, verificado registros disponibles, escrito cartas y hasta examinado basura dejada después de esos cultos. Su libro es un minucioso y completo señalamiento a todos los sanadores.

Randi dice que él no ha encontrado un solo caso de un milagro genuino, definido como un caso con una investigación médica independiente tanto antes como después de la sanación, sin tratamiento médico que pudiera haber afectado el problema, ni alguna clase de condición no sometida al impacto psicológico o a una revocación espontánea. Él no encuentra una sanación de algún sanador que reúna tales calificaciones. Su exposición mejor conocida es la que realizó en el programa de televisión Johnny Carson Show. Él presentó una cinta de video de una sesión de sanación de Peter Popoff en San Francisco. Randi había identificado un dispositivo de audio en el oído de Popoff y sospechó que era un receptor de radio a través del cual recibía información de alguien fuera del escenario. Un asociado de Randi usaba un escáner para encontrar la frecuencia en la que la información estaba siendo emitida y luego guardaba los mensajes secretos. En el programa de Carson, Randi mostró primero a Popoff acercándose a alguien y revelando información acerca de esa persona que él aparentemente había recibido por revelación divina. Luego Randi mostró de nuevo la cinta superponiendo los mensajes recibidos, para revelar que alguien fuera del escenario, que aparentemente había contratado a la persona en una conversación previa a la sesión, estaba proporcionándole a Popoff toda la información para su supuesta divina revelación.

El libro de Randi está lleno de descripciones de otras técnicas engañosas, tales como el suministro de sillas de ruedas a quienes de hecho no las necesitaban, de manera de repente pareciera que ellos eran capaces de caminar, cuando ni siquiera habían llegado al culto en una silla de ruedas; usando miembros del equipo como enfermos que fingían ser sanados; rechazando de la fila de candidatos a ser sanados a quienes presentaban ciertas condiciones visibles como la pérdida de una mano o un brazo seco, pero aceptando a quienes no presentaban achaques notorios; y el viejo truco de hacer que una "pierna acortada" pareciera alargarse por la manipulación del zapato de uno de los pies.

Fuente: reseña del libro de Randi por R. Stafford North en *The Christian Chronicle*, Vol.45, No.5 (Oklahoma City, Mayo de 1988), 23.

8. Marcos 8:22ss y Números 12:10ss no son ciertamente el modelo para sanidades progresivas que toman días o incluso meses para ocurrir.

9. Uno de los más sorprendentes y desvergonzados pedidos de dinero fue hecho por Oral Roberts a comienzos de la década de los 80's. Él dijo que había tenido una visión de Jesús, que era de casi 275 metros de alto y le había ordenado pedir que incrementaran las contribuciones para completar uno de los proyectos de Roberts.

17

Nada nuevo bajo el sol

Milagros fuera del cristianismo

Si la astuta observación de Salomón (Eclesiastés 1:9) aplicaba en su tiempo, cuánto más tres milenios más tarde. En un sentido, las afirmaciones acerca de milagros no son nada nuevo bajo el sol, como veremos en un momento. Los "milagros" siempre han existido: en las religiones del mundo a través de todas las generaciones, en el mundo mediterráneo del primer siglo y en la cristiandad en general. En este capítulo haremos un estudio muy breve de los milagros alrededor del mundo, sugiriendo algunas explicaciones respecto a ellos.

Milagros en las religiones del mundo

Mientras ha existido la religión, el hombre siempre ha buscado lo milagroso. En cada religión importante del mundo hay "carismáticos." Desde el hinduismo hasta el sintoísmo, de las religiones de las Islas del Mar del Sur hasta los cultos semi cristianos, lo milagroso, especialmente lo referente a la sanación, la profecía y el hablar en lenguas, ha capturado los corazones de hombres y mujeres desde tiempos inmemoriales. Consideremos algunos ejemplos de las religiones de la India, de Asia y del Medio Oriente.

El hinduismo[1] es la religión más antigua que existe de manera no interrumpida sobre la faz de la tierra, si aceptamos que el judaísmo, basado en la ley del Antiguo Testamento, apareció por lo menos un milenio más tarde. Los milagros siempre han interesado a los habitantes del subcontinente indio y abundan historias sobre ellos. Los tiempos modernos prueban que no son la excepción. Muchos gurús y maestros espirituales son de la India, como sabemos quienes vivimos en el occidente. Una secta india carismática, que sigue a Sai Baba, afirma tener más de cincuenta millones de seguidores; ellos reportan increíbles milagros, en especial de sanidades, como resultado del poder que emana de ese hombre.[2]

En los comienzos de la religión china, encontramos descripciones de *shamanes* con increíbles poderes. Al igual que los indígenas norteamericanos que realizaban las danzas de la lluvia, los *shamanes* eran responsables de hacer llover, además de sanar enfermedades y comunicarse con los dioses y los espíritus de los ancestros desaparecidos. (Hasta el día de hoy, la adoración de los ancestros es parte fundamental de la religión china tradicional.) Lo más interesante para nuestro estudio es que ellos son conocidos por llegar a frenéticos estados de éxtasis, abriéndose a la influencia de espíritus y ancestros fallecidos que parecían hablar a través de ellos (profecía). Ellos incluso exorcizaban demonios, se sacudían violentamente y hablaban en lenguas. Y todo esto sucedía mientras los israelitas todavía eran esclavos en Egipto (Dinastía Shang, China, 1766–1122 a. C.).

También había *shamanes* en el sintoismo (la religión de Japón), en la que la gente se comunicaba con el kami, "seres superiores" o divinidades. ¿Se acuerda de los pilotos *kamikaze* de la Segunda Guerra Mundial? *Kamikaze* significa "viento divino." Los shamanes, tanto hombres como mujeres, danzaban hasta llegar a un estado de frenesí y así se convertían en portavoces de los dioses.

Mientras tanto, en la India, después de que Israel y Judá regresaron del cautiverio en Babilonia y Persia, Buda (563–483 a. C.) murió y pronto miles de milagros comenzaron a atribuírsele. Si ellos fueran genuinos, Buda habría sido uno de los hombres más carismáticos que jamás haya caminado sobre la faz de la tierra.

De todas las ramas del budismo[3] que he estudiado, la más fascinante es la del budismo tibetano. Los hombres santos usaban la magia blanca (que a diferencia de la magia negra, es para fines buenos) para lanzar tormentas de granizo desde la punta de sus dedos y aplastar las cosechas de sus enemigos. Ellos vivían en las cuevas de las montañas virtualmente sin ropa o comida, manteniéndose calientes por pura fuerza de voluntad. Ellos también tenían la habilidad de volar por los aires, transportándose de aquí para allá con el solo pensamiento. En Harvard conocí a un monje tibetano, que se suponía que era la reencarnación de uno de los lamas. (Un lama es un sacerdote sagrado; el Dalai Lama es el líder espiritual supremo del Tíbet.) Un día en clase, le pregunté si realmente creía ser esa reencarnación y, ¡humildemente admitió que tenía sus dudas!

El Islam[4] (fundado en el s. VII) dio origen a la orden de los sufi. Originalmente, el sufismo fue una reacción contra las contorsiones materialistas y teológicas de la línea principal del Islam; los sufistas son los místicos de su religión. Su unión con Alá se convirtió en el objetivo supremo y algunos sufistas lo llevaron tan lejos como para haber virtualmente usurpado la divinidad. Un sufista exclamó: "¡Para mí sea la gloria!" Otro menos afortunado fue crucificado en 922 d. C., después de exclamar: "Yo soy la verdad." Los sufistas no sólo son los místicos del Islam, sino que también son los carismáticos de su religión. A los derviches, hombres religiosos que han hecho votos de pobreza y cuyos poderes físicos, exaltados por sus estados de éxtasis, eran considerables, se le atribuyen habilidades sobrenaturales. Los derviches son conocidos por hablar en lenguas. Los más salvajes de todos eran los Rifaiya o "derviches aulladores."[5] Estos derviches entran en un estado de frenesí cantando y girando en torno, moviendo violentamente sus cuerpos, y demuestran su fe al comer vidrio, dejarse caer sobre cuchillos afilados, caminar sobre el fuego, ingerir carbones ardientes e incluso jugar con víboras. Una orden contemporánea de "derviches-remolineadores" es famosa por sus danzas en forma de remolino, que los lleva a un estado de éxtasis. La falta de espacio me impide describir el fuerte elemento carismático en las religiones de África y el Caribe (por ejemplo, la Santería).

Todas las religiones del mundo, grandes y pequeñas, afirman hechos milagrosos y también lo hacen las religiones menores. Desde los trópicos de África y Melanesia hasta los helados climas de las ermitas de los Himalayas y los esquimales de la Bahía de Hudson, hombres y mujeres profetizan, hablan en lenguas y dicen haber vistos milagros.

¿Cuánto de esto es genuino? Esa es una pregunta que trataremos contestar dentro de poco, pero primero, hagamos una visita al mundo mediterráneo del primer siglo.

Área mediterránea del primer siglo

Cuando Pablo dijo a los corintios: "Ustedes saben que cuando eran paganos se dejaban arrastrar hacia los ídolos mudos" (1 Corintios 12:2), se estaba refiriendo al trasfondo pagano de ellos. En Corinto, como en todas las ciudades del Imperio Romano, había muchos cultos carismáticos que enfatizaban varias cosas parecidas a las acostumbradas en la iglesia de Corinto. Al absorber la mentalidad religiosa de la época, los cristianos fueron influenciados y desviados, rindiendo su voluntad a una experiencia.

Comencemos con el culto al dios Asklepios, el dios de la sanidad, cuyos impresionantes templos permanecen aún en Cos y Epidaurus (Grecia) y de los cuales aprendemos mucho acerca de la forma de sanar entre el pueblo de la antigua Grecia. Las personas visitaban el templo del dios, le hacían una ofrenda y se tomaban un baño ritual en un torrente sagrado. Pasaban la noche en el templo y oraban para que el dios se los visitara en un sueño, en el que la deidad les recomendaba el tratamiento correcto. El tratamiento incluía rituales religiosos, fórmulas mágicas, terapia física y con drogas e incluso música y obras de teatro sagrados. Después de ser sanados, ellos daban una ofrenda de gratitud al dios, generalmente una réplica en arcilla del miembro del cuerpo que había sido sanado, la cual sería luego fijada a las paredes del templo. (Nada diferente a algunos templos actuales, donde pueden verse muletas, sillas de ruedas, etc., pegadas a la pared del edificio.)

A la luz de todo esto, podemos ver que las experiencias de sanidad no son nada nuevo en la historia religiosa de la humanidad. Podríamos discutir los cultos carismáticos de Afrodita y de Attis (o Hermes), ambos extensamente establecidos en Corinto por el tiempo que se escribiera 1 Corintios (55–57 d. C.). La literatura sobre Dionisio (el dios del vino) siempre es interesante. ¿Cómo se imagina que podía complacerse al dios del vino? Los seguidores de este culto pagaban sus respetos bebiendo (y comiendo) tanto como fuera posible, terminando a veces en orgías salvajes. De esta manera eran inducidos a los estados de éxtasis. Pero tal vez el culto de Isis y Sarapis sea más interesante para este estudio, pues este grupo religioso hablaba en lenguas, practicaban la profecía y la sanación, y sólo en Corinto había cinco templos. Isis es una diosa egipcia, cuya adoración data del cuarto milenio antes de Cristo (más de mil años antes de Abraham), mientras que Sarapis es una deidad cananea. Como en el caso de muchas religiones griegas, el adorador caería bajo la influencia de la deidad y empezaría a hablar frenéticamente en una lengua desconocida (sólo "conocida" por el dios), pero que podía ser interpretada por un profeta investido milagrosamente. Respecto al poder sanador de Isis, existe la declaración de Diodorus Siculus, quien reporta las visitas nocturnas de Isis a los que necesitaban ser sanados.[6]

> Deteniéndose sobre los enfermos mientras duermen, ella les ayuda con sus enfermedades y realiza curas maravillosas en quienes se rinden ante ella; y muchos que se han desesperado con sus médicos debido a la difícil naturaleza de sus males, han sido curados por ella (L.C.L. I.25.5).

¿Le suena familiar? Los testimonios de sanidades contenidas en este capítulo, son tan antiguas como el sol. El moderno movimiento neopentecostal no es sino una expresión del antiguo impulso religioso de la humanidad.

En algunas religiones más que en otras, el celo por lo milagroso es excepcionalmente fuerte. En tal clima fue en el que Jesús vivió y en ese ambiente se plantó la iglesia misionera del primer siglo. Si alguien tiene dudas al respecto, dele una mirada a los relatos sobre el ambiente pagano en el libro de Hechos (ver Hechos 8:9–11, 13:8–10, 16:16–18 y 19:13–16).

Milagros en el cristianismo en general

Después de la muerte de los apóstoles, los dones sobrenaturales del Espíritu Santo también murieron. Eso obviamente no quiere decir que Dios no sane a alguien en respuesta a una oración; Él es el soberano y hace lo que quiere. La historia de la iglesia primitiva muestra que los dones milagrosos del Espíritu no estuvieron presentes al final del primer siglo. Incluso a principios del segundo siglo, el movimiento carismático montanista fue denunciado no sólo por ser hereje, sino porque sus llamados milagros *no eran bíblicos*, como no correspondían plenamente a la doctrina de los tiempos apostólicos.

Sin embargo, para el tercer siglo, mientras el mensaje del evangelio se diluía cada vez más, el número de personas que reclamaban experiencias milagrosas aumentaba. Las experiencias se centraban principalmente en los santos que habían partido, quienes con el tiempo fueron vistos como intercesores apropiados para los santos en la tierra. ¡Eventualmente se creó todo un panteón de "santos"! Con el surgimiento del culto a las reliquias[7] y el renacimiento de la superstición pagana, a menudo bajo un disfraz cristiano, una religión racional y de sentido común dio paso a una espiritualidad caprichosa, emocional e irracional.

Aunque ha habido ciclos de reavivamiento y decaimiento carismáticos, ninguna generación de la cristiandad ha vivido sin el entusiasmo por las manifestaciones milagrosas del Espíritu Santo. Los ejemplos de profecía, don de lenguas e interpretaciones son demasiados como para intentar contarlos. Las historias de sanidades son tan comunes en el cristianismo popular como en otras religiones del mundo. Hablar de milagros en tan diferentes denominaciones cristianas no es un hecho significativo. ¡Seguro Dios no puede estar poniendo su sello de aprobación en cada doctrina y práctica conflictiva! Algunos grupos niegan la divinidad de Cristo. Otros minimizan el discipulado a algo tibio. Y otros aún discuten sobre temas morales básicos en los que la Biblia es tan clara como el cristal.

No debería sorprendernos encontrar que el movimiento buscador de milagros se haya infiltrado en casi todas las grandes denominaciones. Un escritor, refiriéndose a cómo los Católicos Romanos llegaron a hablar en lenguas, declaró que con algunas personas: "El comienzo llega con calma, gentileza y sin mayor esfuerzo; con Tom N., fue mientras él estaba terminando su rosario; con Rita M., cuando cantaba un himno en la misa; con la hermana M., cuando se arrodilló a orarle en silencio a la Santísima Virgen."[8]

¿Y qué hay de los cultos? Muchos grupos fuera de la órbita del cristianismo tradicional hablan de los milagros. Por ejemplo, los mormones hablan en lenguas, como lo dictan sus escrituras.[9]

Toca tres veces

Existen más sectas carismáticas de las que nos podamos imaginar. Una vez estaba compartiendo mi fe en las calles alrededor de nuestra casa en Londres, cuando encontré a un individuo que dijo ser miembro de "La Hermandad de la Cruz y la Estrella." Lo detuve en la acera para invitarlo al culto de adoración de nuestra iglesia, pero me dijo que justo estaba en medio de uno y me invitó a acompañarlo. Acepté, pensando que a lo mejor podría tener la oportunidad de invitar a todo el grupo.

Después de entrar en el dilapidado edificio de la iglesia, me condujo por las escaleras a su salón de reuniones en el sótano y me pidió que me quitara los zapatos, lo cual hice. Inmediatamente me di cuenta de dos diferencias importantes entre mis anfitriones y yo: todos, sin excepción, eran caribeños o africanos, mientras que yo soy blanco; todos vestían túnicas blancas brillantes, en tanto que yo llevaba un oscuro y conservador traje inglés. Me senté y probablemente el grupo estaba más sorprendido de verme a mí que yo de verlos a ellos.

Escuché atento las referencias a un cierto "Olumba Olumba Obu," pero no supe lo que significaba. Luego el líder del servicio gritó: "¡Todos alaben!" Me indicaron que me inclinara hasta el piso y que lo tocara tres veces con la frente, lo cual hice (1 Corintios 9:22: me hago todo para todos). Me volví hacia la mujer que estaba sentada a mi lado y le pregunté si el grupo hablaba en lenguas y decía profecías, a lo que ella me respondió afirmativamente. Después de otra ronda de "todos alaben" y algunos otros golpes de frente contra el suelo (esta vez me dijeron que me quitara los lentes), escuché al lector mencionar: "Padre Olumba, el Alfa y el Omega, la suprema cabeza del universo. ¡Todos alaben!" (No hace falta decir que esta vez no me incliné.) De repente, la mujer que estaba a mi derecha saltó sobre sus pies "gritando en el Espíritu," torciendo su cuerpo tan violentamente que su bata blanca casi me tumba del asiento. Le pregunté al hombre que estaba frente a mí dónde vivía "Olumba Olumba Obu." Su respuesta: "Padre Olumba vive en nuestros corazones. También tiene su sede en Nigeria." ¡Me encontró en medio de un culto!

Aguanté otros veinte minutos oyéndolos hablar en lenguas, viéndolos bailar y pedir dinero (por supuesto); luego me preguntaron si tenía algo que decirle al grupo. ¡Claro que lo tenía! Los desafié a todos a estudiar la Biblia consistentemente, a tratar con su tibieza y a vivir como discípulos. Luego los invité a todos a nuestro culto evangelístico.

Como podemos ver, el neopentecostalismo se ha extendido a cada esfera y rincón del cristianismo. Desde la Iglesia Católica hasta la ortodoxia y protestantismo e incluso a los cultos, el movimiento carismático llegó para quedarse.

La respuesta ganadora

¿Vamos a descontar los milagros en las diferentes religiones mundiales sólo porque no reconocen a Cristo? Y si es así, ¿vamos a rechazar las experiencias carismáticas de los Mormones y la secta Olumba Olumba Obu, quienes (técnicamente) reconocen a Cristo, sólo porque son herejes en su doctrina? Y si estamos dispuestos a olvidarnos de las experiencias de estos grupos porque enseñan un evangelio corrompido, ¿tenemos alguna razón más para defender los "milagros" en los principales grupos cristianos?

La respuesta ganadora del gran premio es: No. Las afirmaciones de los carismáticos no son más legítimas que las de los hindúes o los mormones. La experiencia carismática es esencialmente la misma en todo el mundo, sin importar las creencias de quien la busca.

Es muy posible vivir experiencias milagrosas sin siquiera creer en Cristo y por eso, la experiencia carismática por sí misma no establece nada. Como sabiamente lo dijo Salomón: "No hay nada nuevo bajo el sol." No le deje impresionar tan rápido por los rumores de los milagros.

NOTAS

1. El hinduismo es la religión principal de la India y fue institucionalizada en el 1500 a. C. El hinduismo popular alardea de decenas de miles de historias milagrosas, como lo hacen incontables sectas carismáticas.

2. Los seguidores de Sai Baba, el grupo más fuerte al sur de la India, son en mi opinión, las desafortunadas víctimas de un fraude.

3. El Budismo originalmente negaba la existencia individual de la persona. El budismo popular propagó incontables historias de milagros, tanto de la vida de Buda como de los "santos" budistas.

4. El Islam es la más joven de las grandes religiones del mundo y fue fundado por Mahoma (570–632 d. C.) en Arabia. El Islam está basado tanto en el judaísmo como en el cristianismo e históricamente fue una reacción contra la corrupción del politeísmo árabe y la decadencia del judaísmo y del cristianismo.

5. "Los derviches" son hombres musulmanes santos que han hecho votos de pobreza. Muchos derviches hablan en lenguas y practican danzas que los conducen al éxtasis.

6. Ver también Apuleyo, *Metamorphoses II*.

7. Las reliquias eran objetos sagrados, artículos o retazos de ropa supuestamente conectados con Jesús, miembros de su familia u otros hombres y mujeres santos, de los cuales se decía que fluían bendiciones y poderes mágicos.

8. Edward O'Connor, *The Pentecostal Movement in the Catholic Church* (Ave Maria Press, 1971), 128.

9. "¿Se acuerdan que les dije que después de que hubieran recibido el Espíritu Santo podrían hablar en la lengua de los ángeles? Y ahora, ¿cómo pueden hablar en la lengua de los ángeles si no es por medio del Espíritu Santo?" (Alma 9:21, 2 Nephi 32:2).

18

Milagros en el libro de Hechos

Historia, rima y razón

Este capítulo se enfoca en el Espíritu en el libro de Hechos, desde la perspectiva de los propósitos históricos de Dios.

- La primera sección, Historia, diferencia los pactos y abre la discusión a la luz de la profecía y el cumplimiento.
- En la segunda sección, Rima, se tratarán las preguntas acerca de los dones milagrosos y del derramamiento, si estos fueron para tratar de definir experiencias espirituales para la primera generación apostólica o para los creyentes de todas las generaciones.
- Finalmente, Razón, la tercera sección, ilumina el plan de acción de Hechos y pone las primeras dos secciones en perspectiva.

Historia: El Espíritu no había sido dado

La dramática diferencia entre el antiguo pacto (la época de ley) y el nuevo (la época del Espíritu) no puede ser exagerada. Antes de que Jesús fuera glorificado, el Espíritu Santo sólo estaba en algunos pocos elegidos.[1] Permítanme sugerir una forma útil para distinguir entre la presencia del Espíritu en uno u otro testamento. Hablando en forma general, en el Antiguo Testamento, el Espíritu de Dios estaba entre su pueblo; en el Nuevo Testamento, el Espíritu vive dentro de su pueblo. En cumplimiento de muchas profecías, el nuevo pacto tendría lugar cuando todos los discípulos, y no sólo algunos de los principales líderes del pueblo de Dios, tuvieran al Espíritu viviendo en sus corazones.[2] A la inminencia de este cambio se refiere Juan 7:39, un versículo crucial para tener presente al leer sobre el Espíritu en ambos Testamentos.

> Con esto se refería al Espíritu que habrían de recibir más tarde los que creyeran en él. Hasta ese momento el Espíritu no había sido dado, porque Jesús no había sido glorificado todavía.

Hasta el día de Pentecostés (30 d. C.), los hombres y mujeres de fe no tenían el Espíritu. Sin embargo, como Jesús dijo, "el más pequeño en el reino de los cielos" (Mateo 11:11) tiene el inmenso privilegio de ser morada del Espíritu.

El don del Espíritu divide en dos partes la historia de la humanidad. Cualquier concepción del Espíritu Santo que minimiza el cambio radical ocurrido después del día de Pentecostés, es por lo tanto deficiente, pues antes de la iglesia, "el Espíritu no había sido dado" (Juan 7:39).

El derramamiento en los últimos días

Las Escrituras prometían que el Espíritu sería derramado, trayendo bendiciones y un nuevo comienzo. Estas profecías se cumplieron plenamente sólo con el derramamiento del Espíritu Santo el día de Pentecostés.

> "Pero ahora, Jacob, mi siervo,
> Israel, a quien he escogido, ¡escucha!
> Así dice el SEÑOR, el que te hizo,
> el que te formó en el seno materno
> y te brinda su ayuda:
> 'No temas, Jacob, mi siervo,
> Jesurún, a quien he escogido,
> que regaré con agua la tierra sedienta,
> y con arroyos el suelo seco;
> derramaré mi Espíritu sobre tu descendencia,
> y mi bendición sobre tus vástagos.'" (Isaías 44:1–3)[3]

> "Ya no volveré a darles la espalda, pues derramaré mi Espíritu sobre Israel. Yo, el SEÑOR, lo afirmo." (Ezequiel 39:29)

> "Sobre la casa real de David y los habitantes de Jerusalén derramaré un espíritu de gracia y de súplica, y entonces pondrán sus ojos en mí. Harán lamentación por el que traspasaron, como quien hace lamentación por su hijo único; llorarán amargamente, como quien llora por su primogénito." (Zacarías 12:10)

> "Después de esto,
> derramaré mi Espíritu sobre todo el género humano.
> Los hijos y las hijas de ustedes profetizarán,
> tendrán sueños los ancianos
> y visiones los jóvenes.
> En esos días derramaré mi Espíritu
> aun sobre los siervos y las siervas...
> Y todo el que invoque el nombre del SEÑOR
> escapará con vida,
> porque en el monte Sión y en Jerusalén
> habrá escapatoria,
> como lo ha dicho el SEÑOR.
> Y entre los sobrevivientes
> estarán los llamados del SEÑOR." (Joel 2:28–29, 32)

Pentecostés es el momento en la historia en el que el Espíritu estuvo disponible para todos. El último de los textos anteriores es el mismo pasaje que Pedro cita en su sermón el día de Pentecostés. En otras palabras, todas las profecías acerca del Espíritu convergen en aquel día de primavera en Israel, en el año 30 d. C.

> En realidad lo que pasa es lo que anunció el profeta Joel:
>
> "Sucederá que en los últimos días —dice Dios—,
> derramaré mi Espíritu sobre todo el género humano.
> Los hijos y las hijas de ustedes profetizarán,
> tendrán visiones los jóvenes
> y sueños los ancianos.
> En esos días derramaré mi Espíritu
> aun sobre mis siervos y mis siervas,
> y profetizarán." (Hechos 2:16–18)

Muchos asumen que los reavivamientos religiones, con manifestaciones espirituales, indican que el fin del mundo está cerca. Pero, ¿podemos verlo de otra forma?

Digresión: ¿Los últimos días?

Esta es un área de tremenda confusión para la mayoría de los carismáticos, muchos de los cuales tienen una teología premilenialista.[4] Ellos generalmente afirman que los últimos días comenzaron en algún momento del siglo XX, aunque pedirles una fecha exacta es tarea difícil.

¿Qué son exactamente "los últimos días"? La interpretación neopentecostal es que estamos viviendo los últimos días, los cuales comenzaron hace casi un siglo y terminarán con la Segunda Venida. A muchos de nosotros nos han enseñado que los últimos días comenzaron a partir del momento en que Jesús derramó su Espíritu sobre la iglesia en Pentecostés hasta la Segunda Venida. Quiero ofrecerles una tercera interpretación.

Hechos 2:17 nos muestra que el derramamiento del Espíritu el día de Pentecostés ocurrió en los últimos días. Cuando Pedro explica el fenómeno de Hechos 2:4ss, se refiere a Joel 2:28–32 (Hechos 2:14–21). Es claro que Pedro considera que el evento profetizado por Joel, unos 800 años antes, se cumple plenamente con la venida del Espíritu (Hechos 2:16–17, 33). Joel no fue el único profeta que predijo un derramamiento del Espíritu en los últimos días. A él se suman Isaías (32:15, 44:3), Ezequiel (39:29) y Zacarías (12:10), para mencionar sólo algunos. El resultado de este evento en Pentecostés, es que vivimos en la era del Espíritu. Dios hizo algo maravilloso en el año 30 d. C., comenzando en Jerusalén: nos envió el Espíritu Santo, que continúa guiando y bendiciendo a su pueblo.

Sin embargo, este pasaje lógicamente no prueba si la llegada del

Espíritu comenzó, concluyó o era simplemente parte de esos últimos días. Santiago 5:3, 2 Pedro 3:3, y 2 Timoteo 3:1–5 indican que la iglesia del primer siglo vivió durante los últimos días. Entonces, ¿qué pasó? ¿Jesús estaba retrasado (al estilo de Daniel 10:13)? ¿Están en lo cierto los Testigos de Jehová? ¿Fueron frustrados los intentos de Jesús de establecer un reino en la tierra?

Un versículo que cuestiona los dos puntos de vista más comunes es Hebreos 1:2, donde leemos que "en estos días finales [Dios] nos ha hablado por medio de su Hijo." El problema con los últimos días comenzando en Pentecostés es que Jesús, por ese tiempo, no había "hablado" durante diez días. ¿Por qué no hacemos la pregunta obvia: los últimos días *de qué*?

A menos que aceptemos la posición del premilenialismo, si estos son los últimos días del mundo (desde Pentecostés a la Parousía, la Segunda Venida), ¿no estamos diciendo lo que es evidente? En efecto, estamos diciendo que "el período de tiempo entre hace dos mil años y el fin del mundo, es el período final de la historia humana." Pero, ¿qué pasa si los últimos días se refiere a *los últimos días del judaísmo*?[5]

Los profetas habían predicho la sustitución del viejo pacto por el nuevo (p .ej., Jeremías 31:31–34), y Jesús mismo dijo que el reino le sería quitado al pueblo judío y entregado a otros (Mateo 21:43). Entre el Pentecostés y la destrucción de Jerusalén en el año 70 d. C., hubo un período de 40 años. A mi manera de ver, los últimos días son este "período de gracia," una última (y completa) generación entre el fin espiritual del antiguo pacto y el final formal y físico de todo el sistema del Antiguo Testamento (Hebreos 8:7–13). Los últimos días del judaísmo bíblico terminaron en el primer siglo. Entonces, ¿estamos viviendo en los "tiempos finales" o no? ¿Es ésta la última generación de la humanidad? ¡Sólo Dios lo sabe! (1 Tesalonicenses 5:1–3).

En Pentecostés, el Espíritu fue derramado y puesto a disposición de todos: de los de clase social alta y de los de la baja, de jefes y sirvientes, de profetas y de hombres comunes. Esta increíble promesa está disponible en el bautismo (Hechos 2:38) para todas las generaciones (Hechos 2:39).

> "Arrepiéntase y bautícese cada uno de ustedes en el nombre de Jesucristo para perdón de sus pecados —les contestó Pedro—, y recibirán el don del Espíritu Santo. En efecto, la promesa es para ustedes, para sus hijos y para todos los extranjeros, es decir, para todos aquellos a quienes el Señor nuestro Dios quiera llamar."

Derramamiento contra morada

Una forma de visualizar la diferencia entre el Espíritu bajo el viejo pacto y el del nuevo pacto es imaginándonos un vaso con agua. Es refrescante derramar un poco de ella sobre nosotros, especialmente si está siendo mucho sol, pero es mucho más refrescante beberla. De igual modo, tener el Espíritu dentro de nosotros nos cambia de adentro hacia afuera; esto no debe confundirse con las diferentes recepciones externas o manifestaciones del Espíritu que encontramos a través de todo el Antiguo y el Nuevo Testamento. Aunque al principio esta distinción puede ser confusa, es importante que la tengamos en cuenta.

Rima: Suena igual pero no es lo mismo

Un problema que enfrenta el lector de Hechos es discernir qué es excepcional y qué normal. En otras palabras, ¿cuáles de los milagros y las diversas manifestaciones del Espíritu que Lucas nos muestra, son para ilustrar la vida diaria (como en Hechos 2:42–47) y cuáles se incluyen con fines históricos? Creo que un análisis detallado mostrará que una buena parte de los eventos registrados en Hechos sucedieron para ser entendidos como algo único.

Las rimas son similares, pero no necesariamente iguales. Las palabras "mental" y "dental" suenan parecido pero no hay relación entre ellas. "Cazar" y "casar" también riman, pero nuevamente, se necesita imaginación para encontrar alguna relación entre ellas. Ambas palabras riman, pero son palabras completamente diferentes.

Estudiar el tema del Espíritu Santo en la Biblia trae a colación muchos pasajes similares; ellos "riman" pero no son fácilmente extrapolables en este tiempo. El lector de la Biblia naturalmente estudia los pasajes sobre el Espíritu en conjunto (como uno los encontraría compilados en una concordancia) y parece suficientemente razonable esperar que el Espíritu "se comporte" de la misma forma en cada pasaje leído. Hacerse una idea de la actividad "normal" o "bíblica" del Espíritu en nuestra vida actual no es tan fácil como parece. Deberíamos ser tan cuidadosos acerca de las conexiones existentes entre los pasajes sobre el Espíritu, como cuando queremos relacionar "culebras" con "cebras" o "zorras" con "gorras."

¿Antes y después?

Algunas personas dicen que hoy es posible recibir el Espíritu después de la salvación, como en el caso de los samaritanos (Hechos 8) o incluso *antes* de la salvación, como es el caso de Cornelio y los de su casa (Hechos 10). Esto asume que el Espíritu no moró en los samaritanos hasta que los apóstoles llegaron, pero que por el contrario, Él sí fue recibido por Cornelio y los de su casa antes de ser bautizados en Cristo. Aunque esto parezca plausible, lógicamente no puede ser. Después de todo, ¿qué produce una verdadera relación con Dios? (1) El perdón de los pecados es necesario, ya que el pecado es lo que pone al hombre en una oscuridad espiritual (Colosenses 1:13–14). (2) El Espíritu Santo, que nos hace hijos de Dios, nos garantiza la redención final, nos hace cristianos, etc. (Romanos 8:9). Estas dos bendiciones espirituales deben ser recibidas simultáneamente.[6] En Hechos 8 y 10, el derramamiento externo del Espíritu (8:17–18, 10:44) no debe confundirse con ser morada del Espíritu Santo (Hechos 2:38–39).

Libro	Propósito histórico	¿Norma?	Cómo perdonar	Comentarios
Hechos 2	Derramamiento del Espíritu; inicio del nuevo pacto	2:4, no 2:38–41, sí	Arrepentimiento y bautismo (2:38)	El fundamento de la iglesia está siendo puesto.
Hechos 8	Se incluye a los samaritanos en el evangelio; prejuicio severo	No	Fe y bautismo (8:12)	Se cumplen los requisitos de Marcos 16:16
Hechos 10	Se incluye a los gentiles en el nuevo pacto; prejuicio severo	No	Fe (10:43) y bautismo (10:47–48)	¡Más la "conversión" de Pedro que la de Cornelio!

Estas recepciones especiales del Espíritu ocurren con fines históricos específicos, los cuales se presentan en la siguiente sección. Ellos le dan sentido a la historia bíblica en los tres puntos especificados en Hechos 1:8. No hay ninguna razón para que alguno de ellos deba repetirse en nuestros días.

Razón: El plan de acción de Hechos

El libro de Hechos tiene un esquema definido, y la expansión de los círculos concéntricos de evangelismo siguen la instrucción dada por Jesús antes de su ascensión. La estructura de tres partes corresponde a la imagen de Lucas del objetivo de la misión evangelizadora.

> "Pero cuando venga el Espíritu Santo sobre ustedes, recibirán poder y serán mis testigos tanto en Jerusalén como en toda Judea y Samaria, y hasta los confines de la tierra." (Hechos 1:8)

Primero se predicó el evangelio en la Ciudad Santa, luego en el territorio geográfico de Israel y finalmente, a los gentiles. Este plan tripartito se lleva a cabo en Hechos 1–7, 8–12 y 13–28 respectivamente.

Hechos 2: Empezando la iglesia

En Hechos 2, el Espíritu Santo derramado proclama el nuevo pacto e inaugura la llegada del Reino de Dios en la iglesia. Por esta razón, ocurrieron manifestaciones espirituales muy evidentes y espectaculares. Pentecostés, la Fiesta de la Recolección, ha sido denominada "Babel en reversa." Las naciones han sido llamadas a volverse a Dios; la maldición de las lenguas está siendo deshecha (Génesis 11).

Deben hacerse dos observaciones históricas. (1) Las lenguas de fuego y las lenguas milagrosas no ocurrieron entre la audiencia, que probablemente era de unas decenas de miles personas.[7] (2) Los milagros en la comunidad cristiana primitiva eran hechos por los apóstoles (Hechos 2:43). El derramamiento de Pentecostés fue para atraer la atención del resto del pueblo de Dios, aquellos judíos que aceptarían a Jesús como el Mesías y que en cumplimiento de las profecías, serían traídos como el rebaño de un solo Pastor.

Hechos 8: Una excepción histórica

La importancia de la evangelización de los samaritanos no debe ser subestimada. Cuando el evangelio de Jesús llegó a Samaria (alrededor del 39 a. C.), a través de la predicación de Felipe el Evangelista, una cantidad de samaritanos fueron bautizados en Cristo (Hechos 8:5, 12). Hasta Simón el hechicero se hizo cristiano (v.13). La conmoción que esto causó entre los judíos cristianos de Jerusalén fue sensacional. El prejuicio tan arraigado contra los samaritanos se remontaba a la época de la cautividad asiria (a partir del 722 a. C.), cuando muchos israelitas se casaron con asirios y produjeron una raza mixta: la samaritana. Una cosa era que un judío se hiciera cristiano, otra que fuera un gentil el que se convirtiera (después de la circuncisión, en la que insistían muchos de los primeros cristianos), pero otra completamente diferente que un samaritano se hiciera cristiano. En la mente de los judíos "que asistían al templo," estos traidores de la patria, estos gusanos buenos para nada, no merecían un lugar en el Reino de Dios. Sin embargo, los discípulos fueron enviados a hacer discípulos en todas las naciones.[8] Jesús había llegado a los samaritanos y los había hecho héroes en una parábola.

Pensaríamos que alguien transformado por el Espíritu de Cristo habría superado su prejuicio, pero ese no era el caso. De hecho, el problema número uno en la iglesia del primer siglo fue la controversia entre gentiles y judíos, sobre las condiciones para aceptar a los no judíos en la congregación. ¿Debían seguir la ley de Moisés o no? ¿Debían ser circuncidados o no? Era un problema serio que amenazaba con dividir a la iglesia, lo que explica la preocupación de Pablo cuando escribe las cartas a las comunidades involucradas en la controversia, como la de Galacia.

¿La primera denominación?

En Hechos 8 nos encontramos en una encrucijada histórica. Si no hubiera sido por la intervención de los apóstoles, es muy posible que hubiera surgido una hermandad samaritana aparte. ¡Qué tragedia habría sido! El denominacionalismo es antitético frente a la voluntad y la oración de Jesucristo (Juan 17:22–23). Todos tenemos nuestras diferencias, sin embargo somos un solo cuerpo. ¡Que los discípulos de Cristo nunca se dividan; que la túnica sin costuras de Jesús nunca sea rasgada!

Cuando la palabra regresó a los líderes en "la iglesia madre," dos de los tres apóstoles principales fueron enviados al escenario de los hechos.

> Cuando los apóstoles que estaban en Jerusalén se enteraron de que los samaritanos habían aceptado la palabra de Dios, les enviaron a Pedro y

> a Juan. Éstos, al llegar, oraron por ellos para que recibieran el Espíritu Santo. (Hechos 8:14–15)

La mayoría sólo leen hasta aquí y concluyen que ellos ya eran cristianos pero que Dios había retrasado su recepción del Espíritu con un propósito especial, o que ellos habían recibido el Espíritu y los apóstoles los estaban preparando para el "bautismo del Espíritu Santo."

> ... porque el Espíritu aún no había descendido sobre ninguno de ellos; solamente habían sido bautizados en el nombre del Señor Jesús. Entonces Pedro y Juan les impusieron las manos, y ellos recibieron el Espíritu Santo. (Hechos 8:16–17)

Pero el texto dice que el Espíritu todavía no "había descendido" sobre los samaritanos. Esa corta frase muestra el tipo de recepción del Espíritu que hubo en Samaria: una recepción *externa*. En otras palabras, esta *no* era la morada del Espíritu que estaba siendo conferida. Hechos 2:38–39 no parece dar cabida a tales excepciones.

Pentecostales y Católicos apelan a Hechos 8 para apoyar su doctrina de que el Espíritu se recibe de manera especial *después* de la conversión: para los primeros, por medio de la imposición de las manos se concede el "bautismo del Espíritu Santo," en tanto que para los segundos, es mediante la imposición de las manos del obispo en el momento de la "confirmación." Ninguno de los dos ha entendido que recibimos todas las bendiciones espirituales una vez que estamos "en Cristo" (Efesios 1:3, Romanos 6:3).

Los samaritanos fueron bautizados "en el nombre del Señor Jesús." ¿Qué bautismo es éste? El bautismo *en el nombre de Jesucristo* (Hechos 2:38) es el bautismo normal, que trae el perdón y el don del Espíritu. Ellos ya eran salvos. La recepción externa del Espíritu (lo cual fue visible para Simón [Hechos 8:18], quien *"vio"* algo que lo asombró) les fue dada por Dios a través de los apóstoles como una señal para los hermanos de que Dios había aceptado a los samaritanos; no había necesidad de algo más para la salvación. Por eso, Hechos 8 no es una excepción a la regla (Hechos 2:38).

Hechos 10: Una excepción histórica

En este pasaje, una vez más, vemos que el derramamiento del Espíritu no es una experiencia que deba buscarse. Por el contrario, es un milagro de Dios con un propósito histórico. En Samaria sucedió a la inversa, pues aquí la audiencia recibió el Espíritu externamente *antes* de que fueran salvos.

Pedro había predicado hasta Hechos 10:43: "De él dan testimonio todos los profetas, que todo el que cree en él recibe, *por medio de su nombre*, el perdón de los pecados" (énfasis agregado). El perdón sólo es posible cuando obedecemos lo que dice Hechos 2:38. "Por medio de su nombre": el bautismo en el nombre de Jesús nos concede el perdón de los pecados.

En este momento sucede algo sorprendente: Dios derrama su Espíritu sobre los habitantes de Cesarea, los primeros gentiles en responder al evangelio (con la posible excepción de Hechos 11:20, una misión de los gentiles que no involucró a los líderes de la iglesia de Jerusalén).

> Mientras Pedro estaba todavía hablando, el Espíritu Santo descendió sobre todos los que escuchaban el mensaje. Los defensores de la circuncisión que habían llegado con Pedro se quedaron asombrados de que el don del Espíritu Santo se hubiera derramado también sobre los gentiles, pues los oían hablar en lenguas y alabar a Dios. (Hechos 10:44–46)

¿Era esta la venida del Espíritu a morar en quienes lo recibían? No, porque ellos aún no habían sido bautizados. Esta fue una recepción externa del Espíritu.

¿Por qué pasó de esta manera? Una rápida lectura de los siguientes versículos, especialmente de Hechos 11:1–18, explica claramente que Dios estaba enfatizando algo. Pedro había empezado a entenderlo (10:34–35), después que Dios le enviara las tres visiones y le ordenara ir a predicarle a los gentiles; pero las demás personas que lo acompañaban necesitaban una confirmación. Después de todo, permitir que los gentiles entraran a la iglesia era un gran paso. Una cosa era dejarlos asistir, someterse a la circuncisión y a la ley del Sábado, para luego ser bautizados, pero otra totalmente distinta era traerlos al grupo sin adoctrinamiento alguno en el judaísmo.

Dios no derramó su Espíritu para el beneficio de la gente de Cesarea, sino para el de los cristianos. Y aún después de ese milagro, hubo muchos hermanos ofendidos, muchos debates y eventualmente todo un concilio para discutir aún más sobre el tema (Hechos 15).

> Entonces Pedro respondió:
>
> —¿Acaso puede alguien negar el agua para que sean bautizados estos que han recibido el Espíritu Santo lo mismo que nosotros?
>
> Y mandó que fueran bautizados en el nombre de Jesucristo. (Hechos 10:46b–48a)

Pedro apenas había empezado a dar su sermón (Hechos 11:15), cuando les hizo la “invitación,” la cual en este caso era más una orden apostólica. Luego fueron bautizados en el nombre de Jesús (claramente el bautismo en el nombre de Jesucristo de Hechos 2:38), convirtiéndose en salvos.

Hechos 10–11 ha sido llamado con justa razón, “la conversión de Pedro” en lugar de la conversión de Cornelio. El prejuicioso pensamiento de Pedro, así como el de la iglesia primitiva, necesitaba “convertirse.”

Conclusión

La sensibilidad a los propósitos históricos de Dios y a la diferencia entre la morada y el derramamiento del Espíritu, son la clave para darle sentido a los eventos excepcionales en Hechos 2, 8 y 10. Los propósitos de Dios se lograron a través de los milagros ocurridos en el primer siglo, durante la generación apostólica. Estos propósitos giraron en torno a sacar el evangelio de su crisálida judía, para dar paso a la metamorfosis del mundo.

Si estamos dispuestos a estudiar los textos de las Escrituras en contexto, en otras palabras, a trabajar duro, los pasajes se aclararán y las recompensas del estudio de la Biblia se verán rápidamente. Pues Dios es el Autor, Creador, Escultor y Poeta por excelencia. Aún cuando no lo parezca, ¡tenga por seguro que la rima y la razón están ahí!

NOTAS

1. Antes de que el Espíritu Santo llegara a morar en el Nuevo Testamento, a partir del día de Pentecostés, algunos de los hombres y mujeres más importantes de la historia bíblica tenían el Espíritu Santo en cierto sentido. A continuación les presento una condensada lista de textos que describen a personas que vivían según el viejo pacto, que estaban llenos del Espíritu o lo sentían: Números 11:25 (los 70 ancianos); Números 24:2 (Balán); Jueces 3:10 (Otoniel); Jueces 6:34 (Gedeón); Jueces 14:6, 19, 15:14 (Sansón); 1 Samuel 10:10, 16:23, 19:23 (Saúl); 1 Samuel 16:13 (David); 1 Crónicas 12:18 (Amasay); 2 Crónicas 15:1 (Azarías); 2 Crónicas 20:14 (Jahazíel); Ezequiel 11:5 (Ezequiel); Lucas 1:15 (Juan el Bautista); Lucas 1:41 (Elisabet); Lucas 1:67 (Zacarías).

Todos estos hombres y mujeres, que vivieron antes del nuevo pacto, poseían el Espíritu Santo de alguna forma, pero sólo como una muestra de la que sería la morada del Espíritu prometido a los creyentes del Nuevo Testamento (Hechos 2:38–39, 5:32; Romanos 8:9; Gálatas 3:26–27, 4:6).

2. Por ejemplo, Isaías dice:

"El Redentor vendrá a Sión;
    ¡vendrá a todos los de Jacob
    que se arrepientan de su rebeldía! —afirma el SEÑOR—.
"En cuanto a mí —dice el SEÑOR—,
    éste es mi pacto con ellos:
Mi Espíritu que está sobre ti,
    y mis palabras que he puesto en tus labios,
no se apartarán más de ti,
    ni de tus hijos ni de sus descendientes,
    desde ahora y para siempre —dice el SEÑOR." (Isaías 59:20–21)

3. Ver también Isaías 32:15.

4. El premilenialismo es el sistema de doctrinas que dicen que la segunda venida de Cristo precederá a su reinado literal de mil años en la tierra. Los seguidores

de este sistema tratan de encontrar apoyo a su punto de vista tomando literalmente muchos pasajes cuya naturaleza es metafórica, principalmente de los profetas del Antiguo Testamento, la profecía de Jesús acerca de la destrucción de Jerusalén en Mateo 24/Marcos13/Lucas 21, y (especialmente) del Apocalipsis. En esta óptica, la iglesia no se equivalara al Reino de Dios, el cual aún está por venir. La mayoría de los carismáticos son premilenialistas.

5. Para un análisis interesante aunque exagerado de esta posición y de sus respectivas implicaciones, ver el libro de Max R. King, *The Cross and the Parouis of Christ: The Two Dimensions of One Age-Changing Eschaton* (Warren, OH: Warren Printing Inc.:1987) y The Spirit of Prophecy (Warren, OH: Warren Printing Inc.:1971).

6. Por ejemplo, digamos que alguien ha sido perdonado, pero aún no tiene el Espíritu. Eso significaría que es salvo, pero que aún no es un cristiano. O digamos que alguien tiene el Espíritu, pero aún no ha sido perdonado. Eso querría decir que es un cristiano, pero que todavía es un perdido. ¡Ambas situaciones son imposibles! De nuevo, el perdón de los pecados y el Espíritu se reciben simultáneamente. Según Hechos 2:38, cuando alguien es bautizado, es perdonado y recibe el Espíritu... *simultáneamente*.

7. Como se bautizaron tres mil personas, y Lucas está usando el método judío de sólo contar hombres (ver 4:4, DHH), es muy probable que el número real de personas que se añadieron a la iglesia haya sido de unas seis o siete mil, suponiendo que la multitud fuera aproximadamente varias veces ese número.

8. "¿Pero Samaria era una nación?" preguntaron algunos. Como dice el libro apócrifo Eclesiástico (180 a. C.): "Hay dos naciones que mi alma aborrece, y otra más que ni siquiera merece el nombre de nación: los habitantes de Monte Seír, los [edomitas], y los filisteos, y la estúpida gente que vive en Siquén (los samaritanos)" (50:25–26). El prejuicio y la antipatía de los judíos hacia los samaritanos que esto revela no debe subestimarse.

19

Confirmación de la Palabra

El propósito bíblico de los milagros

Anteriormente consideramos la actitud del Señor hacia la mentalidad enfocada en milagros y señales; luego pasamos a considerar el fenómeno de hablar en lenguas, el bautismo del Espíritu, lo oculto y mucho más. Ahora vamos a poner toda nuestra atención en algo frecuentemente descuidado en el estudio del aspecto sobrenatural de las obras de Dios a través de la historia. La función de los milagros en el plan de Dios (este capítulo) y su relación con los apóstoles (capítulo 20) son el tema del presente estudio.

La Biblia misma

Uno de los más grandes milagros de todos los tiempos fue que Dios nos diera la Biblia misma. Es nuestra guía para la vida, y generalmente, no podemos sobrevivir sin ella (Mateo 4:4). La Biblia, tal cual la conocemos hoy, ha estado con nosotros por más de 1900 años, pero cuán fácil es olvidar que durante un período casi igual de largo, desde Moisés (1500 a. C.) hasta la última parte del siglo I d. C., la Biblia aún estaba en proceso de formación. La mayoría de los estudiosos creen que las Escrituras del Antiguo Testamento no se terminaron de recopilar o "canonizar" hasta el siglo I d. C., mientras que el Nuevo Testamento probablemente no fue totalmente ensamblado hasta el siglo II d. C., por temprano.[1]

Imagínese ser miembro de una congregación que poseía el evangelio de Marcos, una carta de Pablo y tal vez una copia de 1 Pedro y nada más del "Nuevo Testamento," el cual no sería completado hasta diez o quince años más tarde. Para muchos de nuestros hermanos y hermanas del primer siglo, el Antiguo Testamento fue la única Escritura que conocieron (2 Timoteo 3:15).

Como Dios eligió obrar a través de los seres humanos y de la historia para hacernos llegar su Palabra, todo el proceso de inspiración, escritura y canonización tomó siglos. Como muchas de las cosas más exquisitas de la vida, la Biblia no podía hacerse con prisa. El templo de Salomón tomó siete años para ser construido, el templo de Herodes cuarenta y seis, y el arca de Noé cien. ¡Pregúntele a Noé si valió la pena todo el tiempo que le tomó construirla! (Sólo tuvo una oportunidad para hacerla bien.)

Durante la mayor parte del período de la historia bíblica registrada, la Palabra de Dios estuvo en proceso de *llegar a ser algo*. Ahora, sólo *es*. Pero antes de que llegara a estar escrita, completa y disponible, necesitaba ser confirmada.

Confirmación de la Palabra hablada

La tesis de este capítulo es que el propósito de los milagros bíblicos fue que la Palabra de Dios llegara a nosotros. Sí, obviamente su propósito fue confirmar la Palabra y entiendo que fuera la función primordial de los milagros, pero fueron necesarios muchos más milagros sólo para producir las Escrituras: milagros de inspiración, por ejemplo. El Espíritu de Dios obró en los escritores del Antiguo Testamento. 2 Pedro 1:19–21 analiza la inspiración de los profetas del Antiguo Testamento. Efesios 3:5 habla acerca de la inspiración de los apóstoles y profetas del Nuevo Testamento (Efesios 2:20, 4:11). Si entendemos la tesis, tendremos una perspectiva totalmente diferente sobre los milagros.

Si hubo milagros de *inspiración*, también hubo milagros de *certificación*. No todo el mundo podía proclamar la Palabra del Señor, aunque muchos lo intentaron, como lo leímos en Jeremías 23. Los verdaderos profetas y apóstoles necesitaron credenciales para establecer su autoridad para hablar por Dios, o, para decirlo de otro modo, para confirmar su palabra.

Confirmación de la ley y los profetas

En el Antiguo Testamento, tanto la ley como los profetas recibieron certificación. Cuando Moisés se puso un poco nervioso por llegar a ser el vocero de Dios, Él le mostró un ingenioso truco con su bastón. Moisés no entendía completamente lo que Dios quería, así que Dios le dijo:

> "Esto es para que crean que yo el SEÑOR, el Dios de sus padres, Dios de Abraham, de Isaac y de Jacob, me he aparecido a ti." (Éxodo 4:5)

Los milagros que Moisés realizó (y hubo *muchos* en los cuarenta años que dirigió al pueblo de Israel) fueron para establecer su autoridad. Durante esos años, la Biblia estaba sólo empezando a ser escrita. Había pasado mucho tiempo desde que Dios hablara por última vez, tal vez siglos, pero es fácil ver el papel vital que jugarían los milagros para convencer a la gente de que las palabras dichas por Moisés tenían la plena autoridad del Señor Dios como respaldo. Y si alguien se atrevía a desafiar esa palabra, ¡cuidado! (Números 16:28–35). Por lo general, los milagros asociados a Moisés fueron hechos por Dios mismo (Éxodo 20:18–19). Los milagros también sirvieron para convencer a los no creyentes (aquellos que estaban abiertos a creer) que el Dios de Israel era el verdadero Dios y que sus siervos debían ser escuchados (Éxodo 7–14).

Respecto a los profetas, los milagros se asocian más con el surgimiento del movimiento profético que con etapas posteriores. Elías fue un hombre con mucha chispa. ¿Quién podría olvidar la forma cómo sobrepasó el carro del malvado Acab y le ganó por cuarenta y ocho kilómetros (1 Reyes 18:46) o la manera en que usó los milagros para llamar a Israel a volverse a Dios? (1 Reyes 18:21–39). Tal vez la mejor explicación nos la da la viuda de Sarepta:

Entonces la mujer le dijo a Elías:

"Ahora sé que eres un hombre de Dios, y que lo que sale de tu boca es realmente la palabra del SEÑOR." (1 Reyes 17:24)

Cuando los libros de la ley y los profetas fueron escritos, no hizo falta más sustentación.

¿Recuerda la petición que el hombre rico le hace a Abraham para que envíe a Lázaro de vuelta con sus hermanos? Él pensaba que ellos se arrepentirían si tan sólo pudieran ver un milagro. Pero ellos ya tenían las Escrituras (Moisés y los profetas), y eso debía haber sido suficiente. El hombre rico no podía comprender esto, como sucede hoy con muchas personas, teniendo por esto una discusión con Abraham.

"Pero Abraham le contestó: 'Ya tienen a Moisés y a los profetas; ¡que les hagan caso a ellos!' 'No les harán caso, padre Abraham —replicó el rico—; en cambio, si se les presentara uno de entre los muertos, entonces sí se arrepentirían.' Abraham le dijo: 'Si no les hacen caso a Moisés y a los profetas, tampoco se convencerán aunque alguien se levante de entre los muertos.'" (Lucas 16:29–31)

Confirmación del evangelio

Los milagros de Jesús fue lo que convenció a Nicodemo de que era un maestro enviado por Dios (Juan 3:1–2). Cuando Juan el Bautista tuvo problemas con su fe, ¿qué le dijo Jesús que tomara en cuenta? Sus milagros (Mateo 11:4–5). El desafío que Jesús nos hace a todos nosotros resuena a través de sus palabras a Felipe:

"Créanme cuando les digo que yo estoy en el Padre y que el Padre está en mí; o al menos créanme por las obras mismas." (Juan 14:11)

Los milagros de Jesús no fueron principalmente para satisfacer las necesidades físicas de las personas, pues si éste hubiera sido el caso, todo lo que Él tenía que hacer era chasquear los dedos y todos los enfermos de Palestina habrían sido sanados. Ni siquiera fueron una demostración de su amor, el cual se vio en su actitud de servicio (Juan 13:1–5) y sobre todo en su crucifixión (Romanos 5:8). No, las señales que Jesús hizo fueron para no dejar dudas acerca de su autoridad (Hechos 2:22), ¡ni tampoco excusas! La conclusión del Evangelio de Juan presenta una verdad profunda y muy importante.

Jesús hizo muchas otras señales milagrosas en presencia de sus discípulos, las cuales no están registradas en este libro. Pero éstas se han escrito para que ustedes crean que Jesús es el Cristo, el Hijo de Dios, y para que al creer en su nombre tengan vida. (Juan 20:30–31)

Las señales milagrosas de Jesús apuntan a su autoridad y señorío, y respaldan el mensaje del hombre en cuya vida ya está perfectamente personificado ese mensaje.

Todos los apóstoles fueron confirmados por milagros, y esa es una razón por la que Pablo pone énfasis en sus propios milagros como testimonio de su autoridad apostólica, ya que él no era uno de los del grupo original (Romanos 15:18–19, 2 Corintios 12:12).

Lea el libro de Hechos y se dará cuenta que la mayoría de las maravillas que ocurrieron se dieron por medio de los apóstoles o de aquellos a quienes los apóstoles habían impuesto las manos. Los milagros realizados por los apóstoles se encuentran en Hechos 2:43, 3:6–7, 5:12, 5:15–16, 9:34, 9:40, 13:9–11, 14:3, 14:8–10, 15:12, 16:18, 19:6, 19:11–12, 20:9–12 y 28:8–9.

¿Por qué esto era tan importante? La iglesia primitiva se mantuvo firme en las enseñanzas de los apóstoles (Hechos 2:42). Imagínese qué hubiera pasado si cualquiera hubiera sido aceptado y lo hubieran seguido, alguien sin inspiración en una época cuando la Palabra inspirada por Dios aún no había sido completada (1 Corintios 13:10). De hecho, esto sucedió en algunas congregaciones (2 Corintios 11:3–6, 12:11–12). En estos pasajes, Pablo afirma su autoridad apostólica, particularmente al basarse en su capacidad para hacer milagros. Preste especial atención a Hechos 14:3.

> En todo caso, Pablo y Bernabé pasaron allí bastante tiempo, hablando valientemente en el nombre del Señor, quien confirmaba el mensaje de su gracia, haciendo señales y prodigios por medio de ellos.

¿Por qué razón Dios les permitió hacer milagros? ¿Para animar a Pablo y Bernabé? ¿Para impresionar a la gente? ¿No fue para que el mensaje que ellos predicaban fuera aceptado como Palabra de Dios? ¿Y qué predicaban ellos? ¿Puede imaginarse a Pablo diciendo: "Abran conmigo la Biblia en Lucas 9:23 y comenzaremos nuestra lección de hoy"? ¡No estaban predicando con una Biblia de la Nueva Versión Internacional! Hoy somos bendecidos por Dios al tener toda su Palabra completa, para enseñar a los perdidos e instruirnos unos a otros; no necesitamos nada más (2 Timoteo 3:16–17), incluyendo los milagros de confirmación.

También son útiles para nuestro estudio Marcos 16:19–20 y Hebreos 2:2–4, que hablan de la confirmación milagrosa de la Palabra de Dios.

> Después de hablar con ellos, el Señor Jesús fue llevado al cielo y se sentó a la derecha de Dios. Los discípulos salieron y predicaron por todas partes, y el Señor los ayudaba en la obra y confirmaba su palabra con las señales que la acompañaban. (Marcos 16:19–20)

> Porque si el mensaje anunciado por los ángeles tuvo validez, y toda transgresión y desobediencia recibió su justo castigo, ¿cómo

> escaparemos nosotros si descuidamos una salvación tan grande? Esta salvación fue anunciada primeramente por el Señor, y los que la oyeron nos la confirmaron. A la vez, Dios ratificó su testimonio acerca de ella con señales, prodigios, diversos milagros y dones distribuidos por el Espíritu Santo según su voluntad. (Hebreos 2:2–4)

No hay excusas para ignorar la Palabra de Dios. Como afirma el escritor de la carta a los Hebreos, el mensaje de salvación fue anunciado por Jesús y luego confirmado por los apóstoles. La confirmación ya ha tenido lugar y si bien el tiempo pasado no es concluyente, la implicación es que la era de los milagros ya pasó.

Confirmación de la revelación

Aunque a través de todo el Antiguo Testamento suceden milagros ocasionales, la mayoría de ellos giran en torno a dos eventos: el Éxodo y el surgimiento del movimiento profético (comenzando con Elías y Eliseo). Uno puede darse cuenta que en estas dos ocasiones Dios estaba dándole a su pueblo una revelación: la ley y los profetas. Esta es la razón por la que otra explosión de milagros sólo era esperada en el Nuevo Testamento con la revelación del evangelio.

Muchos pasajes del Antiguo Testamento confirman este punto de vista. El retiro del Espíritu profético de Dios fue visto como una señal de juicio (Isaías 29:10, Lamentaciones 2:9, Miqueas 3:6). Como vimos en el capítulo 16, el Salmo 74:9, escrito durante el período del exilio, podría aplicar a muchos períodos de la historia del Antiguo Testamento aparte de la del exilio.

> Ya no vemos ondear nuestras banderas;
> ya no hay ningún profeta,
> y ni siquiera sabemos
> hasta cuándo durará todo esto.

Note que los profetas (con la revelación que recibían de Dios) y las señales milagrosas (confirmando esa revelación) se mencionan simultáneamente.

Finalmente, durante el período intertestamentario (c.435 a. C.–30 d. C.), la voz de la profecía fue acallada. Desde los últimos libros escritos durante el período persa (Ester, Esdras, Nehemías, Malaquías, 1 y 2 Crónicas) hasta el siguiente y último profeta del Antiguo Testamento, Juan el Bautista, ¡hay una increíble brecha de casi cinco siglos! Este período de silencio profético es reconocido tanto en los escritos rabínicos[2] como en los libros apócrifos.[3] Observe 1 Macabeos 9:27, escrito en el período de la persecución de los macabeos (s. II a. C.):

> Fue un tiempo de grandes sufrimientos para Israel, como no se había visto desde que desaparecieron los profetas. (DHH)

Pocos son conscientes del silenciamiento de la voz de la profecía. El cese de la profecía, de hablar en lenguas y de las sanidades milagrosas en los círculos neopentecostales es impensable. Pero Dios detuvo el torrente profético en más de una ocasión y hay razones para creer que lo haría de nuevo (1 Corintios 13:8). Para resumir, los milagros bíblicos fueron:

(a) Sucesos extraordinarios
(b) Ligados a eventos de revelación
(c) Primordialmente para confirmar la Palabra hablada de Dios

Conclusión

Hemos visto que el propósito principal de los milagros fue la confirmación de la Palabra de Dios y que siempre fue la Palabra *hablada* de Dios la que recibió esta confirmación, no la Palabra *escrita* (las Escrituras). Juan 20:30–31 muestra que una vez que los milagros fueron registrados en la Escritura, debía ser suficiente leer sobre ellos para tener fe en Cristo.

Pero muchos no entienden esto. Ellos piensan que hoy también debe haber milagros para que la gente se vuelva a Dios. Lo extraño es que, al igual que el hombre rico (Lucas 16), así es como piensa la mayoría de los no creyentes. La gente siempre me dice cosas como: "Si realmente hay un Dios, que se me aparezca de alguna forma. Soy una persona de mente abierta." Según Juan 20, aunque Jesús regresara y visitara a devotos ateos e hiciera delante de sus propios ojos todos y cada uno de los milagros que hizo cuando estuvo en la tierra, aún así no le creerían.

No se equivoquen sobre esto: muchas personas han realmente perdido hoy el enfoque al tratar de entender el propósito de los milagros. Paul Cho, de Seúl, uno de los líderes carismáticos y polémicos más importantes del mundo, dice: "Si la gente no ve milagros, no puede aceptar satisfactoriamente que Dios es poderoso."[4] Cuán diferentes son las palabras de Abraham, las cuales tienen un sentido común y una sabiduría ausentes en la mayoría de los púlpitos "carismáticos."

> "Abraham le dijo: 'Si no les hacen caso a Moisés y a los profetas, tampoco se convencerán aunque alguien se levante de entre los muertos.'" (Lucas 16:31)

El propósito de los milagros bíblicos fue traer al hombre la Palabra de Dios. Ahora la Biblia tiene una "contraportada" y los milagros han cumplido su cometido: tenemos la Biblia completa. Como lo hemos dicho antes, esto no significa que las manos de Dios estén atadas o que Él no responda a nuestras oraciones pidiendo ayuda o sanidad, sino sólo que hoy, los milagros no son necesarios como sí lo fueron en el primer siglo.

Los milagros cumplieron un gran propósito en la confirmación del mensaje del predicador para que no hubiera sombras de duda. Pero una vez que la Palabra de Dios fue confirmada, no fue necesario confirmarla más.[5]

NOTAS

1. El Canon Muratorio, que proporciona casi la misma lista de los libros del Nuevo Testamento que tenemos hoy, data del siglo 180 d. C., siendo el canon más antiguo del Nuevo Testamento que ha sobrevivido hasta la fecha. Lecturas sugeridas que hablan del tema de la canonización: Philip Wesley Comfort, Ed., *The Origin of the Bible* (Wheaton, IL: Tyndale House Publishers, 1992); Neil R. Lightfoot, *How We Got the Bible* (Grand Rapids, MI: Baker, 1988).

2. Por ejemplo, T. Sota 13:2.

3. La palabra "apócrifa" viene de un término griego que significa "cosas escondidas" y se refiere a escritos religiosos judíos que datan de entre 200 a. C. y 100 d. C. Nunca fueron reconocidos universalmente como parte de las Escrituras por el consenso de la iglesia. Los libros apócrifos contienen muchas contradicciones históricas y enseñanzas apartadas de las Escrituras. Sólo fueron aceptados oficialmente como parte de las Escrituras en la Contrarreforma de la Iglesia Católica en el Concilio de Trento celebrado en 1546.

4. Paul Yonggi Cho, *The Fourth Dimension* (Plainfield, NJ: Logos International, 1979), 64.

5. Para citar a nuestro hermano del siglo IV, Juan Crisóstomo: "[1 Corintios 12–14, que habla de los milagrosos dones de la profecía y las lenguas] es muy oscuro, pero la oscuridad la produce nuestra ignorancia de los hechos referidos y a su cesación, ya que solían suceder en aquella época pero ya no ocurren más." 1 Corintios 13:8–10 afirma que los dones milagrosos cesarían algún día. Ellos cesaron y la historia registró su cesación.

Una vez más, esto no quiere decir que Dios nunca hace milagros hoy en respuesta a oraciones con fe. Ni niega que el movimiento carismático haya resurgido de vez en cuando entre las diferentes sectas y religiones de todo el mundo. Pero la historia nos muestra que los auténticos dones ya no están entre nosotros.

20

Las manos de un apóstol

Cómo se transmitieron los dones milagrosos

En el último capítulo vimos el papel que jugaron los milagros en la confirmación de la Palabra hablada de Dios. Ahora vamos a trasladarnos de la naturaleza confirmatoria de los milagros a cómo se recibieron o transmitieron los dones milagrosos en el Nuevo Testamento. La tesis de este capítulo es simple: los dones sobrenaturales del Espíritu fueron transmitidos normalmente mediante la imposición de las manos de un apóstol. Si esto es correcto, las implicaciones para el neopentecostalismo son significativas.

Los milagros apostólicos

A través de todo el Nuevo Testamento se tiene la impresión de que cuando ocurría un milagro, los apóstoles estaban generalmente cerca; de hecho, las probabilidades de que fuera un apóstol el que hiciera el milagro son muy altas. Como hemos visto anteriormente, la mayoría de los milagros en el libro de Hechos tienen que ver con los apóstoles. Lucas ciertamente nos deja con la impresión de que fue la voluntad de Dios que los apóstoles realizaran milagros. Veamos estas escrituras:

> Designó a doce, a quienes nombró apóstoles, para que lo acompañaran y para enviarlos a predicar y ejercer autoridad para expulsar demonios. (Marcos 3:14–15)

> Habiendo reunido a los doce, Jesús les dio poder y autoridad para expulsar a todos los demonios y para sanar enfermedades. Entonces los envió a predicar el reino de Dios y a sanar a los enfermos. (Lucas 9:1–2)

> Todos estaban asombrados por los muchos prodigios y señales que realizaban los apóstoles. (Hechos 2:43)

> "Ahora, Señor,...extiende tu mano para sanar y hacer señales y prodigios mediante el nombre de tu santo siervo Jesús."
>
> Los apóstoles, a su vez, con gran poder seguían dando testimonio de la resurrección del Señor Jesús. La gracia de Dios se derramaba abundantemente sobre todos ellos. (Hechos 4:29–30, 33)

> Por medio de los apóstoles ocurrían muchas señales y prodigios entre el pueblo. (Hechos 5:12a)

> Al ver Simón que mediante la imposición de las manos de los apóstoles se daba el Espíritu Santo, les ofreció dinero. (Hechos 8:18)

Luego está la siempre útil 2 Corintios 12:12:

> Las marcas distintivas de un apóstol, tales como señales, prodigios y milagros, se dieron constantemente entre ustedes.

Si los milagros eran comúnmente realizados por todos los cristianos, ¿por qué Lucas enfatiza los milagros de los apóstoles y obvia los de los demás? Si cualquier cristiano del primer siglo tenía el poder de hacer milagros, ¿por qué estos son una prerrogativa apostólica? Recuerde que muy pocos calificaban como apóstoles.

- Un apóstol era un testigo de la resurrección de Jesús (Hechos 1:21–22, 1 Corintios 9:1).
- Los cristianos eran fieles a las enseñanzas de los apóstoles (Hechos 2:42, Efesios 2:20), pues Jesús les había prometido que el Espíritu prepararía a los apóstoles para reafirmar las enseñanzas de Jesús y guiarlos a toda verdad (Juan 14:26, 16:13).
- Cuando los apóstoles predicaron el evangelio, fue confirmado por medio de señales (Hechos 14:3, Hebreos 2:3–4). La implicación es que la mayoría de los cristianos del primer siglo no hizo milagros.

La manera común de la transmisión de dones

En esos pocos casos en los que cristianos que no eran apóstoles tuvieron poderes milagrosos, ¿cómo los recibieron? Ciertamente es posible que el derramamiento de Pentecostés hiciera que hombres y mujeres jóvenes, entre otros, fueran capaces de hablar proféticamente (Hechos 2:17–18). Por ejemplo, ¿no es probable que Felipe y sus hijas, incluso Ágabo, estuvieran en Jerusalén en Pentecostés, como todos los judíos fieles que peregrinaban a la ciudad para observar las fiestas? (Hechos 21:8–9, 11:28). Sin embargo, en la gran mayoría de los casos donde el *charismata* sobrenatural se ejercitó, esos poderes milagrosos fueron transmitidos mediante la intervención directa de los apóstoles.

Liderazgo transmitido

El Nuevo Testamento dice que si bien los *charismata* eran repartidos, esto sucedía siguiendo la voluntad de Dios. El escritor de la carta a los Hebreos hace un comentario muy útil (paralelo a las palabras de cierre del Evangelio de Marcos).

> Esta salvación fue anunciada primeramente por el Señor, y los que la oyeron nos la confirmaron. A la vez, Dios ratificó su testimonio acerca de

> ella con señales, prodigios, diversos milagros y dones distribuidos por el Espíritu Santo según su voluntad. (Hebreos 2:3b–4)

Los dones se distribuían según la voluntad de Dios (1 Corintios 12:8–11), pero observe lo que se dice en Hebreos 2:3: la Palabra fue confirmada por los que oyeron a Jesús, lo cual es una referencia a los apóstoles (Gálatas 1:11–12). ¿De qué otra forma podía ser confirmada? Por medio de quienes recibían los dones milagrosos. Permítanme la libertad de reescribir el pasaje, a la luz de 2 Corintios 12:12: "Esta salvación... nos fue confirmada por los apóstoles. Dios también es testigo de ello por las marcas distintivas de los apóstoles y los dones del Espíritu Santo distribuidos según su voluntad."

No sería sorprendente si también hubiera algún factor apostólico asociado con la distribución de los dones. Pero, ¿hay alguna evidencia de que así fue como se transmitieron los dones? ¡De hecho, sí, la hay!

> Por eso te recomiendo que avives la llama del don de Dios que recibiste cuando te impuse las manos. (2 Timoteo 1:6)

Timoteo había recibido un don milagroso mediante la imposición de manos de un apóstol: Pablo. El don no era algo que Timoteo pudiera haber adquirido por sí mismo, aun cuando él estaba personalmente relacionado con Pablo (Hechos 16:1). Dios le dio su don a través de la imposición de manos de un apóstol. Una situación similar se encuentra en Hechos 19:6.

> Cuando Pablo les impuso las manos, el Espíritu Santo vino sobre ellos, y empezaron a hablar en lenguas y a profetizar.

Hablar en lenguas y la profecía eran dones sobrenaturales del Espíritu (1 Corintios 12:10). Generalmente eran recibidos sólo mediante la imposición de manos de un apóstol. La ilustración más clara de la doctrina se encuentra en Hechos 6 y 8. Observe la siguiente serie de textos de los Hechos de los Apóstoles:

> Esta propuesta agradó a toda la asamblea. Escogieron a Esteban, hombre lleno de fe y del Espíritu Santo, y a Felipe, a Prócoro, a Nicanor, a Timón, a Parmenas y a Nicolás, un prosélito de Antioquía. Los presentaron a los apóstoles, quienes oraron y les impusieron las manos. (Hechos 6:5–6)

Note a dos de las personas a quienes los apóstoles les impusieron las manos: Esteban y Felipe.[1]

> Esteban, hombre lleno de la gracia y del poder de Dios, hacía grandes prodigios y señales milagrosas entre el pueblo. (Hechos 6:8)

Esteban estaba lleno con el Espíritu (Hechos 6:3, 5) incluso antes de que los apóstoles le impusieran las manos, así es que eso no cuenta para sus habilidades milagrosas. Parece que su poder milagroso fuera consecuencia de la imposición de manos de los apóstoles. Pero las evidencias van más allá.

> Al oír a Felipe y ver las señales milagrosas que realizaba, mucha gente se reunía y todos prestaban atención a su mensaje. De muchos endemoniados los espíritus malignos salían dando alaridos, y un gran número de paralíticos y cojos quedaban sanos. (Hechos 8:6–7)

Aquí Felipe, otro de los hombres sobre quienes los apóstoles impusieron las manos, demuestra su habilidad para hacer milagros. ¿Es acaso mera coincidencia que estos dos hombres, Esteban y Felipe, aparezcan haciendo milagros después de que los apóstoles les impusieran las manos y no antes? ¿No es posible que, al igual que Timoteo y los discípulos de Éfeso, ellos hayan recibido las milagrosas manifestaciones del Espíritu cuando los apóstoles les impusieron las manos?

La evidencia más concluyente se encuentra en los hechos que rodearon la conversión de los samaritanos. Recuerden que los samaritanos habían sido bautizados en el nombre de Jesús, recibiendo (según Hechos 2:38–39) el perdón de los pecados y el don del Espíritu Santo. Sin embargo, no habían recibido el Espíritu de alguna forma externa y visible. La confirmación (ver el capítulo 19) se dio porque una nueva frontera estaba siendo cruzada y Dios quería que no hubiera duda alguna de que su infidelidad nacional del pasado no iba a perjudicar su plena aceptación como creyentes de Cristo.

¿Pudo Felipe transmitir los dones milagrosos del Espíritu a los samaritanos, probando así su aceptación por Dios y dirigir los clavos al ataúd del prejuicio anti samaritano? Y si lo pudo, ¿por qué se demoró? Parece que no tenía la autoridad para transmitir dones. Retomemos la narración en Hechos 8:14.

> Cuando los apóstoles que estaban en Jerusalén se enteraron de que los samaritanos habían aceptado la palabra de Dios, les enviaron a Pedro y a Juan. Éstos, al llegar, oraron por ellos para que recibieran el Espíritu Santo, porque el Espíritu aún no había descendido sobre ninguno de ellos; solamente habían sido bautizados en el nombre del Señor Jesús. Entonces Pedro y Juan les impusieron las manos, y ellos recibieron el Espíritu Santo.
>
> Al ver Simón que mediante la imposición de las manos de los apóstoles se daba el Espíritu Santo, les ofreció dinero y les pidió:
>
> —Denme también a mí ese poder, para que todos a quienes yo les imponga las manos reciban el Espíritu Santo. (Hechos 8:14–19)

Sospechamos que Felipe no podía transmitir los dones por las siguientes razones:

- Él no hizo ningún esfuerzo por transmitir los dones a los samaritanos, aunque eso era precisamente lo que se necesitaba para aclarar la controversia.
- Los samaritanos recibieron el Espíritu (externamente) sólo cuando los apóstoles Pedro y Juan les impusieron las manos.
- Simón, quien vio una oportunidad para obtener un beneficio económico en esta habilidad de transmitir el Espíritu, ofreció dinero a los apóstoles.

Hechos 8:18 es la declaración más sucinta en el Nuevo Testamento de lo presentado en este capítulo: "Mediante la imposición de las manos de los apóstoles se daba el Espíritu Santo." Los dones milagrosos eran transmitidos por medio de la imposición de manos de un apóstol. Si esta declaración es ciertamente correcta, explicaría por qué en Corinto, donde Pablo había pasado algún tiempo, no carecía de dones espirituales (1 Corintios 1:7), mientras que Roma, a donde no había ido, sólo tenía dones espirituales no milagrosos: "Tengo muchos deseos de verlos para impartirles algún don espiritual que los fortalezca" (Romanos 1:11).[2] Su presencia era necesaria para que recibieran algún don espiritual.

¿Es impenetrable este razonamiento? No, no lo es. ¿Es plausible el argumento? Sí, si lo es. Aparte de las excepciones históricas de Hechos 2 y 10, por ejemplo, no hay alguna evidencia concluyente contra el argumento.[3] A la luz de la evidencia, se puede decir que esta teoría es la mejor explicación que tenemos de cómo se transmitieron los dones.

Implicaciones

Las implicaciones de esta doctrina son fáciles de seguir. Después de la muerte del último apóstol, los dones sobrenaturales no se transmitieron más. Y después de la muerte de la última persona que aún tenía algún don milagroso, si no antes, los dones murieron completamente. Si esto es cierto, entonces los carismáticos que afirman poseer varios de los dones milagrosos del Espíritu son un fraude o ilusos.

NOTAS

1. No sabemos nada más de los otros de aquí en adelante, a menos que los nicolaítas de Apocalipsis 2:6 y 15 sean seguidores de un Nicolás apóstata.

2. Incluso si la "profecía" es un milagro en Romanos 12:6, no hay razones para creer que Roma debía haber sido separada completamente de cualquier apóstol o que no hubiera habido nadie a quien un apóstol le haya impuesto las manos y que luego se haya mudado a Roma.

3. ¿Es Ananías una excepción (Hechos 9:17–18)? Nunca lo sabremos pues se sabe muy poco de su relación con los apóstoles; aunque sería extraño si los discípulos sirios no tuvieran contacto con los líderes de la iglesia en Jerusalén. El milagro de Hechos 9:18 y 22:13 no tiene nada que decir a favor o en contra de la doctrina de que los dones milagrosos eran transmitidos por manos apostólicas.

¿Es 1 Timoteo 4:14 una prueba de que quienes no eran apóstoles podían transmitir los dones? De ninguna manera. (1) Pablo, en 2 Timoteo, le tuvo que recordar que no lo utilizara incorrectamente; y si Timoteo tenía más de un don, no hay forma de saber a cuál don se está haciendo referencia en 2 Timoteo 1:6. (2) Es poco probable que Pablo, el mentor y superior inmediato de Timoteo, no haya estado presente en su nombramiento o cualquiera que haya sido el evento al que asistieron los ancianos. Tampoco 1 Timoteo 5:22 presenta algún problema ante nuestro análisis, ya que Pablo no especifica cuál era el propósito de imponer las manos. (Parecería, a la luz de 1 Timoteo 3:6, que Pablo está hablando de nombrar personas como evangelistas o enviarlas al ministerio antes de que estuvieran listas.)

21

¡No se le dará más señal!

Jesús: restándole importancia a los milagros

En este punto del libro, usted puede estarse preguntando: "¿Por qué Jesús hizo tantos milagros, si no eran realmente necesarios?" Bueno, ¡nunca dijimos que no eran necesarios! De hecho, la Palabra de Dios debía ser llevada a los hombres y vemos el valioso papel que jugaron los milagros, tanto en la inspiración como en la confirmación de la Palabra. También, los milagros fueron una demostración del carácter y la voluntad de Dios. Además, tenían que realizarse para cumplir lo que las Escrituras habían predicho acerca de Cristo y tuviéramos una base sólida para nuestra fe. Recuerde, sin embargo, que una vez que los milagros fueron registrados, no había necesidad de repetirlos (Lucas 16:31).

Algunos se sienten desanimados con esta conclusión. "¿No sería más emocionante si tuviéramos milagros? ¿No podríamos tener más visitantes en nuestros servicios? ¿No avanzaríamos más el Reino a largo plazo si tuviéramos dones sobrenaturales?"

No podemos negar que las cosas serían más sensacionales si pudiéramos realizar milagros, especialmente considerando las tendencias actuales en el crecimiento de la iglesia. Y sería tonto negar que la estadística de asistencia pudiera aumentar. ¿Pero es esto lo más importante? El cristianismo normal es bastante emocionante por sí mismo y la estadística de asistencia no es el único indicador de cómo está la congregación, aunque es importante. Las conversiones, la retención a largo plazo, la madurez espiritual y la multiplicación de líderes son seguramente aspectos más importantes.

Piensen en esto: ¿Cuántos seguidores leales tuvo Jesús al final de su ministerio? Ciento veinte en el área de Jerusalén y quinientos en Galilea. ¿Cuántos vieron sus milagros? Muchas de las multitudes que se reunieron para escuchar sus enseñanzas fueron contadas por miles y miles (Lucas 12:1, DHH). ¿A cuántas personas les predicó Jesús durante su vida? ¿A algunos cientos de miles? ¿O a varios millones? ¡Seamos realistas! El factor decisivo en la efectividad de un ministerio nunca podrían ser los milagros, sino el corazón de los perdidos y el celo de los trabajadores.

No debemos buscar atajos para el crecimiento numérico. ¿Qué sucedió en el siglo IV cuando el imperio romano decidió que el cristianismo debía ser la religión oficial (381 d. C.)? ¡Los paganos entraron a raudales en la iglesia! Las "asistencias" a las iglesias cristianas fueron altas todo el tiempo, mientras que los templos paganos se desocupaban. Pero se pagó un gran precio: todo el mundanismo de los paganos fue importado indiscriminadamente al interior de la iglesia; toda la situación se volvió muy política. La iglesia nunca se recuperó de ese golpe.

No, no hay atajos. ¡La única forma de construir un ministerio dinámico y creciente es el trabajo duro! Sin embargo, es muy fácil fantasear acerca de todo y pensar que los milagros verdaderamente impulsarían nuestro evangelismo. Podemos terminar razonando como lo hicieron los hermanos de Jesús.

> Así que los hermanos de Jesús le dijeron:
> —Deberías salir de aquí e ir a Judea, para que tus discípulos vean las obras que realizas, porque nadie que quiera darse a conocer actúa en secreto. Ya que haces estas cosas, deja que el mundo te conozca.
> Lo cierto es que ni siquiera sus hermanos creían en él. (Juan 7:3–5)

Si Jesús realmente sabía lo que estaba haciendo, razonaban ellos, usaría los milagros para levantar su imagen y ganar reconocimiento por su labor. Pero el punto del ministerio no es la publicidad; es salvar almas. La filosofía de sus hermanos era mundana, irreal y egoísta. ¡Jesús no tenía nada que ver con ella! Pero Jesús sabía exactamente lo que estaba haciendo. A menudo leemos sobre su negativa a dar una señal, pues Él conocía los corazones de los hombres. Es demasiado claro que Jesús desalentó la mentalidad de quienes buscan señales. Veamos siete razones por las que Él estaba tan reacio a complacer a las multitudes.

1. Las personas lo seguirían por razones equivocadas.

Jesús sabía que es mucho más fácil dejarse atrapar por la emoción de los milagros que por el tema del arrepentimiento. Cuando las multitudes lo seguían en Juan 6, Jesús los desafió en sus motivaciones.

> "Ciertamente les aseguro que ustedes me buscan, no porque han visto señales sino porque comieron pan hasta llenarse. Trabajen, pero no por la comida que es perecedera, sino por la que permanece para vida eterna." (Juan 6:26–27a)

Los milagros debieron haberlos convencido de su necesidad de volverse discípulos comprometidos, pero en lugar de eso, el interés propio fue su razón para seguir a Jesús. Aún después de este fuerte desafío, ellos siguieron sin arrepentirse.

> —¿Y qué señal harás para que la veamos y te creamos? ¿Qué puedes hacer? —insistieron ellos. (Juan 6:30)

¡Y esto sucedió después de alimentar milagrosamente a muchos de ellos! (Juan 6:1–15). Las cosas cobran forma más adelante en el capítulo, cuando comprendieron el tipo de compromiso que Jesús espera. ¿Cuál fue su respuesta?

> Al escucharlo, muchos de sus discípulos exclamaron: "Esta enseñanza es muy difícil; ¿quién puede aceptarla?"
>
> Jesús, muy consciente de que sus discípulos murmuraban por lo que había dicho, les reprochó:
>
> —¿Esto les causa tropiezo?...
>
> Desde entonces muchos de sus discípulos le volvieron la espalda y ya no andaban con él. (Juan 6:60–61, 66a)

Su motivación fue pecaminosa desde el principio. Tales personas pueden ser persuadidas de volverse a Jesús siempre y cuando piensen que pueden obtener algo a cambio, pero se requiere el compromiso verdadero para seguir a Jesús cuando las cosas se ponen difíciles.

2. Los milagros no garantizan la fidelidad.

Experimentar grandes milagros no es garantía de una fidelidad a largo plazo. Es como un contacto cercano con la muerte. ¿Cuántas personas son significativamente cambiadas por eso? Cuando yo era más joven, tuve dos "encuentros cercanos" con la muerte: una vez casi me ahogué en el océano, y en otra ocasión, mi bicicleta se partió en dos cuando un vehículo me atropelló. Cuando algo así sucede, es fácil convertirse en un "religioso" por un tiempo, ¡pero cuán rápido pasa el efecto! Jesús sabía que no hay comparación entre una convicción momentánea basada en circunstancias o sentimientos, y el compromiso duradero de una decisión sólida. Jesús vio esto en su ministerio una y otra vez.

Lamentablemente, incluso el pueblo de Dios no es inocente de tal egoísmo olvidadizo de lo que el Señor ha hecho (2 Pedro 1:9). ¿No es ésta una lección que aprendemos una y otra vez de la travesía de Israel por el desierto?

> Echaron al olvido sus proezas,
> las maravillas que les había mostrado,
> los milagros que hizo a la vista de sus padres
> en la tierra de Egipto, en la región de Zoán.
> Partió el mar en dos para que ellos lo cruzaran,
> mientras mantenía las aguas firmes como un muro.
> De día los guió con una nube,
> y toda la noche con luz de fuego.
> En el desierto partió en dos las rocas,
> y les dio a beber torrentes de aguas;
> hizo que brotaran arroyos de la peña
> y que las aguas fluyeran como ríos.

> Pero ellos volvieron a pecar contra él;
> en el desierto se rebelaron contra el Altísimo.
> Con toda intención pusieron a Dios a prueba,
> y le exigieron comida a su antojo. (Salmo 78:11–18)

Jesús sabía que los corazones de hombres y mujeres necesitaban ser ganados para Él, no por los eventos extraordinarios que habían visto, sino por gratitud al amor de Dios por ellos, al entregarse a sí mismo a la muerte por causa de sus pecados (Juan 12:32).

3. Las Escrituras son suficientes.

Como ya lo hemos dicho repetidamente, las Escrituras son todo lo que necesitamos para tener una fe sólida en Dios. Abraham trató de enseñarle esto al hombre rico, a quien le era difícil entender cómo un sorprendente milagro no produciría un cambio moral en el corazón de los miembros de su familia. ¡Cuánto más se aplica esto a la mención de los milagros en las Escrituras! Si queremos ser impresionados, todo lo que tenemos que hacer es leer la Biblia. Si eso no nos impresiona, es poco probable que presenciar un verdadero milagro traiga un profundo cambio a nuestro corazón y a nuestra conducta.

4. Ni siquiera los que "dudan" necesitan señales.

Algunos se refieren a Tomás o a Gedeón para justificar su débil fe y su falta de compromiso. El lector astuto notará que Gedeón no fue elogiado por su dilación, ni Tomás por su actitud escéptica acerca de Cristo. Tomás no tenía excusa para dudar, pues había visto a Jesús hacer incontables milagros y estuvo presente en varias ocasiones cuando Jesús profetizó su resurrección. ¿Cómo lidió Jesús con el "incrédulo Tomás"?

> Luego le dijo a Tomás:
> —Pon tu dedo aquí y mira mis manos. Acerca tu mano y métela en mi costado. Y no seas incrédulo, sino hombre de fe. (Juan 20:27)

No, Tomás no es elogiado por su actitud "científica"; ¡es reprendido! Tampoco se le sugiere que resuelva sus dudas, sino que se le ordenó que dejara de dudar. ¿Nos estamos volviendo ahora irracionales? No, porque para Tomás esto ni siquiera se acercaba a "un salto en la oscuridad." Él había visto demasiadas evidencias.

Una amiga mía estaba estudiando la Biblia con una no cristiana. Todo parecía ir bien hasta que sucedió lo que parecía un callejón sin salida. A pesar de toda la evidencia que Joyce le había mostrado en las Escrituras, ella no estaba segura de poder aceptar toda la Biblia, pues después de todo, ella nunca había creído verdaderamente en el diablo y no estaba segura de que el pecado fuera "pecado." ¿Cuál fue la respuesta de Joyce? La desafió a ser razonable, a dejar de dudar y creer. "Cuán superficial de su parte; —pensé en ese momento— Joyce debió haberle dado un libro sobre evidencias del cristianismo y sugerirle leer algunos pasajes que la ayudaran." (Desde entonces, Dios me ha mostrado muchas cosas acerca del ministerio.) La mujer se hizo cristiana unos días más tarde.

La mayoría de los potenciales Tomases de hoy no necesitan milagros. ¡Lo que necesitan es un buen desafío para arrepentirse! Sin embargo, cuando la fe de alguien es débil, no se ha desarrollado y sinceramente necesita tiempo para crecer, ¿cuál es la solución bíblica? Investigue en la Palabra. La Palabra produce fe (Romanos 10:17). ¡Mi Biblia no dice nada acerca de milagros en ese pasaje!

5. Los de corazón duro no son cambiados ni siquiera por los milagros.

La mente humana es capaz de las racionalizaciones más increíbles. Como con el faraón (Éxodo 7:13), Jeroboán (1 Reyes 13:1–6, 33) y el nazi Goering,[1] encontramos una considerable dureza de corazón entre las personas de los tiempos de Jesús. Después de que Jesús hubo resucitado a Lázaro, los líderes de los judíos vieron la verdad; ellos no negaron los milagros, pero estos tampoco tuvieron ningún efecto en ellos, excepto para acelerar su odio mortal por Jesús.

> Entonces los jefes de los sacerdotes y los fariseos convocaron a una reunión del Consejo.
>
> —¿Qué vamos a hacer? —dijeron—. Este hombre está haciendo muchas señales milagrosas. Si lo dejamos seguir así, todos van a creer en él, y vendrán los romanos y acabarán con nuestro lugar sagrado, e incluso con nuestra nación. (Juan 11:47–48)

No todos los líderes eran así, afortunadamente. Algunos, como Nicodemo (Juan 3:1ss, 7:50–51), tuvieron la integridad para reconocer la verdad cuando la vieron. Pero la mayor parte del pueblo judío permaneció obstinada.

> A pesar de haber hecho Jesús todas estas señales en presencia de ellos, todavía no creían en él. (Juan 12:37)

El asunto es que los milagros no harían hoy la diferencia para quienes piensan que tienen razón.

6. Jesús no quiere disminuir nuestra libre voluntad.

¿Qué pasaría si cada vez que fuéramos a tomar una decisión equivocada, Dios mismo se nos apareciera y nos persuadiera a hacer lo correcto y luego desapareciera hasta nuestro siguiente acto de debilidad? ¡La responsabilidad personal y el libre albedrío saldrían por la ventana! Dios respeta nuestra capacidad para tomar nuestras propias decisiones, incluso si utilizamos incorrectamente esa facultad con fines egoístas. Es por eso que Jesús dijo:

> "El que esté dispuesto a hacer la voluntad de Dios reconocerá si mi enseñanza proviene de Dios o si yo hablo por mi propia cuenta." (Juan 7:17)

Haber experimentado un milagro no es el requisito fundamental para descubrir si Jesús es el camino, la verdad y la vida. Ni tampoco lo que Dios obre en su vida de alguna forma mística y misteriosa. El requisito fundamental es la disposición a seguir la verdad. Esa es la única forma de decidir correctamente si el cristianismo es verdad.[2]

Como la parábola, la cual no impone su verdad en el oyente, el ministerio sin milagros evita los extremos del sensacionalismo, el emocionalismo y las decisiones rápidas y superficiales. (No quiere decir que los milagros serían un obstáculo, sólo que ellos no son tan útiles como muchos nos lo harán creer.)

7. Dios quiere que basemos nuestra fe en la razón.

En los evangelios vemos a Jesús pidiéndole a la gente una y otra vez, que razone (Lucas 20:17, 27–44, etc.). Nosotros también debemos enseñarle a la gente a pensar. Si Jesús concediera cada petición de una señal, ¿qué les enseñaría eso a las personas? A insistir en una señal cada vez que se enfrentaran una decisión importante. A no pensar por sí mismos, sino a pedirle al Señor que les de las respuestas y luego alabar (o culpar) a Dios. El enfoque carismático suena tan espiritual, ¿no es cierto? Esto sería la muerte de los estudios bíblicos personales, pues, ¿por qué dedicar horas cuando Dios puede decirle a usted directamente la verdad a su corazón? ¡Esto sería la muerte del cristianismo!

Conclusión

Jesús desalentó la mentalidad de quienes buscan milagros y lo mismo deberíamos hacer nosotros. Uno de los pasajes más ilustrativos en este tema está en Lucas 11:29–32.

> Como crecía la multitud, Jesús se puso a decirles: "Ésta es una generación malvada. Pide una señal milagrosa, pero no se le dará más señal que la de Jonás. Así como Jonás fue una señal para los habitantes de Nínive, también lo será el Hijo del hombre para esta generación. La reina del Sur se levantará en el día del juicio y condenará a esta gente; porque ella vino desde los confines de la tierra para escuchar la sabiduría de Salomón, y aquí tienen ustedes a uno más grande que Salomón. Los ninivitas se levantarán en el día del juicio y condenarán a esta generación; porque ellos se arrepintieron al escuchar la predicación de Jonás, y aquí tienen

ustedes a uno más grande que Jonás.

Los ninivitas se arrepintieron porque Jonás les predicó la Palabra. Ellos no tuvieron necesidad de una señal milagrosa y sin embargo, cuánto las hubieran apreciado: Jonás era un extranjero, que estaba solo en su misión, de quien tal vez nunca habían oído y su religión era diferente a la de ellos. Jonás no hizo ningún milagro, ¡y aún así toda la ciudad se arrepintió! (Jonás 3:5).

Un poco más de un siglo antes, la reina de Sabá (1 Reyes 10:1–13) había exaltado a Salomón aunque él no hizo ningún milagro para ella. Ella escuchó su sabiduría y eso la movió a alabar al Dios de Israel (1 Reyes 10:8–9).

Ninguno de los dos casos se vio afectado o condicionado por los milagros. Ni la gente de Nínive ni la reina de Sabá recibió señales milagrosas, y sin embargo, fueron influenciadas por la Palabra de Dios. ¡Qué pocas excusas tenía la generación de Jesús comparada con estos extranjeros creyentes!

¿Y la "señal de Jonás"? La resurrección es el milagro central (1 Corintios 15:12–19).[3] ¿Dios lleva a cabo una nueva resurrección cada vez que un no cristiano llega al punto correcto en su búsqueda de Dios? No, como todos los demás, el que busca a Dios debe leer acerca de la resurrección. Y hay tantas razones hoy para creer en Jesús por causa de la resurrección como los hubo hace dos mil años.

Para todos los intereses y propósitos, la respuesta de Jesús a su generación es perfecta para la nuestra: ¡No se le dará más señal!

NOTAS

1. Las palabras de Hermann Goering son absolutamente inolvidables: "No tengo conciencia... El nombre de mi conciencia es Adolf Hitler. Mi trabajo no es ejercer la justicia; mi trabajo es destruir y exterminar, nada más."

2. No, Jesús no está pidiendo una fe ciega, sino razonable. Mi desafío para los no cristianos es que nunca fingen que el cristianismo es verdad, sino que se dispongan a seguir la verdad, donde quiera que los lleve.

3. Estoy de acuerdo con C.S. Lewis en que el milagro *más grande* de todos es el de la encarnación de Jesús.

22

De ángeles y hombres

Preguntas acerca de "hablar en lenguas"

Está muy bien decir que los milagros cumplieron su propósito bíblico (capítulos 18, 19 y 20), y, por lo tanto, hoy no son necesarios. Sin embargo, muchas personas citan experiencias como auténticas para probar su posición. Uno de los "milagros" carismáticos más comunes es el de "hablar en lenguas." De hecho, hablar en lenguas es el don espiritual más frecuentemente mencionado por el movimiento carismático. Este capítulo y el siguiente se enfocan principalmente en este fenómeno. En este capítulo encontraremos respuestas a diez preguntas básicas al respecto. En el capítulo siguiente exploraremos profundamente 1 Corintios 12–14.

El balbuceo

Cuando tenía ocho años, nuestra clase fue bendecida con la llegada de Alexander Elschnig, un estudiante de Alemania. Alex y yo vivíamos en la misma calle y a menudo jugábamos juntos. Como nunca había experimentado un idioma extranjero, traté de imitar lo que escuchaba. Sin haber recibido clases de idiomas, lo mejor que podía hacer era una burda aproximación de los verdaderos sonidos. Alex y yo "hablábamos" entre nosotros, riendo y balbuceando rápidamente, fingiendo que podíamos entendernos el uno al otro, para consternación de nuestros amigos. Así es que la primera vez que escuché acerca de "hablar en lenguas," no pude evitar reírme en mi interior. ¡Era como volver a tercer grado! Encontré la imitación del lenguaje tan natural que me rehusé a hablar en lenguas, a pesar de la presión que tenía para que lo hiciera. Sabía que podía "hacerlo," y todavía puedo hacerlo, pero lo que escuché en nuestras reuniones de oración me pareció muy infantil. Me viene a la mente Mateo 6:7, donde Jesús condena hablar sólo por hablar.

1. ¿Qué es la "glossolalia"?

Glossolalia es el término técnico para referirse a hablar en lenguas.[1] Puede referirse tanto a un gran rango de fenómenos psicológicos como a las lenguas bíblicas genuinas. En este libro nos limitaremos a lo básico de "hablar en lenguas."

Hablar en lenguas o *"glossolalia,"* requiere la "interpretación" para que sea inteligible. Segmentos de grabaciones de audio idénticos de *glossolalia* tienen "interpretaciones" completamente diferentes según quién sea el intérprete. La interpretación tiende a ser tan subjetiva como las lenguas. Una vez estaba escuchando un "mensaje" en lenguas y su "interpretación." El significado dado a las lenguas era mucho más largo que el mismo "mensaje" original. Le hice esta observación a la intérprete, quien admitió haberse tomado ciertas libertades en su interpretación, ¡sospechando que tal vez yo tenía el don de la interpretación!

2. *¿Hablar en lenguas es realmente algo psicológico?*

Mi conclusión es que hablar en lenguas es un fenómeno *puramente* psicológico. Es común entre las personas que interiorizan sus problemas en lugar de sacarlos a la luz y lidiar con ellos.[2] Por lo tanto, los principales candidatos a hablar en lenguas son quienes tienen situaciones no resueltas (debido al pecado, falta de oración, falta de evangelismo o relaciones conflictivas). Pero otras personas también tienen esta experiencia.

Hablar en lenguas es algo que ha sido analizado en el laboratorio y al interior de muchas iglesias y *consistentemente* se ha encontrado que carecen de significado lingüístico. Los análisis han demostrado que se asemeja al lenguaje infantil y que involucra sílabas y sonidos del propio idioma o grupo de idiomas, de quien habla en lenguas. ¡Un hablante en lenguas chino se oirá completamente diferente a uno alemán!

Cuando se habla en lenguas, una "oración" puede incorporar, ocasionalmente, una frase en un idioma extranjero, bien sea por accidente o a través de un fenómeno llamado "criptomnesia," en el que el orador inconscientemente repite palabras de otro idioma que ha escuchado en alguna ocasión en el pasado. Si bien esto es poco común, se ha demostrado que puede ocurrir, especialmente entre personas que en algún momento han vivido en un ambiente donde se habla más de un idioma.

Uno pensaría que muchas expresiones de quienes hablan en lenguas, especialmente de quienes creían que estaban hablando un idioma extranjero, habrían sido enviados para ser analizados por especialistas en lingüística. ¡Y lo han sido! Hace algunos años hice mi propio estudio sobre el tema y leí montones de libros y artículos especializados en *glossolalia*, muchos de los cuales fueron escritos por psicólogos interesados en estudiar el fenómeno por razones diferentes a las religiosas. Uno de los artículos concluía que:

- Hablar en lenguas no es hablar en idiomas extranjeros.
- Es un comportamiento adquirido y que se perfecciona con la práctica.
- Puede simularse y los que hablan en lenguas no pueden discernir esto de la práctica carismática.
- Tiene características del lenguaje infantil.[3]

Si quiere conocer más sobre el tema, le recomiendo que vaya a la sección de psicología de la religión de alguna biblioteca universitaria, donde probablemente encontrará más literatura al respecto que usted podrá consultar.

3. ¿Hablar en lenguas es un fenómeno estrictamente cristiano?

No, hablar en lenguas es un fenómeno religioso a nivel mundial. Lo más relevante para nuestro entendimiento de las lenguas en el Nuevo Testamento, es la glossalia de las diferentes religiones griegas del mundo mediterráneo en el primer siglo. (Para más información, repase el capítulo 17.)

4. En la Biblia, ¿qué son las lenguas?

La palabra griega *glossa* significa "lengua o lenguaje." Glossa no tiene más connotación de un idioma misterioso que la que tiene la palabra en español, *lengua*. Sin embargo, se ha causado mucha confusión debido a la traducción del griego al inglés y al español. Los traductores de la Biblia en la versión Reina-Valera Antigua agregaron la palabra "desconocida" o "extraña" a la palabra "lengua" en versículos 1 Corintios 14:4, 13, 14, 19 y 27.[4] Esta palabra, de hecho, no hace parte del texto griego. Sólo estaban tratando de ayudar, pero terminaron dándole credibilidad a la interpretación carismática de "lengua" como algo que no es de este mundo.

Normalmente, un libro escrito hace casi cuatro siglos tiene una influencia mínima en la generación actual, pero la popularidad perdurable de la versión Reina-Valera hace que las "lenguas" sean un tema en constante debate.[5] Muchas otras versiones, en particular las traducciones libres y las parafraseadas, cometen errores similares.[6]

¿Por qué aún llamamos lenguas a las "lenguas", cuando la palabra original es "idiomas"? Para la mayoría de las personas esto se refiere más al órgano de la boca que a un idioma. (Sí, *glossa* también puede significar "lengua.") Un principio importante en la traducción es seleccionar una palabra común en la lengua traducida que represente la palabra común en la lengua original y elegir una palabra extraña en la lengua traducida que represente a una palabra extraña de la lengua original. Esta es la única forma de mantener una traducción fresca, comprensible y relevante. *Glossa* era una palabra común en el griego koine del primer siglo; "lengua" es muy raramente usada en el sentido de "lenguaje" en el español moderno. Algunas tendencias sectarias a veces prefieren no actualizar una traducción, por temor a que una doctrina favorita pueda verse comprometida.

Cuando vamos a la Biblia no encontramos evidencia de que *glossa* sea algo diferente al lenguaje humano. Las glossai que se hablan en Pentecostés fueron idiomas reales: latín, árabe, cretense, parto, etc. (Hechos 2:6–11). De hecho, *glossa* se intercambia con *dialektos* en Hechos 2:6. *Dialektos* simplemente significa "idioma regional," un "dialecto."[7] ¡No hay ninguna pista aquí de un idioma "misterioso"! Lucas nos presenta el bautismo cristiano en Hechos 2 y en consecuencia, podemos asumir con seguridad que dondequiera que alguien sea bautizado, Hechos 2:38 describe su conversión. De la misma forma, Lucas presenta las lenguas en Hechos 2, y no hay razón para creer que tengan un significado diferente en los capítulos siguientes de Hechos. Una vez más, las *glossai* en el libro de Hechos y en el resto del Nuevo Testamento son idiomas extranjeros reales. En 1 Corintios, también es claro que las lenguas son idiomas.

> ¡Quién sabe cuántos idiomas hay en el mundo, y ninguno carece de sentido! Pero si no capto el sentido de lo que alguien dice, seré como un extranjero para el que me habla, y él lo será para mí. (1 Corintios 14:10–11)

Idiomas reales es lo que Pablo tiene en mente: idiomas "extranjeros." Cualquier idioma es un idioma extranjero para quien no lo habla. Por ejemplo, para la vasta mayoría de nosotros, el mongolés es un idioma "extranjero." (¡Pero no lo es para alguien de Mongolia!)

Estas lenguas, o idiomas, fueron adquiridos milagrosamente. Quienes las hablaron nunca las estudiaron. Con la traducción (interpretación), se volvieron inteligibles, como sucede actualmente con cualquier idioma. Tengo la confianza de que todos nosotros estamos plenamente capacitados para entender suajili, islandés y coreano (con un traductor, si es necesario).

5. ¿Qué hay del "idioma de los ángeles"?

El sentido común nos llevaría a pensar que si los ángeles, siendo seres inmateriales, se comunicaran en algún idioma, éste no consistiría en sonidos y ondas sonoras propias de los idiomas humanos. Usted podría preguntarse también: ¿Qué idioma habla Dios? Sin embargo, algunos sienten con mucha fuerza que existe un lenguaje celestial. Eso me recuerda a los fundamentalistas musulmanes que he conocido, que insisten, como enseña el Corán, que la lengua natural de Dios es el árabe. De todas formas, sólo hay un pasaje que puede dar la impresión de que los ángeles tienen idiomas que los humanos pueden hablar y es 1 Corintios 13:1.

> Si hablo en lenguas humanas y angelicales, pero no tengo amor, no soy más que un metal que resuena o un platillo que hace ruido.

La escritura dice "si hablo en lenguas angelicales," no que necesariamente existan lenguas angelicales. Pero incluso si *pudiéramos* hablar en lenguas angelicales, eso no tendría ningún valor si no hay amor, un aspecto que a menudo no consideran los que hablan en lenguas. Hablaremos mucho más al respecto en el comentario sobre 1 Corintios 13 en el capítulo 23.

6. ¿Cuál fue el propósito de las lenguas?

a.) Un punto común entre los neopentecostales es que las lenguas son evidencia de la salvación. Esto no es bíblico (en el capítulo 24, trataremos este punto más ampliamente). Los neopentecostales también afirman que las lenguas son un lenguaje privado de la oración. La mayoría de los carismáticos sostienen que hablar en lenguas es la puerta de acceso a un poder y servicio superiores en el Reino. Si usted sólo puede recibir este don, argumentan ellos, puede comenzar realmente a experimentar las bendiciones de la vida cristiana. Y hasta que lo reciba, usted permanecerá en la mediocridad. Este "atajo al poder" inevitablemente interrumpirá la voluntad de Dios.

b.) También se dice que las lenguas tuvieron una función misionera. Fueron dadas, sostienen algunos, para que los misioneros no tuvieran que estudiar los idiomas de los pueblos que evangelizaban. Si bien esta interpretación tan particular no surge sino hasta el tercer siglo, es ciertamente posible. (¡Pero en ese caso, tal uso de las lenguas sería mencionado en el libro de Hechos!) Tal vez las lenguas estaban siendo usadas para llegar a las personas que no podían entender al orador y no tenemos registros del hecho. En Hechos 2, la audiencia, a pesar de tener sus propios idiomas nacionales, hablaron el mismo idioma que Pedro. Es más, el sermón que Pedro proclamó no fue dicho en "lenguas." Además, como resultado de los esfuerzos de Alejandro el Grande (356–323 a. C.) para crear una cultura mundial, el griego koine se convirtió en el idioma común de todo el mundo mediterráneo. Por tanto, es poco probable que los primeros misioneros cristianos no pudieran encontrar intérpretes entre las personas que evangelizaban.

c.) En 1 Corintios 12:7, 14:5 y 26, vemos que las lenguas fueron dadas para la edificación. La edificación de la iglesia sólo fue posible mediante la traducción. Aunque alguien podría impresionar a la congregación con su destreza lingüística, es poco probable que pudiera realmente edificarla, pues sólo se estarían llevando consigo un sentimiento, en lugar de un "alimento sólido."

d.) En 1 Corintios 14:22, leemos que las lenguas fueron una señal para los no creyentes, una señal negativa, una señal del rechazo de Dios. Muy pocos se dan cuenta de este hecho.

e.) Finalmente, las lenguas eran para confirmar el mensaje del evangelio, según Marcos 16:17 y 20.

7. ¿Las lenguas fueron un lenguaje de oración?

Me imagino que ciertos corintios estaban usando su don de las lenguas en casa para sus tiempos de devoción personal, pero opino que no hay nada malo en ello. De hecho, esto debió haber sido edificante (1 Corintios 14:4). (Hubo una época cuando pensé que podría unirme a un equipo misionero e ir a Sur América. Para prepararme, comencé a tener mis tiempos de oración en español. Leía la Biblia en español y trataba de orar al Señor en mi "lengua." Eso fue diferente, ¡edificante!)

¿Por qué los carismáticos consideran el don de lenguas como un lenguaje privado y personal de éxtasis y adoración? En parte se debe a su interpretación de 1 Corintios 13:1. Pero existen otros versículos en 1 Corintios 12–14 que parecen apoyar su punto de vista. 1 Corintios 14:2

proporciona dos líneas para el razonamiento carismático.

> Porque el que habla en lenguas no habla a los demás sino a Dios. En realidad, nadie le entiende lo que dice, pues habla misterios por el Espíritu.

Se dice que el lenguaje de alabanza es privado y no debe ser interpretado. Sin embargo, el resto del capítulo asume que las lenguas no traducidas son inútiles. No hay argumento que apoye la idea de que algunas lenguas son idiomas extranjeros y que otras son idiomas celestiales que no se pueden traducir. La misma afirmación es hecha sobre los fundamentos de la palabra "misterios." Pero un misterio deja de serlo cuando es desentrañado; de igual modo, una lengua deja de ser incomprensible una vez que ha sido interpretada. La presencia de la palabra "misterios" no prueba la posición neopentecostal. Otro pasaje utilizado para promover la posición carismática es 1 Corintios 14:14: "Porque si yo oro en lenguas, mi espíritu ora, pero mi entendimiento no se beneficia en nada." Se argumenta que Pablo está *defendiendo* este tipo de oración. Como veremos en el comentario (capítulo 23), esto no es probable y ciertamente no puede ser probado. Lo que se asume sin decirlo, es que de alguna forma es deseable tener una mente que no sea fructífera. (¿Se acuerdan del consejo de poner su cerebro en una caja y lanzarlo a la luna?) Finalmente, 1 Corintios 14:28 puede interpretarse como una enseñanza de que debemos orar en lenguas en nuestro tiempo personal de oración.

> Si no hay intérprete, que guarden silencio en la iglesia y cada uno hable para sí mismo y para Dios.

Ciertamente, Pablo no nos está prohibiendo orar en lenguas cuando lo hacemos en privado, sino que están fuera de lugar en las reuniones. Sin embargo, si uno podía o no orar en lenguas, dependía completamente de si se tenía el verdadero don de las lenguas. Este es el punto en verdad. Mi posición es que las lenguas ya no están presentes.

8. ¿Qué debo hacer si alguien empieza hablar en lenguas?

Escuche y aprenda. Realmente hay muy poco misterio en la *glossolalia* una vez que usted la ha escuchado unas cuantas veces. Mantener una actitud balanceada puede ayudarle a amar y a comprender mejor a sus amigos que creen tener esta habilidad sobrenatural.

A principios de los ochenta, me hice amigo de Mohan Nanjundan, un compañero del curso de postgrado en la Universidad de Londres. Él vivía en el dormitorio del piso superior al mío y era del tipo que iba a la iglesia, pero estaba algo confundido respecto a ser discípulo y al nuevo nacimiento. Hablaba cinco idiomas con fluidez, ¡pero también *glossolalia*! Mohan era sincero y un gran conocedor de la Biblia, pero una vez que comenzó a entender el plan de Dios de que sus hijos deben ser discípulos de Cristo ("caminar el Camino" en verdad), ¡quiso respuestas! Mis amigos Douglas Arthur, Douglas Blough y yo estudiamos las Escrituras con Mohan. Los "tres Douglas" tratamos con tenacidad de persuadir a Mohan para que tomara una decisión consistente por la verdad, pero después de una docena de horas de intensa discusión, seguía sin convencerse. Un día él entró a mi habitación y me preguntó si me gustaría escucharlo hablar en lenguas.

—Seguro —le dije—, adelante.

Mohan usó su "lenguaje" de oración esperando convencerme.

—¿Se supone que eso es para demostrarme que eres salvo? —le pregunté.

—¡Oh, simplemente no estás escuchando! —dijo Mohan frustrado.

—¡Ahora es mi turno! ¿Quieres escucharme hablar en lenguas? —le pregunté.

—¿Puedes hacerlo? Sí, adelante —replicó Mohan.

—*Korobka dvyer karandashkuya, boomega okno* —dije imitando el sonido de unas pocas palabras en ruso.

—Vaya, ¿eso es hablar en lenguas realmente? —dijo.

—Sí, mucho más que lo que tú hiciste —le contesté.

¿Fue este el punto de quiebre? ¡No! Horas de discusión no surtieron efecto, ni le hicieron cambiar de opinión respecto a su habilidad de hablar en lenguas. ¿Qué hizo toda la diferencia? Regresar a la Biblia y mostrarle lo que la Palabra de Dios dice acerca de seguir a Jesús fue lo que cambió la vida de Mohan. Dos días más tarde se bautizó en Cristo.

Hoy Mohan labora tiempo completo en el ministerio cristiano y coordina los registros de proyectos a nivel mundial de ayuda a los necesitados, con cientos de personas a su cargo. Estoy convencido de que hay miles de hombres y mujeres sinceros como Mohan en este mundo. Vaya a ellos, ayúdelos a entender la voluntad de Dios y mantenga la calma mientras ellos comparten sus experiencias. ¡Incluso si empiezan a hablar en lenguas!

9. ¿Desapareció alguna vez el don bíblico de hablar en lenguas?

Sí, ciertamente parece haber desaparecido. La profecía de Pablo (1 Corintios 13:8) resultó ser correcta. Sólo se escucha una vez en el segundo siglo de hablar en lenguas y está relacionada con la herejía Montanista (c.157). Eusebio,[8] un historiador de la iglesia del cuarto siglo, habla en la corte de Constantino (306–337), acerca del Montanismo.

> A un recién convertido a la fe llamado Montanus... el adversario puso un pasaje en su corazón; y... movido por el espíritu, repentinamente cayó en un estado de posesión, como si estuviera en un éxtasis anormal, tan fuerte que comenzó a moverse frenéticamente y a balbucear y pronunciar sonidos extraños, es decir, a profetizar de manera contraria a como la iglesia lo había hecho tradicionalmente desde el principio y de generación

en generación.[9]

Hay que hacer tres observaciones:

- Este reavivamiento carismático, que suena tan parecido al neopentecostalismo de hoy, fue rechazado debido a la forma desordenada como el "Espíritu" estaba tomando el control.
- Parece que no hubo actividad sobrenatural por mucho tiempo.
- El balbuceo de sonidos extraños fue rechazado; no fue considerada una forma genuina de hablar en lenguas.

Una vez que avanzamos y dejamos atrás el segundo siglo, encontramos más referencias acerca de los dones del Espíritu, pero que no apoyan la causa carismática. Primero, citaremos a Orígenes (185–254 d. C.), quien al discutir sobre una herejía carismática de su época, se refiere a la práctica herética de hablar en lenguas como:

> ...palabras extrañas, fanáticas y absolutamente ininteligibles, en las que ninguna persona racional puede descubrir lo que quieren decir, pues son tan oscuras que carecen de todo significado; pero ellos le permiten a cada tonto o impostor la oportunidad de usarlas como quieran para sus propios propósitos.

Juan Crisóstomo de Constantinopla, al escribir a finales del cuarto siglo, parece haber sido el primero en referirse al cese del don de hablar en lenguas. Él se refiere a 1 Corintios 12–14.

> Todo este pasaje es muy oscuro; pero la oscuridad es producida por nuestra ignorancia de los hechos que se refieren a su desaparición, ya que solían suceder pero ya no suceden más.

Finalmente, las palabras de Agustín (354–430 d. C.) resumen la perspectiva de la iglesia medieval.

> En los primeros tiempos, el Espíritu Santo vino sobre aquellos que creyeron y ellos hablaron en lenguas que no habían aprendido, pues el Espíritu los capacitó. Estas fueron señales adaptadas a tiempo, pues la señal del Espíritu debía darse en todas las lenguas, para mostrar que el evangelio de Dios se hablaría en todos los idiomas y llegaría a todo el mundo. Esto sucedió como una señal y pasó.

Hablar en lenguas fue algo que sucedió en la Edad Media, durante la Reforma Protestante y en cada siglo desde entonces. Los inicios del movimiento carismático moderno generalmente se remontan a 1900, en

Topeka, Kansas, donde hubo un resurgimiento de hablar en lenguas que poco después se expandió por la costa oeste de los Estados Unidos.[10] Después de la Segunda Guerra Mundial, el surgimiento del neopentecostalismo llevó al movimiento carismático a casi cada denominación.

Así que para contestar a la pregunta sobre si el don bíblico de hablar en lenguas habría desaparecido alguna vez, debemos contestar "sí y no." Sí, el don genuino de las lenguas desapareció; pero no, siempre ha habido individuos y sectas que practican "hablar en lenguas."

10. ¿Es "pecado" hablar en lenguas?

No, hablar en lenguas no es pecado en sí. Quienes lo practican, lo hacen por ignorancia; sin embargo, la glossolalia debería verse como lo que es: un fenómeno psicológico y no del Espíritu Santo. Sin embargo, es absolutamente cierto que la Palabra de Dios prohíbe hablar en lenguas "no traducibles" en reuniones cristianas.

Algunos dicen que hablar en lenguas es de Satanás. Aunque sin duda Satanás usa esta práctica para engañar y dividir, no hay pruebas de que hablar en lenguas sea algo causado por espíritus malignos. Satanás usa muchas cosas que no son intrínsecamente pecaminosas para dividir a los creyentes y darles a las personas una falsa esperanza de salvación. La práctica de hablar en lenguas se vuelve pecaminosa cuando lleva a la división en el cuerpo de Cristo, como lo ha hecho en cada generación en la que los hombres han insistido en seguir sus sentimientos en lugar de la Palabra de Dios.

Conclusión

Como hemos visto, los idiomas bíblicos y la *glossolalia* moderna son mundos apartes. En el siguiente capítulo veremos el fenómeno moderno de las lenguas y la profecía desde el ventajoso punto de vista de una legítima iglesia "carismática" del Nuevo Testamento. ¡Vamos a Corinto!

NOTAS

1. La palabra se compone simplemente de las palabra griegas *glossa* (lengua, idioma) y lalia (hablar). No debe confundirse con *glossalgia* (parloteo interminable).

2. A veces personas muy inteligentes experimentan la *glossolalia*. "El atractivo poder del movimiento de *glossolalia* entre los intelectuales de hoy es la inconsciente necesidad que tienen todas las personas de resolver sus conflictos de personalidad, expresar sus sentimientos de incomodidad y culpa" (Stuart Bergsma, *Speaking with Tongues* [Grand Rapids, MI: Baker Book House, 1965]).

3. E. Mansell Pattison, "Behavioral Science Research on the Nature of Glossolalia," *Journal of the American Scientific Affiliation* 20:3:74 (Septiembre, 1968).

4. La versión Reina-Valera publicada en 1602

5. Muchos cristianos creen que la Reina-Valera es la única versión

"autorizada" de la Biblia en español, al igual como muchos se sienten igual respecto a la versión King James en inglés. Su actitud: "¡Si fue buena para Jesús y los apóstoles, es buena para mí también!" En nuestro tiempo, muchos lectores de la Biblia han desarrollado la misma actitud hacia la NVI. Es interesante ver la historia repetirse.

6. Algunas versiones más modernas en español han seguido esta misma tradición de agregar la palabra "extraña" o "desconocida." Algunas versiones en inglés dan una mayor interpretación a *glossa* y se separan de la traducción real: "idioma del éxtasis" (New English Bible), "lenguas raras" (Today's English Version).

7. Por cierto, no trate de impresionar a la gente con su conocimiento de griego a menos que usted lo haya estudiado por muchos años a nivel académico. Casi todos los argumentos presentados en este libro pueden hacerse sólo con la Biblia en español. No es justo "ahogar" a las personas con argumentos tomados del griego cuando ellos no están en posición de contestar. (Y para la mayoría de nosotros, si la persona que estamos tratando de impresionar es por casualidad un estudioso del griego, nos quedaríamos paralizados si lo hiciera. ¿No es verdad?)

8. Eusebio (260–339 d. C.) fue un prolífico escritor e historiador. Su libro *Historia de la Iglesia* es nuestra primera fuente para la historia de la iglesia a partir del 300. Él registra con gran detalle las actividades de la secta carismática de los montanistas.

9. Traducido de Eusebio, *History of the Church* (Historia de la Iglesia), V.16.6ss.

10. La mujer que habló en "lenguas," la "señal" del derrame esperado y por el que se oró al inicio del siglo XX, fue Agnes Ozman. Los "dones" se habían expandido a Azusa Street (Los Angeles) para 1906.

23
Corrección, no dirección
Exposición de 1 Corintios 12–14

Este capítulo es una exposición de 1 Corintios 12, 13 y 14, con un punto de vista de la obra del Espíritu Santo. Como veremos, estos capítulos no fueron escritos para *dirigir* a los cristianos hacia una mayor experiencia espiritual, sino para *corregir* la confusión que los corintios tenían acerca del Espíritu, para corregir la seriamente perjudicial disfunción de la congregación.

La veta madre

Hay más material sobre los milagrosos dones del Espíritu en estos tres capítulos que en todos los demás pasajes de la Biblia juntos. Aunque a veces debemos esforzarnos para entender lo que Pablo está diciendo, ésta es sin duda, la "veta madre" de la enseñanza correctiva sobre el Espíritu Santo en el Nuevo Testamento. Eventualmente, cada uno de nosotros tendrá que enfrentar preguntas difíciles de 1 Corintios. Estos no son capítulos para ser evitados sino digeridos.

En principio, déjeme decirle que creo firmemente que la iglesia en Corinto era una iglesia *"carismática."* No "carismática" en el sentido neopentecostal, sino en el sentido de verdaderamente tener *charismata*. La palabra griega charisma (en plural, charismata), significa "don." (Deriva de *charis*, "gracia.") Así, vemos que "carismática" significa perteneciente a los dones del Espíritu. Dios es quien los da; los hombres son los receptores. He estado usando este término vagamente para referirme a los dones tal y como se ven en el Nuevo Testamento, así como también al amplio rango de fenómenos religiosos similares a la *charismata*.

¡Bienvenidos a Corinto!

A manera de introducción, examinemos 1 Corintios 1:4–7.

> 4Siempre doy gracias a Dios por ustedes, pues él, en Cristo Jesús, les ha dado su gracia. 5Unidos a Cristo ustedes se han llenado de toda riqueza, tanto en palabra como en conocimiento. 6Así se ha confirmado en ustedes nuestro testimonio acerca de Cristo, 7de modo que no les falte ningún don espiritual mientras esperan con ansias que se manifieste nuestro Señor Jesucristo.

Los corintios habían recibido la gracia de Dios (*charis*), pero no sólo la gracia de la justificación (Tito 3:7), sino también de los dones (*charismata*) del Espíritu. Ellos fueron enriquecidos en las áreas de la expresión oral (hablar en lenguas, profetizar) y del conocimiento (espíritu de sabiduría, conocimiento y discernimiento). Observe que Pablo dice que no les falta ningún don espiritual. ¿Por qué? Porque el testimonio que Pablo les dio fue confirmado (capítulo 19). ¿Cómo fue confirmado? A través de dones milagrosos. ¿Y cuándo recibieron ellos estos dones? La fuerte implicación es que los recibieron (los dones sobrenaturales) mientras Pablo estaba en Corinto (Hechos 18), durante una visita de dieciocho meses, un tiempo más que suficiente para que Pablo impartiera los dones a muchos miembros de la congregación de Corinto. Pablo alude a esto en 1 Corintios 2:4–5.

No sólo la congregación de Corinto poseía dones milagrosos, sino también la mayoría de las iglesias cristianas del primer siglo (Gálatas 3:5, Efesios 1:17, 1 Tesalonicenses 5:19, 2 Timoteo 1:6), y otras también los tendrían tan pronto como un apóstol pudiera visitarlas (Romanos 1:11). Es posible que hubiera algunos dentro de la congregación de Corinto que fingieran el verdadero don de hablar en lenguas, como lo hacen muchos hoy, pero eso de ninguna manera significa que los dones genuinos del Espíritu no estuvieran presentes en Corinto.

1 Corintios 12

El siguiente comentario sobre 1 Corintios 12 no pretende ser exhaustivo o académico; pero ayudará a corregir una confusión temporal y a aclarar principios que pueden traer una mayor reverencia y orden a nuestra adoración.

> 1En cuanto a los dones espirituales, hermanos, quiero que entiendan
> bien este asunto. 2Ustedes saben que cuando eran paganos se dejaban
> arrastrar hacia ídolos mudos. 3Por eso les advierto que nadie que esté
> hablando por el Espíritu de Dios puede maldecir a Jesús; ni nadie puede
> decir: "Jesús es el Señor" sino por el Espíritu Santo.

Versículo 1: "Quiero que entiendan bien este asunto." La implicación es que no entienden. Pues aun cuando los corintios han sido enriquecidos espiritualmente (1:4–7), Pablo no puede hablar de ellos como una congregación espiritual. En 3:1 él dice: "Yo, hermanos, no pude dirigirme a ustedes como a espirituales sino como a inmaduros, apenas niños en Cristo." En muchas de sus prácticas y conceptos, ellos aún eran niños. Los dones estaban presentes en Corinto, pero ellos los usaban de manera egoísta y caótica. Este fue el resultado de falta de racionalidad, orden y sobre todo, de amor.

Versículo 2: Esta es una clara alusión al origen pagano de los corintios. En Corinto, como en todas las ciudades del mundo romano, había muchos cultos carismáticos, que incluían prácticas muy parecidas a las de la iglesia de Corinto. (En el capítulo 17 analizamos más detalladamente estos cultos.) En cuanto a la racionalidad de la religión pagana, Platón escribió: "Es a través de las manías que nos llegan las más grandes bendiciones" (*Fedro*), y: "Nadie en posesión de su racional cabalidad ha alcanzado la verdadera y divina exaltación" (*Timeo*). Pablo le está recordando a los corintios su experiencia antes de ser cristianos, cuando rendían su racionalidad y hasta su voluntad, al subjetivismo emocional de los cultos religiosos griegos.

La duda de Pablo acerca de la autenticidad de la experiencia de los corintios antes de ser cristianos está implícita en la frase "se dejaban arrastrar." Sin embargo, debemos recordar que los dones sobrenaturales del Espíritu estaban presentes en Corinto y que Pablo les está llamando la atención, no por su entusiasmo, sino por su énfasis equivocado.

Sí, Pablo descarta las experiencias de sus días en el paganismo y con ellas la supersticiosa falacia central: que la espiritualidad es *sentir* lo divino, en lugar de *obedecerlo*. En el pasado, ellos se habían dejado "arrastrar." Ahora parecería que el mismo mecanismo psicológico se hubiera infiltrado en su cristianismo. De igual modo, en los actuales círculos neopentecostales, ser "guiado por el Espíritu" ha tomado un significado totalmente ajeno al sentido bíblico. Ser guiado por el Espíritu no significa rendir nuestra inteligencia a nuestras emociones, sino alinear nuestra mente y nuestra vida con la voluntad de Dios como lo expresan las Escrituras. ¿Puede alguno de nosotros permitirnos no ser guiado por el Espíritu? (ver capítulo 9).

Versículo 3: Este es un pasaje confuso para muchos y por eso, no sorprende que haya varias sugerencias en cuanto a su significado. Una es que los corintios estaban bajo una persecución extrema (7:26), siendo presionados para que renunciaran a Cristo. A principios del segundo siglo (112 d. C.), Plinio, gobernador romano de Bitinia, escribió al emperador Trajano (98–117 d. C.) acerca de los cristianos en su provincia:

> Algunos que fueron o han sido cristianos... invocaron a los dioses (paganos) y maldijeron a Cristo... algo que... se dice que los cristianos genuinos no pueden ser obligados a hacer (Epistles 10.96).

Se asume que en tiempos de dificultad, el Espíritu Santo llega a los creyentes y les da milagrosamente las palabras que deben decir. Eso es inherente en la frase de Pablo: "hablando por el Espíritu de Dios" (v.3). Es cierto que Jesús hizo tal promesa en Lucas 21:15 y Mateo 10:19–20, pero aplicar esto a los cristianos en general sería sacar esos pasajes de sus contextos, pues ellos se aplican principalmente a los apóstoles. (Sin embargo, hay algo allí para nosotros, ¿no es cierto?)

Una segunda propuesta es que esta es una referencia a la declaración de fe, la buena confesión de que Jesús es el Señor (1 Timoteo 6:12, Romanos 10:9). De hecho, muchos estudiosos consideran que ésta es la primera confesión bautismal. Sin embargo, la sugerencia de que sólo podemos hacer la confesión por el poder del Espíritu también puede descartarse, ya que nadie puede hablar por el Espíritu (es decir, a través de un don milagroso, pues esto es de lo que Pablo habla en el versículo 3) si no lo tiene primero, y este sólo se recibe cuando uno obedece a Cristo y se hace cristiano (Hechos 5:32). Ya que la confesión es un prerrequisito para la salvación, se violaría el orden en el tiempo si la buena confesión fuera lo que Pablo tuviera en mente.

Una tercera posibilidad es que Pablo está respondiendo a las enseñanzas de una secta cristiana hereje. Por ejemplo, mucho después surgió la secta de los Ofitas Gnósticos, ¡a cuyos miembros se les pidió maldecir a Jesús![1] Obviamente, ellos ni siquiera eran cristianos si este fuera el caso. Pero, ¿por qué Pablo pensaría que esto era relevante para los corintios?

Una cuarta posibilidad acerca de que lo que Pablo quiere decir es que todos los que repiten como loros las palabras "Jesús es el Señor" deben ser salvos, está claramente descartada (Mateo 7:21, Lucas 6:46). Entonces, ¿qué hacemos con este pasaje?

Aquí Pablo está dando el criterio para determinar si uno está hablando por medio del Espíritu de Dios: el *contenido* de lo que se dice. Si el contenido contradice la Escritura o ataca las reglas de la lógica, podemos descartar el "mensaje" con seguridad. (1 Corintios 14:29 y 1 Tesalonicenses 5:19–22 exhortaron a los oyentes del primer siglo a examinar el contenido de los mensajes proféticos.) Imagínese la escena: uno de los corintios se pone de pie en medio del servicio y comienza a profetizar. Levanta la voz y dice algo que contradice la Palabra de Dios. Sin importar cuán animado o convincente pueda ser, la profecía no viene de Dios si contradice su Palabra. La lección del versículo 3 se refiere a la verdadera profecía: ¿Exalta a Jesús como Señor? ¿Señala nuestra necesidad de obedecerlo como Señor?

❖

4Ahora bien, hay diversos dones, pero un mismo Espíritu. 5Hay diversas maneras de servir, pero un mismo Señor. 6Hay diversas funciones, pero es un mismo Dios el que hace todas las cosas en todos. 7A cada uno se le da una manifestación especial del Espíritu para el bien de los demás. 8A unos Dios les da por el Espíritu palabra de sabiduría; a otros, por el mismo Espíritu, palabra de conocimiento; 9a otros, fe por medio del mismo Espíritu; a otros, y por ese mismo Espíritu, dones para sanar enfermos; 10a otros, poderes milagrosos; a otros, profecía; a otros, el discernir espíritus; a otros, el hablar en diversas lenguas; y a otros, el interpretar lenguas. 11Todo esto lo hace un mismo y único Espíritu, quien reparte a cada uno según él lo determina.

Versículos 4–6: La desunión de la congregación respecto al tema de los dones es evidente. (Ver el paralelo aproximado en Efesios 4:4–6). Pablo trata de mostrarles que como sólo hay un Dios tras las manifestaciones del Espíritu, Él no puede ser el responsable de las prácticas divisorias, el caos y la falta de amor, que estaban convirtiendo los dones en una maldición en Corinto.

Versículo 7: Los dones fueron dados para el bien común, no para la edificación personal. Los corintios habían perdido de vista este hecho, aunque sin duda Pablo había hecho hincapié en ello durante los dieciocho meses que estuvo en Corinto (Hechos 18:11). Pablo había confirmado su testimonio al impartir los dones milagrosos del Espíritu Santo a varios miembros de la iglesia (1 Corintios 1:4–7, 2:4–5; 2 Corintios 12:12), lo cual probablemente hizo imponiéndoles las manos, como vimos en el capítulo 20.

Pablo está diciendo que cuando él impartió los dones milagrosos a los corintios, no tuvo la intención de generar una división en la congregación entre quienes los tenían y los que no, o entre quienes tenían los dones más sensacionales y quienes tenían los menos notorios. Su intención había sido que todos los dones fueran apreciados y utilizados para la gloria de Dios, la edificación de la comunidad y la convicción de los que aún no eran salvos. ¡Pero en qué parodia terminó todo!

Observe que Pablo dijo que "a cada uno" se le concedió una manifestación del Espíritu. Él asume que todos los discípulos tienen dones, como lo vimos en el capítulo 7.

Versículos 8–10: Definir cada don por separado es algo que está más allá del alcance de este capítulo, aunque parece que la mayoría de ellos son milagrosos. Una vez más, Pablo enfatiza que el "mismo Espíritu" orquesta todos estos dones de manera armoniosa.

Versículo 11: Los dones fueron distribuidos de acuerdo a la voluntad de Dios (Hebreos 2:4). Uno no puede decidir simplemente qué don recibir y esperar a que así sea; Dios dio los dones a los hombres de acuerdo a su sabiduría y no según sus caprichos.

❖

12De hecho, aunque el cuerpo es uno solo, tiene muchos miembros, y todos los miembros, no obstante ser muchos, forman un solo cuerpo. Así sucede con Cristo. 13Todos fuimos bautizados por un solo Espíritu para constituir un solo cuerpo —ya seamos judíos o gentiles, esclavos o libres—, y a todos se nos dio a beber de un mismo Espíritu.

14Ahora bien, el cuerpo no consta de un solo miembro sino de muchos. 15Si el pie dijera: "Como no soy mano, no soy del cuerpo," no por eso dejaría de ser parte del cuerpo. 16Y si la oreja dijera: "Como no soy ojo, no soy del cuerpo," no por eso dejaría de ser parte del cuerpo. 17Si todo el cuerpo fuera ojo, ¿qué sería del oído? Si todo el cuerpo fuera oído, ¿qué sería del olfato? [18]En realidad, Dios colocó cada miembro del cuerpo como mejor le pareció. [19]Si todos ellos fueran un solo miembro, ¿qué sería del cuerpo? [20]Lo cierto es que hay muchos miembros, pero el cuerpo es uno solo.

[21]El ojo no puede decirle a la mano: "No te necesito." Ni puede la cabeza decirles a los pies: "No los necesito." [22]Al contrario, los miembros del cuerpo que parecen más débiles son indispensables, [23]y a los que nos parecen menos honrosos los tratamos con honra especial. Y se les trata con especial modestia a los miembros que nos parecen menos presentables, [24]mientras que los más presentables no requieren trato especial. Así Dios ha dispuesto los miembros de nuestro cuerpo, dando mayor honra a los que menos tenían, [25]a fin de que no haya división en el cuerpo, sino que sus miembros se preocupen por igual unos por otros. [26]Si uno de los miembros sufre, los demás comparten su sufrimiento; y si uno de ellos recibe honor, los demás se alegran con él.

[27]Ahora bien, ustedes son el cuerpo de Cristo, y cada uno es miembro de ese cuerpo.

Versículos 12–27: De particular interés es el versículo 13. Este es una referencia al bautismo en el Espíritu Santo. Las versiones en inglés están muy en lo cierto al comentar al pie de página que la preposición griega puede interpretarse como "con" o "en" con la misma facilidad que como "por." Independientemente de cómo se traduzca, el punto de Pablo es que todos los corintios recibieron el mismo Espíritu y por lo tanto, deberían estar unidos. Todos han sido añadidos al mismo cuerpo y por lo tanto, deberían mostrar un interés mutuo (ver también los versículos 25–26 y Romanos 12:5). La referencia es a su conversión, no a una experiencia suplementaria. El bautismo en el Espíritu es lo que los hace miembros del cuerpo de Cristo. "A todos se nos dio a beber de un mismo Espíritu" puede ser una referencia a (1) saborear el Espíritu Santo en Cristo (ver Hebreos 6:4–5), o (2) haber recibido el Espíritu Santo para morar en ellos (Hechos 2:38; Gálatas 3:26–27, 4:6). Es claro que las relaciones en la iglesia de Corinto estaban fragmentadas (1:10ss); mientras que a la luz de la fuerza unificadora del Espíritu, debería haber existido un alto grado de interdependencia.

❖

[28]En la iglesia Dios ha puesto, en primer lugar, apóstoles; en segundo lugar, profetas; en tercer lugar, maestros; luego los que hacen milagros; después los que tienen dones para sanar enfermos, los que ayudan a otros, los que administran y los que hablan en diversas lenguas. [29]¿Son todos apóstoles? ¿Son todos profetas? ¿Son todos maestros? ¿Hacen todos milagros? [30]¿Tienen todos dones para sanar enfermos? ¿Hablan todos en lenguas? ¿Acaso interpretan todos? [31]Ustedes, por su parte,

ambicionen los mejores dones. Ahora les voy a mostrar un camino más excelente.

Versículo 28: Pablo claramente pone en una posición mucho más alta a los dones de enseñanza sobre los demás dones visibles, como por ejemplo, hablar en lenguas y sanar. Un pasaje paralelo es Efesios 4:11. En esta lista, el énfasis de Pablo es el opuesto al de los corintios. Fíjese qué lugar ocupa el don de lenguas: el último.

Versículos 29–30: La respuesta a cada una de estas preguntas retóricas es un enfático "¡No!" Sin embargo, actualmente hay muchos grupos que insisten en que hablar en lenguas es evidencia de la salvación y aún son más los que creen que cada cristiano debe hablar en lenguas desde el comienzo, en el momento de la conversión.

Es bastante interesante que en el *Arndt-Gingrich Greek Lexicon*, el primer significado de la palabra traducida como "interpretar," en muchas versiones es "traducir," lo que eliminaría gran parte del "caos carismático."[2] Sin embargo, "interpretar" es técnicamente correcto y no debería causar problemas, mientras nos atengamos a la definición bíblica de lenguas.

Versículo 31: ¿Entendemos que los "mejores dones" son el mejor camino? ¿Los "mejores dones" son los del apostolado, la profecía y la enseñanza, o la fe, la esperanza y el amor? De lo que leemos en 14:1, pareciera que los mejores dones son los que incluyen la enseñanza y por lo tanto, el "camino más excelente" es el "camino del amor."

Resumen: Capítulo 12

- La iglesia de Corinto era legítimamente carismática. Pablo les había impartido dones milagrosos durante su estadía en Corinto.
- Los corintios estaban permitiendo que su pasado carismático pagano influyera en su vida como cristianos. En su subjetivo pasado religioso, se les había enseñado a rendir su racionalidad, una tendencia peligrosa si se dejaba suelta en la iglesia.
- Los dones espirituales no fueron dados para la edificación personal, sino para el bien común.
- Los corintios estaban usando sus dones de manera egoísta, causando desunión y rivalidad.
- Los dones de enseñanza eran mucho más valiosos que los dones más visibles.
- Hablar en lenguas era el don más sobrevalorado pero el menos valioso.
- Los corintios estaban creando una élite espiritual dentro de la congregación, basados en sus experiencias carismáticas.

El "camino más excelente" es el "camino del amor," el cual, como veremos en nuestro análisis de 1 Corintios 13, no tiene nada que ver con los dones más sensacionales. Pero, ¿qué es exactamente el camino del amor?

¿Y por qué Pablo pone su elegía del amor en medio de su discusión sobre los dones espirituales?

1 Corintios 13

Éste es uno de los capítulos mejor conocidos de toda la Biblia, particularmente la "Oda al Amor." Una de las más desafiantes pruebas que podemos asumir es eliminar la palabra "amor" de los versículos 4 al 8, reemplazarla con nuestro nombre y ver si la elegía sigue teniendo sentido. Yo he hecho esto varias veces y siempre es convincente.[3]

❖

> 1Si hablo en lenguas humanas y angelicales, pero no tengo amor, no soy
> más que un metal que resuena o un platillo que hace ruido. 2Si tengo el
> don de profecía y entiendo todos los misterios y poseo todo conocimiento,
> y si tengo una fe que logra trasladar montañas, pero me falta el amor, no
> soy nada. 3Si reparto entre los pobres todo lo que poseo, y si entrego mi
> cuerpo para que lo consuman las llamas, pero no tengo amor, nada gano
> con eso.

Versículos 1–3: Pablo habla de la posibilidad de hablar en las lenguas de los hombres y de los ángeles. Algunas de las versiones más modernas utilizan la palabra "idiomas" como una traducción alterna para la palabra griega *glossa*, comúnmente traducida como "lenguas" en versiones más antiguas como la Reina-Valera. "Idiomas" es una palabra común en español para lo que era una palabra común en griego y por lo tanto, una mejor traducción de la palabra original. Debemos recordar que cuando se hicieron las primeras traducciones en español (hacia el año 1280 d. C., la Biblia Alfonsina), la palabra "lengua" significaba "idioma." Actualmente, mientras ha ido cayendo en desuso, también tiende a estar cubierta por el misterio. Algunas traducciones preservan la palabra "lengua" por respeto litúrgico a la tradición, o como un arcaísmo deliberado para no ofender a quienes favorecen la interpretación neopentecostal.

Los carismáticos y muchos otros basan su creencia en las lenguas angelicales en esta sola escritura. El seudoepígrafe Testamento de Job dice que las hijas de Job hablaron en las lenguas de los ángeles,[4] así que la idea de que los humanos puedan hablar en lenguas angelicales no es nueva. Pero, ¿existen las lenguas angelicales? "Si hablo en lenguas… angelicales" no necesariamente demuestra que existen, como tampoco la frase, "si subiera al cielo…" (Salmo 139:8) prueba que el salmista fuera un astronauta. Es una simple hipótesis y en este caso resulta ser un buen ejemplo de hipérbole (exageración por efecto), razón por la cual no debe tomarse literalmente. Tal vez algunos de los corintios, en su intento de ser superiores a los demás, afirmaron hablar en lenguas angelicales. En las iglesias establecidas por

Pablo no era desconocida la adoración a los ángeles (Colosenses 2:18).

Versículos 2–3: Pablo nos da otra exageración para el efecto: ¿Quién puede entender todos los misterios y poseer todo el conocimiento? ¡Nadie! De igual modo, ¿qué montañas han sido literalmente movidas por hombres de fe desde que Jesús lo dijera en Marcos 11:23? ¡Ninguna! El versículo 3 también es una hipérbole. En esencia, Pablo está diciendo: "Aun si pudieran hablar la lengua de los ángeles, entender cada misterio o mover montañas por su fe, por maravillosas que estas cosas puedan ser, no valdrían nada si ustedes no tuvieran amor." Y eso es precisamente lo que le faltaba a los corintios. En su entusiasmo por los dones, abandonaron el ágape cristiano (amor dispuesto a sacrificar) en sus relaciones unos con otros. Esa fue la razón que llevó a Pablo a escribir 1 Corintios 13.

Sin amor, los dones no eran nada, independientemente de cuán espectaculares pudieran haber sido. El corazón de la verdadera religión es práctico (ver Santiago 1:26–27): el amor al prójimo, no las manifestaciones periféricas del Espíritu de Dios o los aspectos de las experiencias de la fe.

❖

> 4El amor es paciente, es bondadoso. El amor no es envidioso ni jactancioso ni orgulloso. 5No se comporta con rudeza, no es egoísta, no se enoja fácilmente, no guarda rencor. 6El amor no se deleita en la maldad sino que se regocija con la verdad. 7Todo lo disculpa, todo lo cree, todo lo espera, todo lo soporta.
>
> 8aEl amor jamás se extingue...

Versículos 4–8a: Estos versículos son un hermoso poema y se oyen muy armoniosos en su idioma original.[5] Aparentemente, muchos corintios estaban fallando en demostrar el amor en sus diversas maneras porque se habían vuelto muy engreídos debido a sus dones espirituales. El verbo *physioo* aparece aquí en "ni orgulloso," igual como en Colosenses 2:18 y también en 1 Corintios 8:1, donde dice que el conocimiento envanece. *Physioo* significa "hinchar, inflar, creerse una gran cosa." Hoy es igual: muchos están deseosos de contar sus "experiencias" del Espíritu Santo y sus especulaciones sobre Dios y sus planes, aunque nunca hayan dado el paso bíblico para arrepentirse de verdad.

Los corintios habían perdido de vista el objetivo: "Lo que vale es la fe que actúa mediante el amor" (Gálatas 5:6). Habían dejado de llevar una vida de amor (Efesios 5:1–2). Lo mismo nos pasará a nosotros si nos alejamos del eje central del cristianismo: amor por Dios, amor por su pueblo, amor por el perdido. Aprendamos la lección de los corintios.

❖

> 8b...mientras que el don de profecía cesará, el de lenguas será silenciado y el de conocimiento desaparecerá. 9Porque conocemos y profetizamos de manera imperfecta; 10pero cuando llegue lo perfecto, lo imperfecto desaparecerá. 11Cuando yo era niño, hablaba como niño, pensaba como niño, razonaba como niño; cuando llegué a ser adulto, dejé atrás las cosas de niño. 12Ahora vemos de manera indirecta y velada, como en un espejo; pero entonces veremos cara a cara. Ahora conozco de manera imperfecta, pero entonces conoceré tal y como soy conocido.

Versículo 8b: Pablo dice que las profecías, las lenguas y el conocimiento pasarán. El Antiguo Testamento también parece haber profetizado el cese de los dones milagrosos.[6] Sí, los dones milagrosos terminarían. ¡Pero el amor jamás se extinguirá! Como dice Pablo: *"He agape oudepote piptei"* ("el amor jamás se extingue"). Obviamente el debate se centra en cuándo terminan los dones milagrosos, si al final de los tiempos o en algún momento antes de que Jesús regrese.

Versículo 9: Para decirlo de otra forma, profetizamos en parte porque no lo sabemos todo. Nuestra comprensión de la voluntad de Dios nos llega a través del conocimiento además de la profecía. Lo que no se podía conocer (por medio de las Escrituras) podía saberse por medio de la inspiración que operaba en algunas personas de la comunidad de Corinto. ¿Pero acaso existiría siempre esta situación?

Versículo 10: El término clave es "lo perfecto" (*to teleion*). *To teleion* significa "lo que es perfecto, perfección, lo que es maduro, madurez; lo que está completo, totalidad." Cuando llega lo perfecto, lo imperfecto (literalmente, lo parcial) desaparece. El amor ya está aquí. ¿"Lo perfecto" se igualara entonces al cielo? ¿Con la segunda venida? ¿Con la iglesia? ¿Con el amor mismo? Todas estas se han sugerido como posibilidades.

Muchos han tratado, a través de conjeturas basadas en el género del griego *to teleion*, determinar qué significa la frase.[7] Creo que estos intentos están destinados a fracasar por falta de evidencias. Por ejemplo, si "lo perfecto" significa "el don perfecto," entonces cualquiera de esas sugerencias es posible. Si "la perfección" es un estado que resulta de algo más (aquello cuyo género los estudiosos tratan cuidadosamente de determinar), ¡entonces el nombre subyacente puede ser casi cualquier cosa!

Ciertamente, es posible que la "perfección" o "madurez" que Pablo concibe esté relacionada con el paso de la iglesia de su estado infantil (desde el comienzo hasta la destrucción de Jerusalén) a la "adultez" después de la muerte de todos los guardianes apostólicos. Aunque de hecho, este argumento es difícil de "probar," permítame presentarlo de manera breve. Ésta la es interpretación que sostengo a través del resto de este breve comentario.

Teleios es usado diecisiete veces en el Nuevo Testamento, pero nunca refiriéndose al cielo. Y como la perfección/totalidad es el sujeto de estos versículos, la Escritura en su totalidad (perfección), es decir, el Antiguo y el Nuevo Testamento, parece ser la mejor opción. Después de la muerte de los apóstoles y de que se recogieran y propagaran sus escritos, hablando estrictamente, ya no haría falta acumular más conocimiento por medio de la profecía. La perfección sería entonces perfección de cantidad más que de calidad. Jugando con la ambigüedad de la palabra, Pablo se desplaza hacia otro significado más inmediatamente relevante de la misma: madurez. Él está hablando en términos de madurez espiritual, no tanto de la madurez personal (¡para que 14:18 no nos muestre a Pablo como un infante espiritual!) como de la madurez colectiva, la madurez de la iglesia primitiva. Los apóstoles son como guardianes y tan pronto como la iglesia pueda pararse sobre sus propios pies, ellos desaparecen de la escena.

Sea cual sea el sentido que el significado de *to teleion* tenga para usted, es el único al que debería aferrarse. Es poco probable que todos estemos de acuerdo en esto. Pero en algunas cosas podemos y deberíamos hacerlo. Por ejemplo, hoy ya no se necesitan más los apóstoles. Ellos establecieron el proceso del discipulado, el cual se ha perpetuado por sí mismo. Ellos también enseñaron con tal autoridad e infalibilidad, que tenemos sus escritos en el Nuevo Testamento. Además, ellos fueron testigos presenciales de la resurrección de Jesús, confirmándola más allá de toda discusión (1 Corintios 9:1, Hechos 1:21–22). Finalmente, los apóstoles confirmaron el mensaje apostólico con milagros apostólicos, como ya lo hemos visto.

Versículo 12: "De manera indirecta y velada como en un espejo" es literalmente "a través de un espejo en un acertijo." Esto no necesariamente muestra inexactitud de la revelación, como si nuestras Biblias fueran insuficientes para hablarnos verdaderamente acerca de Dios. Ver las cosas a través de un espejo es hacerlo de manera indirecta, como si usáramos un periscopio. El proceso de recibir, escuchar, evaluar e interpretar un mensaje profético no es lo mismo que leer un pasaje de las Escrituras y hacer la aplicación directa.[8]

Ver "cara a cara," una metáfora común en el idioma griego, no significa necesariamente que lo que está en frente es el rostro de Jesús. Eso implica más bien una revelación mucho más directa. Es probable que "entonces conoceré" no se refiera al cielo, pues eso podemos hacerlo a través de las Escrituras (2 Timoteo 3:17, Judas 3). Nuestra comprensión de este pasaje mejora considerablemente cuando tomamos en cuenta Números 12:6b–8a. Normalmente, Dios les habló a los profetas de una manera indirecta, debido a que la percepción espiritual del profeta estaba limitada a la visión (sueño) que había recibido de Dios. Tal como sucede con un periscopio, esta era una forma indirecta de discernir la voluntad de Dios. Sin embargo, con Moisés Dios habló "cara a cara" y no a través de "acertijos." (Ver también Éxodo 33:11 y Deuteronomio 34:10.) ¡La similitud literaria con 1 Corintios 13:12 es más que coincidencia!

Cuando lo perfecto llegó, los hombres ya no necesitaron más los métodos indirectos de profetizar para descubrir la voluntad de Dios. Ahora los hombres podían mirar en la perfecta Palabra de Dios por sí mismos, sin tener que depender de lo que otros digan ni quedarse estancado en la interpretación de los mensajes proféticos (1 Corintios 14:29, 1 Tesalonicenses 5:19–22, 1 Juan 4:1).

"Entonces conoceré" significa que ya no habría más necesidad de profecía y esa es la razón por la cual esta desapareció con la llegada del Nuevo Testamento completo. "Conoceré tal y como soy conocido" no significa conocer todo acerca de todo, pues eso sólo le compete a Dios y en ninguna parte de la Escritura existe la promesa de que seremos omniscientes en el cielo.

❖

13Ahora, pues, permanecen estas tres virtudes: la fe, la esperanza y el amor. Pero la más excelente de ellas es el amor.

Versículo 13: Estas tres virtudes sobreviven a los dones espirituales. Pero, ¿cuándo se desvanecen los dones? ¿Con la segunda venida de Jesús? ¡No! En el cielo no existe la fe (2 Corintios 5:7), ni la esperanza (Romanos 8:24), aunque allá sí encontraremos amor. Por lo tanto, para cualquier interpretación sobre "lo perfecto" (v.10), parecería insostenible que esta es la perfección al final de los tiempos. Por el contrario, "lo perfecto" se aplica más bien a la madurez de la iglesia primitiva (Efesios 4:11–16) y a la terminación del canon del Nuevo Testamento. Las dos no deberían ser vistas por separado, pues la una depende de la otra.

Resumen: Capítulo 13

- El amor es lo principal. No importa cuán impresionantes sean nuestros logros espirituales, si no tenemos el amor de Dios en nuestro corazón.
- No existen bases bíblicas que afirmen que ciertos humanos pueden hablar en "lenguas angelicales."
- La fealdad del ego no sólo se había burlado de Dios y sus dones, sino que también había infectado y estresado a la iglesia.
- Es difícil ser dogmático acerca del significado preciso de to teleion. La afirmación neopentecostal de que todos los dones sobrenaturales están con nosotros hasta que Jesús regrese es completamente indefendible.
- En el tiempo en el que Pablo escribió a los Corintios, los cristianos sólo tenían un conocimiento parcial de la voluntad de Dios que necesitaba ser complementada a través del don milagroso de la profecía.
- Los corintios necesitaban dejar de ser tan infantiles en su adoración e inmaduros en su espiritualidad.

1 Corintios 14

Este capítulo contiene la más rica serie de enseñanzas en la Biblia acerca de los dones de profecía y de hablar en lenguas. Muchos malentendidos han sido causados por una falta de familiaridad con los conceptos bíblicos de profecía y de hablar en lenguas, especialmente en el trasfondo del Antiguo Testamento. Antes de poder comenzar a excavar esta increíblemente rica fuente de material de enseñanza, debemos entender el significado básico de los términos.

Profecía, del griego *pro* (antes/por) + *phemi* (hablar) significa "hablar antes" (antes de que ocurra el evento predicho), o, más comúnmente, "hablar por" (Dios). Y, como vimos en el capítulo 22, las lenguas (*glossai*) son literalmente "idiomas," inteligibles para el oyente sólo si este entiende el idioma que se está hablando o si se traduce a uno que sea conocido para él. Aunque actualmente hablar en lenguas es un galimatías, las lenguas en la Biblia eran idiomas reales.

❖

> [1]Empéñense en seguir el amor y ambicionen los dones espirituales, sobre todo el de profecía. [2]Porque el que habla en lenguas no habla a los demás sino a Dios. En realidad, nadie le entiende lo que dice, pues habla misterios por el Espíritu. [3]En cambio, el que profetiza habla a los demás para edificarlos, animarlos y consolarlos. [4]El que habla en lenguas se edifica a sí mismo; en cambio, el que profetiza edifica a la iglesia. [5]Yo quisiera que todos ustedes hablaran en lenguas, pero mucho más que profetizaran. El que profetiza aventaja al que habla en lenguas, a menos que éste también interprete, para que la iglesia reciba edificación.

Versículo 1: Los dones proféticos o de enseñanza están en un plano muy superior al de hablar en lenguas (ver 12:28). El verbo "ambicionar" puede traducirse como "estar ansioso de," así que la segunda parte del versículo podría traducirse como "estén especialmente ansiosos de profetizar" (es decir, quienes tienen esta clase de dones deberían estar ansiosos de ejercitarlos, para que abunden [v.12]).

Versículos 2–4: Las lenguas que no pueden ser traducidas no benefician a nadie. Son un "misterio" porque nadie más sabe lo que se está diciendo. Naturalmente, Dios entiende, pues Él es el Señor de todas las lenguas, pero nadie es edificado. La edificación es posible sólo cuando hay un mensaje inteligible, al igual que un sermón.

¿Acaso creemos que Pablo animó activamente a los discípulos de Corinto a quedarse en casa y orar en varias lenguas? ¿Quién se beneficiaría con eso? Sólo el que tiene el don. Es como si alguien con el don de la enseñanza, estudiara y organizara su material en lecturas que él ha preparado sólo para sí mismo. O si alguien con el don de animar fuera cálido y animante consigo mismo pero no con los demás. O como si alguien bendecido por Dios con dinero lo gastara todo sólo en sí mismo. Nuestros dones no son para usarlos en nosotros mismos sino en los demás.

Versículo 5: Aunque Pablo expresa su deseo de que todos hablen en lenguas, eso es algo hipotético y casi imposible (12:10–11, 29–30). Es muy claro que el don de profecía tiene preferencia sobre el de hablar en lenguas. Obviamente, la excepción existe cuando las lenguas pueden ser traducidas. De esto se deriva una ecuación simple: *lenguas + traducción = profecía.* Tenga en mente este importante principio mientras estudian los siguientes párrafos.

❖

6Hermanos, si ahora fuera a visitarlos y les hablara en lenguas, ¿de qué les serviría, a menos que les presentara alguna revelación, conocimiento, profecía o enseñanza? 7Aun en el caso de los instrumentos musicales, tales como la flauta o el arpa, ¿cómo se reconocerá lo que tocan si no dan distintamente sus sonidos? 8Y si la trompeta no da un toque claro, ¿quién se va a preparar para la batalla? 9Así sucede con ustedes. A menos que su lengua pronuncie palabras comprensibles, ¿cómo se sabrá lo que dicen? Será como si hablaran al aire. 10¡Quién sabe cuántos idiomas hay en el mundo, y ninguno carece de sentido! 11Pero si no capto el sentido de lo que alguien dice, seré como un extranjero para el que me habla, y él lo será para mí. 12Por eso ustedes, ya que tanto ambicionan dones espirituales, procuren que éstos abunden para la edificación de la iglesia.

13Por esta razón, el que habla en lenguas pida en oración el don de interpretar lo que diga.

Versículo 6–9: Evidentemente algunos corintios estaban hablando en "lenguas" en las reuniones de la iglesia. Sin embargo, Pablo insiste en que las lenguas son completamente inútiles si no son traducidas.

Cuando era pequeño, yo tenía un piano azul. Yo golpeaba sus teclas sin saber lo que estaba tocando y sin importarme tampoco. Cuando un pequeño hace tales cosas, sonreímos y hasta podemos reírnos disimuladamente. Pero cuando lo hace un adulto, sentimos lástima por él; nadie daría un céntimo por escucharlo golpear aleatoriamente el piano. Pablo dice que eso es precisamente lo que estaban haciendo los corintios al usar de forma irracional su don de hablar en lenguas. La llamada lengua no sólo es algo egoísta, sino también caótica e inútil.

Simplemente "hablarle al aire" no ayuda a nadie. Cuando estaba en la secundaria en Nueva Jersey, había una chica en el vecindario a la que llamaba por teléfono con cierta frecuencia. A ella le encantaba hablar. A veces ella comenzaba a hablar y por alguna razón, yo salía de la habitación y dejaba silenciosamente el teléfono descolgado. Al regresar, unos pocos minutos más tarde, levantaba el teléfono y decía "ajá" y retomaba la conversación. ¡Ella nunca supo que yo la había dejado sola! Ella estaba en su propio mundo. Lo mismo pasa con los que vienen a la iglesia a hablarle al aire.

Versículos 10–11: Las lenguas son realmente idiomas extranjeros. Los dos pasajes de la Biblia que arrojan una luz concluyente sobre la naturaleza de las lenguas son Hechos 2 y 1 Corintios 14. Las lenguas de Pentecostés son idiomas reales, como ningún lector puede dejar de notar. De igual forma, la referencia aquí es a idiomas reales, como lo es el versículo 21. La palabra extranjero (*barbaros*) también se traduce "bárbaro," el término que los griegos usaban para referirse a las personas que no hablaban griego. Es la palabra que uno normalmente usaría para describir a alguien que hablaba un idioma extranjero. ¿El punto? La analogía implica que las lenguas son idiomas reales. Lo más importante es que muestra que las lenguas nos hacen *barbaroi*, "extranjeros" unos a otros. ¡Comunión significa estar unidos y no separados!

Versículos 12–13: Note el énfasis de Pablo en la edificación. Sin lugar a dudas, Pablo afirma que hablar en lenguas *no* edifica a la iglesia.

❖

14Porque si yo oro en lenguas, mi espíritu ora, pero mi entendimiento no se beneficia en nada. 15¿Qué debo hacer entonces? Pues orar con el espíritu, pero también con el entendimiento; cantar con el espíritu, pero también con el entendimiento. 16De otra manera, si alabas a Dios con el espíritu, ¿cómo puede quien no es instruido decir "amén" a tu acción de gracias, puesto que no entiende lo que dices? 17En ese caso tu acción de gracias es admirable, pero no edifica al otro.

18Doy gracias a Dios porque hablo en lenguas más que todos ustedes. 19Sin embargo, en la iglesia prefiero emplear cinco palabras comprensibles y que me sirvan para instruir a los demás, que diez mil palabras en lenguas.

20Hermanos, no sean niños en su modo de pensar. Sean niños en cuanto a la malicia, pero adultos en su modo de pensar. 21En la ley está escrito:

"Por medio de gente de lengua extraña
y por boca de extranjeros
hablaré a este pueblo,
pero ni aun así me escucharán" —dice el Señor.

22De modo que el hablar en lenguas es una señal, no para los creyentes sino para los incrédulos; en cambio, la profecía no es señal para los incrédulos sino para los creyentes.

Versículos 14–17: En v.14, la versión Dios Habla Hoy dice: "pero mi entendimiento permanece estéril." ¿Es bueno ser "estéril"? No, eso es ser inútil o improductivo (Tito 3:14, Marcos 4:19). Dios quiere que seamos productivos (fructíferos) en todo (Colosenses 1:10). ¿Por qué ponerse en una situación comprometedora? Debemos orar con nuestro espíritu (de forma firme y entusiasta) pero también con nuestra mente (es decir, con entendimiento). Así es como también debemos cantar (vv.15–16). Por lo tanto, orar en el espíritu (Efesios 6:18) no puede significar orar en lenguas.

Muchos lectores automáticamente asumen que los que hablaban en lenguas en la Biblia no tenían idea de lo que estaban diciendo a menos que alguien tradujera lo que decían. ¿Por qué debemos asumir eso? Porque normalmente se necesitaría de un milagro para hacer inteligible cualquier balbuceo. Pero las lenguas no eran balbuceos sino idiomas. Para que los idiomas sean fructíferos o productivos, tenían que ser entendidos por los oyentes. Alguien necesitaba hacer la traducción. Podía ser el orador o alguien más que pudiera concentrarse en el mensaje mientras ofrecía una buena traducción.

Versículos 18–19: Pablo no sólo hablaba griego, arameo, hebreo y posiblemente latín, sino que también poseía el don milagroso de hablar algunas lenguas que nunca había estudiado. Es posible (aunque no hay registros de ello) que su dominio de los idiomas pudiera haberle sido tremendamente útil en sus viajes misioneros, pero no en la iglesia. Pablo es enfático al decir que cinco palabras inteligibles merecen todo un sermón en lenguas.

Versículo 20: La falacia central del enfoque supersticioso del cristianismo es que ser espiritual significa sentir lo divino. Los corintios que hablaban en lenguas se estaban comportando de manera infantil, haciendo alarde de sus dones en las reuniones y tratando de ser superiores unos de otros. La verdadera religión es sensacional, sí, pero nunca es sensacionalista. En su proceder, los corintios estaban siendo infantiles y egoístas, convirtiendo la adoración de la iglesia en un espectáculo de variedades. Pablo continúa su enseñanza acerca del uso y el abuso de los dones del Espíritu y ahora vuelve al Antiguo Testamento para arrojar algo de luz sobre el tema.

Versículos 21–22: Pablo da un ejemplo de hablar en lenguas: asirio (técnicamente, acadio), un idioma real. Sí, la lengua de los crueles asirios. Estudie Isaías y verá que para los israelitas, "hablar en lenguas" era una señal de juicio divino. Numerosos ejemplos de "hablar en lenguas" en el Antiguo Testamento muestran que eso era una señal inequívoca de juicio a los no creyentes (Isaías 18:2, 28:11; Deuteronomio 28:49; Jeremías 5:15). La "nación cuyo idioma no conocen" son los asirios, enviados por Dios para castigar a Israel. En este caso, los no creyentes son los judíos. ¡Pueblo infiel! ¡No fue muy edificante escuchar el sonido de lenguas extranjeras! Eso significaba que había llegado su fin.

Imagínese que se despierta una mañana, enciende el radio y lo único que escucha es hablar en lenguas extranjeras. Usted sale y para su consternación, observa que hay tropas enemigas por todas partes. Su patria ha sido invadida. La "lengua" es el idioma del enemigo. No es muy edificante, ¿verdad? Debido a nuestra separación cultural y temporal de los eventos del Antiguo Testamento, fácilmente podemos dejar de apreciar la importancia bíblica de las "lenguas": ¡juicio de Dios por medio de la invasión!

Incidentalmente, la *glossalalia* de Pentecostés habría significado no sólo que todas las naciones recibirían la herencia de los judíos, sino que también la nación judía quedaría bajo el juicio de Dios por rechazar al Cristo. (La profecía de Joel 2:28ss, citada por Pablo en Hechos 2, ocurre en el contexto del juicio divino.) Jesús profetizó la destrucción de Jerusalén (Mateo 24; Marcos 13; Lucas 17, 19, 21), lo cual se cumplió cuarenta años después de Pentecostés (70 d. C.). Muchos ven en esto una especie de "período de gracia" o de última oportunidad para arrepentirse, en cuyo caso, el período de cuarenta años sería el paralelo de los cuarenta años de deambular por el desierto. Por lo tanto, la *glossalalia* de Pentecostés promulgó la inminente fatalidad para el pueblo judío.

❖

23Así que, si toda la iglesia se reúne y todos hablan en lenguas, y entran algunos que no entienden o no creen, ¿no dirán que ustedes están locos? 24Pero si uno que no cree o uno que no entiende entra cuando todos están profetizando, se sentirá reprendido y juzgado por todos, 25y los secretos de su corazón quedarán al descubierto. Así que se postrará ante Dios y lo adorará, exclamando: "¡Realmente Dios está entre ustedes!"

Versículos 23–25: Ya que las lenguas eran una señal de juicio, una señal atemorizante y sorprendente, esto no es lo que usted quiere que los visitantes a los servicios de la iglesia escuchen (particularmente si todos lo hacen de repente). ¡Esto podría alejarlos, dejándolos convencidos de que usted está loco! Pero la profecía (debido a su nivel de predicación) convencerá al pecador y causará su arrepentimiento. Pablo sigue exhortando a los corintios a usar sus dones con moderación y sensibilidad, y, una vez más, le quita importancia al papel de las lenguas. ¿Por qué? Porque a los cristianos les ha sido dada la comisión de hacer que los pecadores se arrepientan y no de deslumbrarlos con sus dones. Después de todo, lo que trae a las personas a la fe es la Palabra y no los milagros (Lucas 16:31).

❖

26¿Qué concluimos, hermanos? Que cuando se reúnan, cada uno puede tener un himno, una enseñanza, una revelación, un mensaje en lenguas, o una interpretación. Todo esto debe hacerse para la edificación de la iglesia. 27Si se habla en lenguas, que hablen dos —o cuando mucho tres—, cada uno por turno; y que alguien interprete. [28]Si no hay intérprete, que guarden silencio en la iglesia y cada uno hable para sí mismo y para Dios.

[29]En cuanto a los profetas, que hablen dos o tres, y que los demás examinen con cuidado lo dicho. [30]Si alguien que está sentado recibe una revelación, el que esté hablando ceda la palabra. [31]Así todos pueden profetizar por turno, para que todos reciban instrucción y aliento. [32]El don de profecía está bajo el control de los profetas, [33]porque Dios no es un Dios de desorden sino de paz.

Como es costumbre en las congregaciones de los creyentes, [34]guarden las mujeres silencio en la iglesia, pues no les está permitido hablar. Que estén sumisas, como lo establece la ley. [35]Si quieren saber algo, que se lo pregunten en casa a sus esposos; porque no está bien visto que una mujer hable en la iglesia.

Versículos 26–27: Ahora Pablo regresa a su discusión acerca de la práctica de hablar en lenguas en las reuniones de la iglesia y establece algunas regulaciones en el procedimiento:

- Debe haber un máximo de dos o tres personas que hablen en lenguas.
- Los oradores deben hablar consecutivamente y no simultáneamente.
- Las lenguas deben poderse interpretar.

Evidentemente, los corintios estaban siendo desordenados en sus reuniones. Había numerosas personas que trataban de hablar en lenguas en cada reunión. A menudo, los oradores usaban sus dones al mismo tiempo, causando confusión y cacofonía. Además, las lenguas no eran traducidas, así que nadie se beneficiaba.

Es interesante observar actualmente una confusión similar en grupos que ambicionan la experiencia de los corintios. Recuerdo cuando el movimiento carismático golpeó al grupo de jóvenes de mi antigua iglesia y todos los chicos estaban ocupados tratando de descubrir los "dones" que tenían. Cuando el tiempo de oración en el servicio se transformó en un tiempo de hablar en lenguas, todos comenzaron a cantar en lenguas ("cantar en el Espíritu"). Sentí un hormigueo en mi espalda, pero sabía que no estaba bien, así que interrumpí al grupo y le pedí al líder que leyera 1 Corintios 14 y le mostré lo que decía la Biblia acerca de tener un orador a la vez. Varias personas del grupo estuvieron de acuerdo conmigo. Pero en cuestión de segundos, todo el salón había regresado a su "cantar en el Espíritu." ¡Qué le vamos a hacer!

Versículo 28: Si una interpretación sólo le "llegaba" a alguien en la reunión, esta advertencia entonces no sería necesaria. Pero, de hecho, ciertos individuos tenían el don de traducir ciertos idiomas. Uno podía saber si el traductor estaba presente y por lo tanto, si el mensaje en un idioma extranjero podía ser benéfico (traducido). Todo esto resalta el hecho de que estas "lenguas" eran idiomas reales. Pablo no desanima a que se hable en lenguas en privado, lo cual puede haber sido muy edificante a nivel personal. Eso obviamente asume que quien hablaba en lenguas era capaz de entender su propia lengua y así obtener algún provecho del mismo.

Versículos 29–35: Así como había reglas para la práctica congregacional del don milagroso de hablar en lenguas, también hay regulaciones de procedimiento para profetizar en la iglesia.

- Debe haber un máximo de dos o tres profetas que hablen. Esta regla es más estricta que en el Antiguo Testamento, en el cual, a menudo se le permitía a todo un grupo profetizar (1 Samuel 19:20).
- Los mensajes proféticos deben ser examinados o probados por los oyentes y no simplemente aceptados superficial o automáticamente. No era una ofensa hacia Dios el luchar con el mensaje hasta que su significado (o validez) fuera clara (ver 1 Tesalonicenses 5:19–22).
- El orador no debe dejarse llevar por su profecía. Un don espiritual no es algo que le controla. ¡Usted lo controla a él! La disciplina debe ser ejercitada.

Compare la sabiduría de Pablo con las enseñanzas del herético Montanus quien decía: "El hombre es como una lira y yo (el Espíritu) corro sobre él como una pajuela." Otro líder montanista decía: "El Señor… me ha obligado, con o contra mi voluntad, a aprender el conocimiento de Dios."[9] Resulta chocante ver cuán poco respeto o consideración presta el movimiento carismático a las claras instrucciones de Pablo, dadas por él a través de la autoridad del Espíritu Santo (v.37).

Pablo añade un punto más: las mujeres no participan en la prueba de las profecías ya que eso las pondría en la posición de desafiar la autoridad de los hombres (ver también 1 Timoteo 2:11ss).

❖

36¿Acaso la palabra de Dios procedió de ustedes? ¿O son ustedes los únicos que la han recibido? 37Si alguno se cree profeta o espiritual, reconozca que esto que les escribo es mandato del Señor. 38Si no lo reconoce, tampoco él será reconocido.

39Así que, hermanos míos, ambicionen el don de profetizar, y no prohíban que se hable en lenguas. 40Pero todo debe hacerse de una manera apropiada y con orden.

Versículos 36–40: Después de lanzar una advertencia a quienes pudieran desafiar su autoridad apostólica (vv.37–38), Pablo concluye (vv.39–40). El énfasis de Pablo es claro: aunque las lenguas (traducidas) pueden ser beneficiosas, la profecía (prédica) es de mayor importancia. Además, los servicios deben ser conducidos con orden y propiedad.

Resumen: Capítulo 14

- Los dones de enseñanza son mucho más valiosos que los más notorios de hablar en lenguas o profetizar.
- Las lenguas no traducidas eran un misterio para quienes no las entendían. Estaba prohibido hablar este tipo de lenguas en las reuniones de la iglesia.
- Las lenguas traducidas eran el equivalente funcional de la profecía.
- Somos disuadidos de "dejar ir" y soltar nuestra mente.
- Las lenguas son alienantes y tendrían un efecto negativo en los no creyentes.
- Las lenguas y la profecía estaban reguladas por lineamientos estrictos: (1) no más de dos o tres por reunión, y (2) no hablar simultáneamente sino de forma consecutiva.
- Las reuniones de la iglesia deben ser cálidas y vivas, y al mismo tiempo conducidas con dignidad, orden y propiedad. (¿Hay aquí algún desafío para nosotros?)

¿Imitando a los Corintios?

Aunque muchos grupos neopentecostales exclaman: "¡Sólo queremos ser como la iglesia de Corinto!," no comprenden qué tan al límite había llegado esa iglesia. La iglesia de Corinto le dio prioridad al insignificante don de hablar en lenguas y disminuyó seriamente al más importante de los dones: el de enseñar.

Ellos exaltaban el ego y lo engrandecían con experiencias "espirituales," mientras el corazón desfallecía de hambre por la Palabra de Dios (la profecía) y la comunión (pues cada miembro estaba ocupado en lo suyo). Además, habían permitido que su pasado pagano obtuviera lo mejor de ellos —y muchos corintios venían de ese pasado—, rindiendo sus mentes a una experiencia. Ellos estaban siempre tratando de sobresalir entre ellos mismos, careciendo del amor que es tan central para el verdadero Espíritu de Cristo. ¡Eran desordenados! No sorprende que Pablo los llamara a volverse a la cruz (1 Corintios 1:18–2:5).

¿Y ésta es la congregación que los carismáticos tienen como ejemplo? En lugar de ver 1 Corintios 12–14 como un conjunto de *indicaciones* para una congregación espiritual que necesitaba utilizar sus dones, veálo por lo que es: un conjunto de *correcciones* para una congregación que no era espiritual que estaba usando mal sus dones.

NOTAS

1. Orígenes, *Contra Celsum* 5:1:28.

2. Ver el útil libro de John MacArthur, *Charismatic Chaos* (Grand Rapids, MI: Zondervan, 1992), así como la respuesta de Rich Nathan, "A Response to Charismatic Chaos," *Vineyard Position Paper #5* (Anaheim, CA: Vineyard, 1993).

3. Por supuesto, este ejercicio realmente funciona sólo en los versículos 4–7. Puede meterlo a usted en problemas en el versículo 13. Sólo pídale a alguien que lo lanzó hacerlo públicamente.

4. Testamento de Job, 48–50

5. El texto de 13:4–8ª dice (en transliteración): *He agape makrothumei, chresteuetai / he agape ou zeloi, ou perpereuetai, ou phusioutai, ouk aschemonei, ou zetei ta heautes, ou paroxunetai, ou logidzetai to kakon / ou chairei epi te adikia, sunchairei de te aletheia / panta stegei, panta pisteuei, panta elpidzei, panta hupomenei / he agape oudepote piptei.*

6. Daniel 9:24 indica que después de la destrucción de Jerusalén a manos de los romanos, lo que ocurrió en el año 70 d. C., se cerrarían con sello "la visión y la profecía."

7. *To teleion* es neutro, mientras que "cielo" (*ho ouranos*) es masculino, como lo es "Jesús" (*ho Iesous*). "Biblia" o "libro pequeño" (*to biblion*) es neutro, como lo es "cuerpo" (*to soma*). "Iglesia" (*he ekklesia*) es femenino. Entonces, ¿cuál es el antecedente implícito de to teleion? ¡Buena pregunta! Muchos comentaristas presumen que la frase para madurez, *to teleion*, sólo puede referirse a un sustantivo neutro. Sin embargo, esto es toda una suposición. ¿Por qué es que los no especialistas en griego "conocen" el significado de una palabra griega mientras que los expertos, que han dedicado décadas de su vida a un estudio serio, se sienten obligados a dejar abiertas sus opciones? Si la mayoría de los predicadores permanecieran alejados dcl griego, ¡creo que todos seríamos mucho menos perplejos! Un libro muy útil sobre exégesis de la Biblia y que a veces abre los ojos del lector, es el escrito por D. A. Carson *Exegetical Fallacies, Second Edition* (Grand Rapids, MI: Baker, 1996).

8. Incidentalmente, con frecuencia las personas insisten en que en la antigüedad, los espejos eran de mala calidad y por eso daban una mala imagen. La arqueología del Nuevo Testamento indica lo opuesto, especialmente para Corinto, que era reconocida por sus espejos de fina calidad.

9. Epifanio, *Haer*, 48:4.1, 13.1.

24

Una cálida sensación de aceptación

Bautismo con el Espíritu Santo

En 1976, después de mi "experiencia de conversión,"[1] comencé a asistir a las reuniones de oración carismáticas. Seguí yendo porque había mucha comida, chicas bonitas y un alto grado de novedad espiritual (para mí). Nuestro grupo estaba conformado por gente de toda clase de pasado, incluyendo protestantes, católicos y judíos. Una reunión típica comenzaba con una hora de canto y alabanza, en inglés y en "lenguas," seguida por otra hora de "testimonios" o una lección. Las siguientes dos horas las pasábamos hablando, comiendo o cantando alrededor del piano (yo era el pianista). Era una reunión muy social. Yo aún asistía a mi iglesia no carismática. Cuando alguien me preguntaba cuál era mi fe, daba la respuesta que la mayoría de los neopentecostales da: "cristiana."

Después de ir a las reuniones de oración durante algunos meses, me invitaron al servicio de una iglesia pentecostal. ¡Tenía más energía que cualquier otro al que hubiera ido antes! Voces y manos eran levantadas. Una nota casi de pánico rondaba en el aire. Muchos hablaban en "lenguas." El predicador pedía testimonios para que la gente compartiera cómo Dios había obrado en sus vidas. Una mujer que estaba al otro lado del pasillo de mí fue abordada, se levantó y ¡se desmayó por la presión! ¡Entonces el predicador me señaló con el dedo! Yo estaba desprevenido; la adrenalina fluía por mi cuerpo como un torrente. Al levantarme, les conté una historia de un accidente que casi me costó la vida y cómo pensaba que tal vez había sido Dios quien me había salvado. Se escucharon muchos "aleluya" y "amén." ¡Vaya! Me sentí muy afortunado de poder pensar bajo presión.

Unos momentos más tarde, la mujer que estaba sentada a mi lado, la líder de nuestro grupo, me preguntó: "¿Lo ha recibido? ¿Ha recibido el bautismo del Espíritu Santo?" Cuando le respondí que no estaba seguro, ella oró por mí. No pasó nada. Algo se me escapaba: esa "alta dosis" de Espíritu de la que todos estaban hablando.

Definiendo los términos

¿Qué se entiende por "bautismo del Espíritu Santo?"[2] Usted tal vez sabe que hay varios puntos de vista opuestos al respecto. Este capítulo es un esfuerzo por (1) aclarar la doctrina bíblica del bautismo en el Espíritu Santo, y (2) explicar la moderna y subjetiva interpretación de este bautismo promovido en los círculos neopentecostales.

Comenzaremos nuestro estudio dando un vistazo a la enseñanza popular del "bautismo del Espíritu Santo," seguido por una consideración de lo que podría llamarse la "visión limitada." Luego, presentaré mi visión personal. Pero primero, la enseñanza "carismática."

Una cálida sensación de aceptación

En la posición neopentecostal, el bautismo del Espíritu Santo es una bendición sensacional disponible para todos los cristianos. El movimiento carismático en general enseña que el "bautismo del Espíritu Santo" es una experiencia suplementaria a la conversión, que da poder para atestiguar, para la manifestación inicial de hablar en lenguas y a veces para un don milagroso adicional del Espíritu Santo.[3] A esta experiencia a veces se le llama "la segunda bendición" y todos somos animados a buscarla, aunque no siempre se predica como necesaria para la salvación. Es algo adicional. Por mi parte, estoy convencido de la experiencia es completamente explicable y no es milagrosa. Mi amigo Charles Elikwu cuenta su historia.

> Los líderes de la iglesia me preguntaron: "¿Has recibido la porción extra del Espíritu Santo?" Dije que no y me invitaron a un servicio especial de oración que se realizaría en la noche unos días más tarde.
>
> Esa noche se oraba por una veintena de nosotros. Todos éramos "nuevos conversos" y aún no habíamos recibido el bautismo del Espíritu Santo. Los líderes comenzaron a orar por nosotros, y sus voces se hicieron cada vez más y más fuertes. Cuando comenzaron a chillar, pensaba: "¿Qué es esto?"
>
> Cinco hombres me rodearon, pusieron sus manos sobre mí y oraron para que recibiera el bautismo del Espíritu. Me sentía reacio a creer y algo escéptico. Pero pronto sentí dentro de mí una cálida sensación de aceptación. Sus oraciones pasaron de estar en el idioma normal a estar en lenguas, y, antes de que me diera cuenta, yo también estaba hablando en lenguas. Gritaba con todas mis fuerzas. Alabaron a Dios y me dijeron que estaba lleno del Espíritu Santo. Apenas unos minutos después, los estaba ayudando a orar por otros que aún no habían recibido esta experiencia. ¡Vaya! ¡Fue sorprendente! Muy pronto me involucré en el ministerio de sanación de la iglesia. Yo era la persona principal escogida para orar porque otros fueran sanados.
>
> Pero cuando estudié la Biblia por mi cuenta y descubrí la verdad, quedé muerto de miedo. Supe que estaba perdido y luego pensé que incluso, ¡podría estar poseído por un demonio!

Se pone una presión tremenda en las personas para que lleguen al "bautismo del Espíritu" y en muchos círculos, la presión no cesa hasta que la persona lo experimenta o finge la experiencia. Se enseña que sin este "bautismo," la persona no tiene todo el poder que necesita para ser un discípulo y no ha aceptado "todo el evangelio."

Mi amigo Tom Jones vivía en una ciudad de los Estados Unidos donde se encuentra la sede principal de la Iglesia Pentecostal. La hija de una de las autoridades de la iglesia llegó a su ministerio buscando ayuda espiritual. Esta mujer estaba desesperada. Ella nunca había podido hablar en lenguas, a pesar de los muchos intentos de "enseñarle" a hacerlo. Estaba avergonzando a su padre y no era bienvenida en su denominación porque nunca había recibido el "bautismo del Espíritu." La presión que se pone sobre las personas para que se ajusten al modelo es considerable.[4] Sin embargo, la creencia de que la experiencia milagrosa es una parte esencial del "evangelio completo" es infundada.

El punto de vista neopentecostal

En el punto de vista neopentecostal, los ciento veinte (Hechos 1:15) conocían al Señor antes de Hechos 2:4, pero sus vidas carecían de poder. Les faltaba el poder de la vida cristiana; pero después que fueron "bautizados en el Espíritu" y recibieron el don de "lenguas," Dios pudo usarlos de manera poderosa. El Espíritu Santo verdaderamente nos trae a una dimensión nueva y dinámica de la vida cristiana, pero el bautismo bíblico con el Espíritu Santo no tiene nada que ver con ninguna "cálida sensación de aceptación." De hecho, la Biblia no hace ningún énfasis en la sensación del Espíritu.

Evaluación

A medida que evaluamos la posición neopentecostal, encontramos numerosas deficiencias.

1. Parece claro en el libro de Hechos que el derramamiento del Espíritu Santo registrado allí, con la visible manifestación milagrosa, fue un caso especial y no es la norma.[5]

El apoyo de la necesidad de una "segunda bendición" (algo más allá de la conversión), tomado casi enteramente del libro de Hechos, interpreta momentos críticos en la historia de la iglesia primitiva como una experiencia personal por la que deben luchar todos los creyentes. En cada una de los pasajes, las personas tuvieron una experiencia especial sólo porque Dios le estaba revelando a su pueblo su propósito histórico. (En los capítulos 18 y 19 hemos analizado a fondo este punto.)

2. Los apóstoles hicieron milagros, algunos bastante impresionantes, mucho antes de Pentecostés (Lucas 9:1–2, Mateo 10:5–8).

En cada situación en el libro de Hechos se afirma que la capacidad de realizar milagros depende de recibir "el bautismo del Espíritu Santo." Aunque si usted permitiera un poco de humor "irónico," ¿qué hay de la burra de Balán? ¡Hablaba en lenguas! (Números 22:28). Era un idioma que la burra nunca había estudiado (hebreo), pero lo habló milagrosamente y tuvo el poder para ser un gran "testigo" (a Balán). ¿Debemos deducir que la burra fue "bautizada por el Espíritu"? Los neopentecostales igualan el hecho de estar "lleno del Espíritu" con el bautismo por el Espíritu. Pero muchos fueron llenos del Espíritu antes de Pentecostés: Juan el Bautista (Lucas 1:14–15), Elisabet (Lucas 1:41) y Zacarías (Lucas 1:67) por sólo mencionar a algunos.

3. No se presta la suficiente atención al papel único de los apóstoles en la iglesia primitiva.

Los apóstoles parecen ser los oradores en Hechos 2, pues todos tienen acento galileo (Hechos 2:7). El neopentecostalismo crea dos tipos de cristianos: los que están llenos del Espíritu y los que no lo están. Si bien puede haber varios grados de este "llenado" (Hechos 6:3), el Nuevo Testamento sólo nos enseña un estilo de vida para el hijo de Dios: la vida guiada por el Espíritu (Romanos 8:14), que es la que tienen todos los cristianos (1 Juan 3:24). ¡La vida en la carne es la alternativa! Por lo tanto, no hay excusas para la tibieza; simplemente, no podemos sentarnos sin hacer nada y decir: "Si Dios quiere usarme, lo hará." En Efesios 1:3, Pablo dice que Dios "nos ha bendecido... con toda bendición espiritual en Cristo." Si eso es cierto, ¿por qué los carismáticos nos animan a buscar una "segunda bendición"? Como dice Pedro: "Su divino poder... nos ha concedido todas las cosas que necesitamos para vivir como Dios manda" (2 Pedro 1:3). ¡Todas las bendiciones son nuestras! Las recibimos cuando morimos en Cristo. No nos falta nada. Dios no nos está escondiendo nada. Entonces, ¿qué más podemos recibir si ya recibimos toda bendición espiritual?

4. No existe ninguna evidencia para la posición de que hablar en lenguas es la primera señal de santificación.

1 Corintios 12:10 y 30 muestra que no todos los cristianos tenían el don de lenguas.

5. A la experiencia de los samaritanos en Hechos 8 nunca se le llamó "bautismo del Espíritu Santo."

Aparte de la posibilidad de hablar en lenguas, hay muy pocas similitudes entre Hechos 2 y Hechos 8. En Hechos 2, el Espíritu viene directamente del cielo; en Hechos 8, viene por la imposición de las manos de los apóstoles. En Hechos 2 les sucede a los apóstoles; en Hechos 8 le sucede a los samaritanos que ya eran cristianos. En Hechos 2 hubo lenguas de fuego y un viento muy fuerte; en Hechos 8 no hubo ninguna de estas señales.

6. Los habitantes de Cesarea no fueron salvos debido a la interrupción del derramamiento del Espíritu.

Pedro sólo había empezado a traer a Cornelio, junto "con los parientes y amigos íntimos" (Hechos 10:24) el mensaje a través del cual ellos serían salvos (Hechos 11:15).

7. Hechos 10 no es una normativa para los cristianos de entonces ni para los de hoy.

Pedro debió recordar el Pentecostés por un evento similar (Hechos 10:47, 11:15–17), ¡unos ocho años antes!

8. Un concepto errado del punto de vista neopentecostal es que ellos creen que los receptores del bautismo del Espíritu eran cristianos antes de Pentecostés.

Es cierto que los receptores del Espíritu tenían una buena relación con Dios bajo el antiguo pacto, pero la analogía entre su vida antes de Pentecostés y la nuestra hoy en día, se desmorona en un punto más que significativo: el Espíritu no fue dado antes de que Jesús fuera glorificado (Juan 7:39) y hubiera ascendido a los cielos (Juan 16:7). Romanos 8:9 muestra que ser morada del Espíritu es la condición esencial de ser cristiano.[6]

9. Los discípulos de Éfeso (Hechos 19) no eran cristianos sino discípulos de Juan el Bautista.

A Pablo no estaba preocupado de si los discípulos de Juan el Bautista habían recibido una segunda bendición del Espíritu; a él le preocupaba saber si el Espíritu siquiera vivía en ellos. Cuando se enteró de que no era así, se dio cuenta de que no eran salvos (Romanos 8:9, Hechos 5:32), y por lo tanto, los bautizó. Y una vez más, que el Espíritu descendiera sobre ellos no era la regla; un apóstol estaba presente para imponerles sus manos. El Espíritu es la diferencia decisiva entre el ministerio cristiano y el de Juan. El bautismo de Juan el Bautista confería el perdón de los pecados, pero no el Espíritu Santo (Marcos 1:4). Muchos neopentecostales enseñan que en muchos casos, recibimos el Espíritu algún tiempo después de la conversión. Pero el Nuevo Testamento dice que recibimos el Espíritu porque nos hemos convertido en hijos de Dios (Gálatas 4:6) y no al revés. Escuchamos el evangelio y respondemos a él con fe, recibiendo el Espíritu como un depósito.

A la luz de las verdades antes mencionadas, la posición neopentecostal debe ser eliminada de la corte.[7] Antes de presentar cómo entiendo el bautismo del Espíritu, necesitamos examinar una alternativa popular a la posición neopentecostal.

El punto de vista limitado

Con el "punto de vista limitado" (que será familiar para muchos de mis lectores), el bautismo del Espíritu Santo sólo sucede una o dos veces en el Nuevo Testamento y no sucede hoy porque existe un solo bautismo (Efesios 4:5). Ese bautismo ocurrió para que se cumpliera la profecía y sirviera a un propósito histórico: establecer el Reino sobre la tierra. Fue para los apóstoles, para investirlos con el poder de la infalibilidad y la autoridad. Muchos sostienen que lo que sucedió en Hechos 10 (a los gentiles) fue complementario a lo que había sucedido en Hechos 2 (a los judíos). Como el propósito histórico del derramamiento se cumplió, esa "experiencia" no existe en la actualidad.[8] Estaba limitada al momento (o a los momentos) histórico en el que se llevó a cabo la voluntad de Dios en la primera mitad del primer siglo.

Las similitudes entre Hechos 2 y Hechos 10 son destacadas y sobre esta base se concluye que en ambos eventos hubo un bautismo en el Espíritu Santo. Afirmaciones válidas de ambos derramamientos incluyen:

1. Pasó de repente.	Hechos 2:2/10:44
2. No hubo imposición de manos.	Hechos 2:4/10:44
3. Se habló en lenguas milagrosas.	Hechos 2:4/10:46
4. La profecía de Joel se cumplió (a medias).	Hechos 2:16 (judíos)/10:1, 10:24, 44 (gentiles)
5. El bautismo fue prometido, no ordenado.	Hechos 1:5, 8/11:15–16
6. Marcó el comienzo de la iglesia.	Hechos 2:6, 41/10:43, 48, 11:18, 15:7–8
7. No perdonó pecados.	Hechos 2:38/10:43, 48 (bautismo en nombre de Jesús)

Evaluación

Aunque este punto de vista hace muchas observaciones útiles, no hay duda que en parte ha sido construida artificialmente. Se buscan las similitudes, se ignoran las diferencias y se ve ambos eventos como si fueran lo mismo. Obviamente van a parecer lo mismo. ¡Se nos garantiza que lo serán! De acuerdo, hay similitudes, pero también debemos considerar las diferencias.

1. En Hechos 2, el bautismo en el Espíritu establece la iglesia, pero en Hechos 10, la iglesia ya está establecida. Ya se habían convertido muchos de los gentiles (y no sólo los samaritanos). De hecho, la misión hacia los gentiles comenzó con la persecución de Hechos 8 (ver Hechos 11:20–21). Sin embargo, una misión intencional a los gentiles sólo comienza en Hechos 13.
2. En Hechos 10 no hubo ningún viento poderoso, como en Hechos 2.
3. ¿Y qué hay de las lenguas de fuego? Tampoco aparecen en Hechos 10.
4. En cuanto a la infalibilidad, en Hechos 2 los apóstoles recibieron la promesa del Espíritu Santo para guiar sus pensamientos y permitirles enseñar la doctrina infaliblemente (Juan 14:26, 16:13); sin embargo, no hay evidencias de que los gentiles "se mantenían firmes en la enseñanza de los de Cesarea."
5. En Hechos 2 se cumplió la promesa de Hechos 1:5; pero no sucede así en Hechos 10.
6. Esta posición no permite que el apóstol Pablo sea bautizado en el

Espíritu. Si él no recibió el bautismo del Espíritu Santo en Pentecostés (Hechos 2) y no estuvo presente en Cesarea (Hechos 10), entonces el hombre que posiblemente ha sido el apóstol más grande, no recibió el don que los demás recibieron.

7. En tanto que el derramamiento de Pentecostés establece la iglesia de Cristo en la historia a medida que el Reino llega poderosamente a Jerusalén, la perspectiva de que el objetivo primario del bautismo del Espíritu Santo era avanzar el Reino de Dios es demasiado restringida. Es eso, pero es mucho más y ciertamente tiene una aplicación para nosotros hoy en día.

¿Qué hay de estas diferencias? Por ejemplo, digamos que hay dos personas misteriosas. Ambas tienen dos orejas, cabello oscuro y una verruga en la cara. Ambas miden más de 1,8 metros (no importa que una pese 68 kilos y la otra 105, o que una sólo tenga veinte años y la otra 50). Ambas son de sexo masculino, flemáticas con un toque de coléricas y solteras. Ambas tienden a hacer movimientos repentinos, hablan la misma lengua y son ujieres en la iglesia. ¡Eureka! ¡Son gemelos idénticos! No necesariamente. De la misma forma, los mencionados ejemplos del bautismo en el Espíritu Santo en Hechos 2 y Hechos 10 no son necesariamente gemelos.

Además, este punto de vista no encaja completamente con la promesa de Juan el Bautista (Mateo 3:11, Marcos 1:8, Lucas 3:16, Juan 1:33). Se sostiene que el bautismo con el Espíritu aplica a los apóstoles mientras que el bautismo con fuego aplica al juicio. La lectura natural de la promesa en Juan, es que *todos* los discípulos y no sólo algunos pocos, serían bautizados en el Espíritu. Desarrollemos brevemente esta posibilidad. Decir que sólo los apóstoles fueron bautizados en el Espíritu es bastante problemático.

Imagínese a un grupo de doce hombres que se ganaron la lotería, tomaron el dinero y lo gastaron. Y que un periodista escribiera: “La semana pasada el país entero se ganó el premio gordo de la lotería. Sí señor; aunque sólo doce personas compartieron el dinero, todos estamos muy felices de que ellos pudieran disfrutarlo, en representación nuestra.” ¿Tendría sentido?[9] ¡No! Si bien los puntos de vista de “sólo los apóstoles” y el de “dos veces” (Hechos 2 y 10), tienen mucho valor al tratar de unir cabos sueltos para producir una teoría unificada de la acción del Espíritu, ellos minimizan la promesa de Juan el Bautista, cuyo mensaje no era complejo ni confuso.

Bajo un examen exhaustivo, las debilidades de la visión limitada han salido a la luz (Proverbios 18:17). Y ambos puntos de vista, tanto el de sólo los apóstoles como el de Hechos 2/Hechos 10, generan tantas preguntas como respuestas.

Espíritu y fuego

Leemos las palabras de Juan el Bautista al comienzo de Marcos, considerado por la mayoría de los estudiosos como el evangelio más antiguo de todos. La promesa de Juan a los israelitas es enfática en cuanto al "bautismo con el Espíritu Santo."

> Toda la gente de la región de Judea y de la ciudad de Jerusalén acudía a él. Cuando confesaban sus pecados, él los bautizaba en el río Jordán... Predicaba de esta manera: "Después de mí viene uno más poderoso que yo; ni siquiera merezco agacharme para desatar la correa de sus sandalias. Yo los he bautizado a ustedes con agua, pero él los bautizará con el Espíritu Santo." (Marcos 1:5, 7–8)

¿A quién se refiere el "ustedes" del versículo 8? ¿Este bautismo es prometido sólo a los judíos y a los habitantes de Jerusalén? Si es así, ¿por qué leemos en la carta de Pablo a los Corintios que todos fuimos bautizados "por un solo Espíritu"? Lea el versículo y decida lo que cree que sea la lectura más natural. ¡Y la correcta!

> Todos fuimos bautizados por un solo Espíritu para constituir un solo cuerpo —ya seamos judíos o gentiles, esclavos o libres—, y a todos se nos dio a beber de un mismo Espíritu. (1 Corintios 12:13)

El texto establece que *todos* los discípulos han sido bautizados por un solo Espíritu. No parece haber excepciones. El prometido derramamiento y bautismo del Espíritu serían universales, en concordancia con la profecía de Juan. Jesús mismo reiteró la promesa en el período de instrucción de cuarenta días antes de la Ascensión.

> Una vez, mientras comía con ellos, les ordenó:
>
> "No se alejen de Jerusalén, sino esperen la promesa del Padre, de la cual les he hablado: Juan bautizó con agua, pero dentro de pocos días ustedes serán bautizados con el Espíritu Santo." (Hechos 1:4–5)

A menos que Jesús estuviera equivocado, algo completamente nuevo iba a suceder en mayo del año 30 d. C. Esta era un cambio radical de la manera normal de Dios estar con su pueblo en los tiempos del Antiguo Testamento. La posición asumida en este capítulo es que *todos los cristianos han sido bautizados con el Espíritu.*

Incidentalmente, es la misma posición que asumí en 1987 en mi libro *Powerful Delusión*,[10] y si bien he agudizado la posición, esta sustancialmente no ha cambiado.

Agua y Espíritu

El nuevo nacimiento tiene dos elementos: agua y Espíritu. Ya que nacemos de nuevo del agua y del Espíritu, ¿no es simple, simétrico y bíblicamente exacto decir que somos bautizados en agua y en Espíritu? Piense detenidamente en el pasaje del Evangelio de Juan:

> —De veras te aseguro que quien no nazca de nuevo no puede ver el reino de Dios —dijo Jesús.
>
> —¿Cómo puede uno nacer de nuevo siendo ya viejo? —preguntó Nicodemo—. ¿Acaso puede entrar por segunda vez en el vientre de su madre y volver a nacer?
>
> —Yo te aseguro que quien no nazca de agua y del Espíritu, no puede entrar en el reino de Dios —respondió Jesús—. Lo que nace del cuerpo es cuerpo; lo que nace del Espíritu es espíritu. No te sorprendas de que te haya dicho: "Tienen que nacer de nuevo." (Juan 3:3–7)

Muchos exegetas defienden que todos los cristianos son nacidos de agua, pero que sólo los apóstoles nacieron de o fueron bautizados en el Espíritu. Ellos dicen que los apóstoles representaban a los judíos, en tanto que Cornelio y compañía a los gentiles, y que por lo tanto, "toda carne" recibió el bautismo. Pero, ¿por qué separar el agua del Espíritu? Además, en ninguna parte de la Biblia dice que una persona pueda bautizarse por otra (en representación de ella). (Respecto al bautismo en Espíritu y fuego: si sólo unos pocos hombres iban a recibir el bautismo en el Espíritu, ¿sólo unos pocos serán enviados al infierno como representantes de todos nosotros?) Seguramente ésta es una reacción exagerada al neopentecostalismo.

Veamos de cerca la lógica de Juan 3.

Nacido del agua Juan 3:5[11]	=>	Bautizado en agua Hechos 8:36–38, 1 Pedro 3:20–21
Nacido del Espíritu Juan 3:5–6, 8[12]	=>	Bautizado por/con el Espíritu 1 Corintios 12:13, Marcos 1:8

Entendemos que nacemos del agua y del Espíritu. Entendemos que el agua y el Espíritu son dos elementos de un nacimiento. Entendemos que nacer de agua se refiere a bautizarse en agua. ¿No es extraño que no veamos que nacer del Espíritu se refiere al bautismo en el Espíritu? Entender que todos somos bautizados en el Espíritu cuando somos bautizados en Cristo, no sólo es la lectura más natural y consistente de todos los pasajes sobre el bautismo del Espíritu, sino que es el punto de vista más fácil de defender.

> Pero cuando se manifestaron la bondad y el amor de Dios nuestro Salvador, él nos salvó, no por nuestras propias obras de justicia sino por su misericordia. Nos salvó mediante el lavamiento de la regeneración y de la renovación por el Espíritu Santo, el cual fue derramado abundantemente sobre nosotros por medio de Jesucristo nuestro Salvador. (Tito 3:4–6)

La carta de Pablo a Tito nos recuerda que el Espíritu "fue derramado... sobre" nosotros cuando nos hicimos cristianos. En el bautismo, el agua está presente (ya ha sido "derramada" y está presente en el baptisterio, lago, río o otro), pero sólo fluye sobre nosotros y nos sumergimos en ella, cuando entramos personalmente en contacto con ella. De igual modo, el Espíritu fue derramado en Pentecostés, pero nos "sumergimos en Él" y se derrama en nuestro corazón (Tito 3:6, Romanos 5:5) sólo cuando somos bautizados en el Espíritu. Lo que 1 Corintios 12:13 y Juan 3:5 hacen es unir al agua y al Espíritu en un mismo evento: el bautismo.

Consideraciones adicionales

1. "¿Cómo puede el Espíritu, derramado hace casi dos milenios, aún ser válida hoy en día?"

La Biblia no limita los efectos de los eventos del pasado a los tiempos ya transcurridos; los hechos históricos pueden tener continuidad y efectos en el presente. Jesús murió en el primer siglo de la era cristiana, pero su muerte sólo se convierte en algo real y práctico para nosotros cuando nos hacemos cristianos. Una vez que somos bautizados en Cristo (Romanos 6:3, Gálatas 3:27), y no antes de ese momento, también "morimos." "Nuestra vieja naturaleza fue crucificada con él" (Romanos 6:6, 6:1–4). "Morimos" (Colosenses 3:3, 1:22, 2:12, 3:5). Hemos sido crucificados "*con* Cristo" (Gálatas 2:20, énfasis agregado) y crucificados "para el mundo" (Gálatas 6:14, 5:24). Pero una vez más, "morimos" sólo cuando somos bautizados en Cristo. El bautismo en el Espíritu Santo es paralelo a esto: el Espíritu fue derramado, pero sólo cuando nos sumergimos en Cristo se convierte en parte de nosotros. Lo histórico se convierte en algo personal y práctico. De esta manera, somos bautizados con el Espíritu así como morimos con Cristo, siempre que nos apropiemos de esas bendiciones al recibir el evangelio.

2. Se objeta: "Efesios 4:5 admite sólo un bautismo. Si hay un bautismo en agua y uno en el Espíritu, hay dos bautismos, al menos en el momento cuando Pablo escribió la carta a los Efesios."

Este es un argumento débil. Como leímos, Juan 3:5 dice que hay dos componentes al *un* bautismo. El Nuevo Testamento enseña que hay tres "personas" para el único Dios. El Reino de Dios y el reino del cielo son uno y el mismo, no son dos. Debemos leer con más cuidado.

3. Podría objetarse: "Si todos hemos sido bautizados en el Espíritu, entonces todos deberíamos tener los dones milagrosos o poder hacer milagros."

Tal afirmación manifiesta una confusión fundamental sobre los dones del Espíritu. Jesús y sólo Jesús, bautizó en el Espíritu. Pero Él no confiere los dones. El Espíritu es quien nos da los dones y el poder (1 Corintios 12:11). Además, como ya hemos dicho, los apóstoles hacían milagros mucho antes de recibir el Espíritu (Lucas 9:2). De hecho, los fenómenos milagrosos fueron principalmente para los apóstoles; esto no se discute. Pero, ¿dónde dice la Biblia que el bautismo en el Espíritu confiere poderes milagrosos? (¡Esa es la interpretación de los neopentecostales!) Más aún, Juan el Bautista nunca dijo que las señales milagrosas acompañarían al bautismo en el Espíritu.

4. "Según Hechos 1 y Juan 14 y 16, ¿el bautismo del Espíritu Santo no es sólo para los apóstoles?"[13]

Si asumimos que Juan 14:26 y 16:13 se cumplen en los apóstoles en Pentecostés cuando fueron bautizados en el Espíritu (asumiendo que Juan 20:22 es una pieza del drama profético), y si asumimos que los habitantes de Cesarea tuvieron una experiencia idéntica, es difícil ver por qué las promesas de Jesús en Juan no se aplican también a Cornelio. No niego que los eventos que ocurrieron en Hechos 2 y 10 son irrepetibles e históricamente únicos. Ni niego que Hechos 2 y 10 estén relacionados de alguna forma y que el término "bautismo con el Espíritu Santo" se utilice en relación a ambos. Pero hay serios problemas al sostener que estos dos eventos resumen completamente el significado del "bautismo con el Espíritu Santo."

5. Volviendo a Lucas 3, ¿el Espíritu y el fuego aplican[14] *únicamente a los apóstoles o a todos los creyentes?*

¡Seamos consistentes! Veamos de nuevo Lucas 3:16:

> "Yo los bautizo a ustedes con agua —les respondió Juan a todos—. Pero está por llegar uno más poderoso que yo, a quien ni siquiera merezco desatarle la correa de sus sandalias. Él los bautizará con el Espíritu Santo y con fuego."

La comprensión más natural de la promesa del Bautista es que aplica a todos los creyentes.[15] De nuevo, si la promesa de Hechos 1:5 sólo se refiere a los apóstoles, no puede incluir a Cornelio. Esto pone cierta presión a la posición de Hechos 2/Hechos 10, a menos que ampliemos la aplicación de Hechos 1:5 para incluir a toda la humanidad. Si ese es el caso, entonces todos nosotros hemos sido bautizados en el Espíritu, no en una experiencia adicional a la conversión sino *como resultado* del derramamiento en Pentecostés y *a través de* un nuevo nacimiento.

Derramamiento y el Antiguo Testamento

El bautismo con el Espíritu Santo, como se describe en Mateo 3, Marcos 1, Lucas 3, Juan 1 y Hechos 1, es posible gracias al derramamiento histórico del Espíritu Santo. Esta posición tiene sentido para los profetas del Antiguo Testamento.

Joel profetizó: "Después de esto, derramaré mi Espíritu sobre todo el género humano" (Joel 2:28a). La profecía de Joel nos informa que todas las personas se beneficiarán del derramamiento del Espíritu. Ahora, esto no significa que Dios derrama el Espíritu sobre los no creyentes, de igual manera que "por consiguiente todos murieron" (2 Corintios 5:14) no significa que cada ser humano ha sido salvado por compartir la muerte de Cristo mediante el bautismo. Nuestra respuesta es el factor decisivo.

Isaías (s. VIII a. C.), también esperaba con ansias la época del Espíritu.

...hasta que desde lo alto
el Espíritu sea derramado sobre nosotros.
Entonces el desierto se volverá un campo fértil,
y el campo fértil se convertirá en bosque. (32:15)

...que regaré con agua la tierra sedienta,
y con arroyos el suelo seco;
derramaré mi Espíritu sobre tu descendencia,
y mi bendición sobre tus vástagos. (44:3)

Luego Ezequiel (s. VI a. C.), tuvo una versión similar.

"Ya no volveré a darles la espalda, pues derramaré mi Espíritu sobre Israel. Yo, el SEÑOR, lo afirmo." (39:29)

A finales del siglo VI a. C., Zacarías dio el mismo mensaje de esperanza.

"Sobre la casa real de David y los habitantes de Jerusalén derramaré un espíritu de gracia y de súplica, y entonces pondrán sus ojos en mí. Harán lamentación por el que traspasaron, como quien hace lamentación por su hijo único; llorarán amargamente, como quien llora por su primogénito. (12:10)

"En aquel día se abrirá una fuente para lavar del pecado y de la impureza a la casa real de David y a los habitantes de Jerusalén." (13:1)

"En aquel día fluirá agua viva desde Jerusalén." (14:8)

Finalmente, Juan, el último de los profetas del Antiguo Testamento, profetizó lo mismo (Marcos 1:8): "Yo los he bautizado a ustedes con agua, pero él los bautizará con el Espíritu Santo." Los profetas del Antiguo Testamento anticiparon la era del nuevo pacto, la era del Espíritu, en la cual somos bendecidos para vivir (Mateo 11:11). En Hechos 2:16, Pedro dijo: "En realidad lo que pasa es lo que anunció el profeta Joel." Pentecostés es el cumplimiento del prometido derramamiento del Espíritu (Hechos 2:33).

Derramamiento e inmersión

¿Son el "bautismo" y el "derramamiento" lo mismo? No, pero sí describen el mismo hecho desde dos puntos de vista diferentes. Desde la perspectiva del cielo, el Espíritu fue derramado; desde la perspectiva de la tierra, hubo un bautismo en el Espíritu. El derramamiento es el hecho desde el punto de vista de Jesús. El bautismo es el evento desde el punto de vista de quien lo recibe.

Para citar una imagen usada con frecuencia, una moneda puesta en un vaso queda sumergida después que se derrama el agua sobre ella. El derramamiento no es la inmersión; es el agua saliendo de la fuente. La inmersión no es el derramamiento; es el resultado, el cubrimiento de la moneda. Lo mismo sucede en este caso.

El Espíritu está disponible para todos los que estén dispuestos a beberlo (1 Corintios 12:13). Pero Pentecostés no podrá repetirse de nunca más; sucedió una sola vez y para siempre.[16]

Resumen

Como hemos visto, la "cálida sensación de aceptación" tan preciada hoy en los círculos neopentecostales es noventa y cinco por ciento fantasía y cinco por ciento Escritura. El bautismo en el Espíritu es el resultado del derramamiento profetizado por Joel (Hechos 2:16–17, Joel 2:28–32), arraigado firmemente en los propósitos históricos de Dios. Tal vez sería útil listar lo que *no* fue:

1. Una segunda porción del Espíritu destinada a equipar a los santos para un servicio mayor.
2. Para otorgar habilidades milagrosas. Los apóstoles hacían milagros aún antes de recibir el Espíritu (Lucas 9:2).
3. Administrado por el hombre. En el Nuevo Testamento no se recibió por medio de reuniones especiales o cruzadas.
4. El medio por el que los cristianos recibieron el don de lenguas. No todo el mundo en el primer siglo habló en lenguas (1 Corintios 12:10, 30).
5. El único medio por el que uno es lleno del Espíritu. Pedro estaba lleno del Espíritu en Hechos 2:4 y luego en Hechos 4:8. Pablo estaba lleno del Espíritu inicialmente en Hechos 9:17 y posteriormente, como vemos en Hechos 13:9.
6. Una experiencia para crear una segunda orden de cristianos. Sólo hay vida en el Espíritu y vida en la carne (Romanos 7–8).

Debido a ese único evento, el histórico derramamiento del Espíritu en el día de Pentecostés en Jerusalén, toda la humanidad puede recibir el bautismo en el Espíritu. La experiencia de los apóstoles en Hechos 2 es el resultado de ese derramamiento, al igual que la experiencia de los tres mil, que recibieron el ahora disponible don de tener el Espíritu viviendo en ellos. Los dones espirituales sobrenaturales que recibió la iglesia para su edificación también son consecuencia del derramamiento del Espíritu en Pentecostés. Cornelio y los otros gentiles con él recibieron el Espíritu primero externamente (el derramamiento) y luego en forma interna (viviendo dentro de ellos) en el bautismo cristiano.

Finalmente, el Espíritu sigue siendo "derramado" sobre nosotros cuando nos bautizamos en el Espíritu al momento de la conversión (Tito 3:5–6) y cuando oramos a Dios que nos llene y obre a través de nosotros como su pueblo (Hechos 4:23–31).

Sencillamente, todos los discípulos fueron bautizados en el Espíritu por virtud de su bautismo en agua.

NOTAS

1. Lo pongo entre comillas porque no lo considero una conversión verdadera.

2. Algunas partes de esta sección son algo controversiales. Los puntos de vista presentados son los del autor y no necesariamente los del editor.

3. La denominación neopentecostal más grande del mundo, las Asambleas de Dios, afirma lo siguiente en su Declaración de Verdades Fundamentales: "El bautismo de los creyentes en el Espíritu Santo se evidencia con la señal física inicial de hablar en otras lenguas" (§ 8).

4. Y bien iluminado en el libro de Hank Hanegraaff *Counterfeit Revival: Looking for God in All the Wrong Places* (Dallas, TX: Word Publishing, 1997).

5. Irónicamente, la teología pentecostal falla en entender la importancia histórica de Pentecostés: el inicio del nuevo pacto.

6. También es erróneamente asumido que Saulo se hizo cristiano antes de ser bautizado. Eso es incorrecto (Hechos 22:16). Además, Ananías le impuso las manos no para bautizarlo en el Espíritu, sino para devolverle la vista (9:12, 17).

7. En la historia del cristianismo es común encontrar relatos sobre "cálidas sensaciones de aceptación." Considere la siguiente historia de una conversión tomada del diario de John Wesley:

Lo que sucedió el miércoles 24, creo que mejor lo cuento completamente, después de introducirlo para que se entienda mejor. Que quien no pueda recibirlo, le pida al Padre de la luz que le dé más luz tanto a él como a mí. Creo que eran cerca de las cinco de la mañana de hoy cuando abrí el Nuevo Testamento en estas palabras: "Por las cuales nos son dadas preciosas y grandísimas promesas, para que por ellas fueseis hechos participantes de la naturaleza divina" (2 Pedro i.4). Justo cuando salía, lo abrí de nuevo en estas palabras: "No estás lejos del reino de Dios." En la tarde me pidieron que fuera a la iglesia San Pablo. Salmo era: "De los profundos, oh Jehová, á ti clamo. Señor, oye mi voz; Estén atentos tus oídos A la voz de mi súplica. JAH, si mirares á los pecados, ¿Quién, oh Señor, podrá mantenerse? Empero hay perdón cerca de ti, Para que seas temido. Esperé yo á Jehová, esperó mi alma; En su palabra he esperado. Mi alma espera á Jehová Más que los centinelas á la mañana. Más que los vigilantes á la mañana. Espere Israel á Jehová; Porque en Jehová hay misericordia. Y abundante redención con él. Y él redimirá á Israel De todos sus pecados."

En la tarde fui de muy mala gana a una sociedad en Aldersgate Street donde estaban leyendo el prefacio de Lutero a la carta a los Romanos. Como a un cuarto para las nueve, mientras describía el cambio que Dios hace en el corazón por medio de la fe en Cristo, sentí un calor extraño en mi corazón. Sentí que confiaba en Cristo y sólo en Cristo para mi salvación, y recibí una seguridad de que Él se había llevado lejos mis pecados, hasta míos, y me había salvado de la ley del pecado y de la muerte (*Diario de John Wesley*, miércoles 24 de mayo de 1738).

8. La mayoría de quienes sostienen este punto de vista dicen que aunque Hechos 1:5 indica que la experiencia fue para los apóstoles, Hechos 11:15–17 implica que Cornelio, sus familiares y amigos, también compartieron esta experiencia histórica cumpliéndose así la profecía de Joel de que el bautismo del Espíritu Santo llegaría a "todo el género humano," tanto judíos como gentiles respectivamente (Joel 2:28, Hechos 2:17).

9. Incidentalmente, aunque no voy a discutir que los apóstoles recibieron su don doctrinal en el bautismo del Espíritu Santo, esta no fue su primera promesa de inspiración; ver Mateo 10:11–20.

10. Douglas Jacoby, *The Powerful Delusion* (London: C.L.C.C., 1987). Para una posición casi idéntica, ver el libro de Gordon Ferguson, *Prepared to Answer* (Woburn, MA: DPI, 1995), pp.143–148.

11. Ver también Efesios 5:26, Hebreos 10:22.

12. Ver también Gálatas 4:29, 1 Juan 5:4–6.

13. Si es así, entonces Matías no fue el único a quien le faltaba algo; hasta el apóstol Pablo habría estado fuera de esta promesa. ¡Y Cornelio no habría tenido ninguna oportunidad! Lucas 3:15–17 muestra que el bautismo en el Espíritu Santo fue para muchos más que los Doce.

14. Algunos preguntan si el bautismo en el fuego pudiera referirse a las lenguas de fuego en Hechos 2. Sí, es posible, si estamos dispuestos a permitir una aspersión de agua en lugar de la inmersión. Como los apóstoles jamás se sumergieron en fuego, es una sugerencia poco probable.

15. Algunos creen que se refiere al día del juicio universal, otros a la destrucción de Jerusalén en el año 70 d. C. (Lucas dice que el hacha ya está al pie del árbol, lo que implica un juicio inminente. Además, Malaquías 3 y 4 muestran que la destrucción y el fuego vendrán sobre el pueblo judío. Primero viene Juan ("Elías" [Mateo 11:14]) y luego Jesús (Malaquías 3:1) antes del grande y terrible día del Señor (Malaquías 4:5).

16. Que el derramamiento del Espíritu haya sido un hecho único e irrepetible (p. ej., Hechos 10) es apoyado por un estudio del verbo "ha derramado" (Hechos 2:33) en el idioma original. El verbo se encuentra en el aspecto aoristo, lo que quiere decir que el derramamiento como una acción ocurrió en un momento específico en el tiempo. Es difícil ver cómo los profetas pudieron siquiera haber imaginado derramamientos separados para los judíos y los gentiles, especialmente cuando sus visiones de todos modos incluían a los gentiles (p. ej., Isaías 26:18, 42:6, 45:22, 49:6, 66:19–21).

25

¿El pecado imperdonable?

"Entonces, ¿quién podrá salvarse?"

¿Se siente retado después de leer algunas cosas en este libro (especialmente en Parte Uno)? ¿Se está preguntando si usted tiene el Espíritu Santo? Lamentablemente, el Espíritu nos recuerda que "todos fallamos mucho" (Santiago 3:2, Juan 16:8), sólo para mantenernos humildes. A veces, cuando usted comprende el compromiso que el Señor espera, puede ver su vida y preguntarle preocupado, como hicieron los discípulos: "Entonces, ¿quién podrá salvarse?" (Marcos 10:26). Si es así, son remotas las probabilidades de que usted haya cometido el pecado imperdonable, el tema de este corto capítulo.

La blasfemia

Una de mis películas favoritas es Indiana Jones y la Última Cruzada. Vi esta clásica película de acción de Harrison Ford en una sala de cine llena de cristianos. En la película, padre e hijo buscan el "Santo Grial," la copa de la que Jesús supuestamente bebió vino durante la Última Cena. Una escena fue particularmente agradable: Indiana Jones (el hijo) dice el nombre del Señor en vano y su padre (interpretado por Sean Connery), un hombre más reverente, reacciona fuertemente. Él abofeteó a su hijo en el rostro, exclamando: "¡Eso es blasfemia!" (Sí, toda la gente en la sala comenzó a aplaudir espontáneamente.)

¿Cuál es la blasfemia del Espíritu? ¿Es violar el tercer mandamiento? ¿Qué es lo que Dios trata de enseñarnos a través de las Escrituras que la mencionan?

El punto sin retorno

Dios es un Dios de gracia, sin embargo, la Biblia nos enseña claramente que hay un punto donde no hay vuelta atrás. En el Antiguo Testamento leemos: "El que es reacio a las reprensiones será destruido de repente y sin remedio" (Proverbios 29:1). En el Nuevo Testamento hay varios pasajes sobre el tema. Observe la carta a los Hebreos, por ejemplo.

> Si después de recibir el conocimiento de la verdad pecamos obstinadamente, ya no hay sacrificio por los pecados. Sólo queda una terrible expectativa de juicio, el fuego ardiente que ha de devorar a los enemigos de Dios. Cualquiera que rechazaba la ley de Moisés moría irremediablemente por el testimonio de dos o tres testigos. ¿Cuánto

> mayor castigo piensan ustedes que merece el que ha pisoteado al Hijo de Dios, que ha profanado la sangre del pacto por la cual había sido santificado, y que ha insultado al Espíritu de la gracia? Pues conocemos al que dijo: "Mía es la venganza; yo pagaré"; y también: "El Señor juzgará a su pueblo." ¡Terrible cosa es caer en las manos del Dios vivo! (Hebreos 10:26–31)

Desafortunadamente, este pasaje con frecuencia es predicado en forma incorrecta. En el contexto de Hebreos, el pecado en cuestión es la apostasía total, renunciar a Jesús y volver a la religión que se tenía antes.[1] El Espíritu de la gracia ha sido insultado (Hebreos 10:29), no porque alguien dijera una mentira o se haya emborrachado muchas veces, sino porque alguien ha rechazado el sacrificio de Jesús como necesario o suficiente para la salvación. La verdad ha sido rechazada (v.26) y el pacto ha sido repudiado (v.29). Es una decisión consciente y voluntaria de darle la espalda a Jesús, mucho más que tener un "bajón" espiritual o una recaída temporal.

La cuestión no es tanto *en qué punto* está uno "sin remedio," sino dicho punto *existe*. Tal vez no sea más fácil de ubicar que la evasiva "edad de la responsabilidad" en la que uno está listo para arrepentirse y convertirse en un discípulo de Jesús. Las Escrituras sí enseñan que uno puede alcanzar un estado fatal de endurecimiento del corazón.

El contexto

En el siguiente pasaje vemos la dureza de corazón de los fariseos, quienes no podían ver la verdad frente a sus ojos. Atribuirle la obra de Dios a Satanás no fue la razón por la que Jesús dijo que ellos estaban condenados y sin esperanza de ser perdonados. Ni lo fue su mala lógica al atribuirle a Satanás algo que habría acabado con él mismo. En lugar de eso, fue la irremediable dureza de corazón lo que impulsó a Jesús a decir que ellos no podrían ser perdonados.

> Un día le llevaron un endemoniado que estaba ciego y mudo, y Jesús lo sanó, de modo que pudo ver y hablar. Toda la gente se quedó asombrada y decía: "¿No será éste el Hijo de David?"
>
> Pero al oírlo los fariseos, dijeron: "Éste no expulsa a los demonios sino por medio de Beelzebú, príncipe de los demonios."
>
> Jesús conocía sus pensamientos, y les dijo: "Todo reino dividido contra sí mismo quedará asolado, y toda ciudad o familia dividida contra sí misma no se mantendrá en pie. Si Satanás expulsa a Satanás, está dividido contra sí mismo. ¿Cómo puede, entonces, mantenerse en pie su reino? Ahora bien, si yo expulso a los demonios por medio de Beelzebú, ¿los seguidores de ustedes por medio de quién los expulsan? Por eso ellos mismos los juzgarán a ustedes. En cambio, si expulso a los demonios por medio del Espíritu de Dios, eso significa que el reino de

Dios ha llegado a ustedes.

—¿O cómo puede entrar alguien en la casa de un hombre fuerte y arrebatarle sus bienes, a menos que primero lo ate? Sólo entonces podrá robar su casa.

—El que no está de mi parte, está contra mí; y el que conmigo no recoge, esparce. Por eso les digo que a todos se les podrá perdonar todo pecado y toda blasfemia, pero la blasfemia contra el Espíritu no se le perdonará a nadie. A cualquiera que pronuncie alguna palabra contra el Hijo del hombre se le perdonará, pero el que hable contra el Espíritu Santo no tendrá perdón ni en este mundo ni en el venidero. (Mateo 12:22–32)

Jesús recalca que hablar en su contra (el Hijo del hombre) es menos serio que hablar contra (blasfemar) el Espíritu. ¿Acaso uno de los miembros de la Trinidad es más sensible que los otros dos? No puede ser así. Jesús debe estar diciendo que no todos los enemigos de la verdad están sin remedio. Sin embargo, algunos han cruzado la línea y el Espíritu de Dios no puede obrar en su corazón; ellos están desechos más allá de toda posibilidad de ser reparados.

Es interesante que el apóstol Pablo confiesa que antes de su bautismo él era blasfemo (1 Timoteo 1:13). Él habló contra Jesús e intentó forzar a otros a hacer lo mismo. Sin embargo, lo hizo con gran celo y una buena conciencia (Gálatas 1:13–14, Hechos 23:1). Él no fue más allá del "punto sin retorno." Los demás apóstoles, al menos inicialmente, parecían creer que su situación no tenía esperanza (Hechos 9:26). ¿Cuánta gente conoce que son peores que Pablo antes de ser cristiano?

Así que si usted se está preguntando si ha cometido el pecado imperdonable, es casi seguro que no lo haya hecho. Aún camina con Dios, viene a la iglesia, comparte su fe y le preocupan los necesitados. (Personas así generalmente tienen buen corazón. Por favor, no juzguemos los motivos con dureza [1 Corintios 4:3–5].)

Una vez considerado todo esto, debemos concluir que el pecado contra el Espíritu no es una acción sino un estado del corazón. Una vez más y para el registro, el sentimiento de culpa o tener un "bajón" espiritual, no es pecar contra el Espíritu.

"¡Pero a veces me siento tan culpable!"

Puede decir: "¡Pero a veces me siento tan culpable!" Yo también. Podemos sentirnos culpables por causa del pecado. Una vez que lo confesamos y lo dejamos (Proverbios 28:13), podemos volver a "cantar de alegría" (Proverbios 29:6). Los sentimientos de culpa son la manera en que Dios nos deja saber que algo no es correcto. (El pecado contra el Espíritu es mucho más que esto.) Además, sentirse culpable no es lo mismo que ser culpable. Muchos son culpables sin sentir algún remordimiento y hay muchas almas atribuladas que se sienten cargadas aunque no hayan hecho prácticamente nada para estar así. A veces hemos sido condicionados a sentir de cierta forma. Con el tiempo, a medida que maduramos espiritualmente, podemos aprender a alejarnos de esta clase de falsa culpabilidad.

El primer día del resto de su vida

Buenas noticias: Jesús se asegura de que nuestros pecados sean perdonados, aún cuando nosotros, como cristianos, deberíamos saberlo mejor (1 Juan 2:1–2). He aquí más buenas noticias: ¡Tienen el resto de sus vidas para dejar que el Espíritu los transforme, saque de raíz el pecado y elimine todas las arrugas!

NOTAS

1. Hebreos 2:1–3, 3:14, 4:1–11, 6:4–12, etc.

26

Todo lo que siempre quiso saber, 1

Preguntas difíciles acerca del Espíritu

Algunas de las preguntas respondidas a continuación vuelven a tocar temas que ya hemos cubierto en otra parte del libro. Este capítulo pretende primero, ser como un refresco, y segundo, servir de trampolín para quienes quieran profundizar en nuestro tema. Espero que entre este capítulo y el siguiente, encuentre (casi) todo lo que siempre quiso saber al respecto.

1. ¿Qué es el Espíritu Santo?

¡Suena fantasmagórico! ¿Por qué? Cuando escuchamos la palabra "espíritu," podamos pensar en cosas del llamado "mundo de los espíritus," lo que suena a brujas y fantasmas. En el griego del Nuevo Testamento, así como en el hebreo del Antiguo Testamento, la palabra traducida como "espíritu" también significa, "aliento o viento." (En hebreo: ruach, en griego: pneuma.) La traducción exacta debe determinarse por el contexto.

2. ¿Él, Ella o Eso?

¡Buena pregunta! A menudo se observa que los pronombres usados en el Nuevo Testamento para referirse al Espíritu Santo son consistentemente masculinos, aunque la palabra pneuma es de género neutro. Esto es deliberado y en cierto sentido es justo decir que el Espíritu es un "Él." También a Dios se le considera como "Él." Esto no quiere decir que Dios sea un ser sexual, pero la analogía masculino-femenino define correctamente la relación Dios-humano. (Nosotros, la iglesia, somos la "novia de Cristo." Dios nos protege y "provee" para nosotros. Nosotros "tenemos hijos," o sea, damos fruto, por Él.) Si se siente más cómodo considerando al Espíritu como algo neutro, creo que no hay problema.[1]

El Espíritu Santo tiene mente, voluntad y afectos (Romanos 8:27, 1 Corintios 12:11, Romanos 15:30). Él habla, enseña y dirige (1 Timoteo 4:1, Juan 14:26, Hechos 16:6–10). A Él se le puede incluso resistir, agraviar, blasfemar o mentir (Hechos 7:51, Efesios 4:30, Mateo 12:31, Hechos 5:3). Ninguna de estas cosas sería posible si el Espíritu no fuera una persona. Además, el Espíritu es omnisciente, omnipresente y eterno (1 Corintios 2:10, Salmo 139:7–10, Hebreos 9:14); en resumen, divino. Él es más que una pequeña influencia o una fuerza impersonal como la gravedad o el magnetismo; Él es una Persona divina y un miembro de la Trinidad (ver la pregunta 7).

3. ¿Qué significa ser "lleno del Espíritu"?

Significa ser una persona profundamente espiritual. También significa recibir el poder del Espíritu en respuesta a una necesidad o petición específica. La llenura del Espíritu se extiende a cada área de nuestra vida (ver capítulo 1).

En Hechos 6:3–5, Esteban y Felipe fueron llenos del Espíritu antes de recibir los dones milagrosos. Juan el Bautista fue lleno del Espíritu aun desde su nacimiento (Lucas 1:15), sin embargo, nunca hizo milagros (Juan 10:41). La afirmación neopentecostal de que ser lleno del Espíritu es algo milagroso, debe descartarse.

4. ¿Los milagros prueban que alguien es salvo?

¡Para nada! Ver Deuteronomio 13:1–5, 1 Samuel 19:18–24, Mateo 7:21–23, Marcos 13:22, Hechos 19:13–15, 2 Tesalonicenses 2:9–11 y Apocalipsis 13:13–14. Hasta los que no son salvos pueden hacer, o aparentar que hacer, milagros.

5. ¿Qué significa ser "guiado por el Espíritu"?

En verdad, esto no tiene nada que ver con adivinar la voluntad de Dios. No es "leer sus sentimientos" (Proverbios 14:12, Jeremías 17:9). Más bien es el triunfo del Espíritu sobre la carne (Gálatas 5:16–26, Romanos 8:1–16), un proceso de aprendizaje en el que no existen los atajos (Salmo 143:10, Ezequiel 36:27). Alguien que constantemente cae en pecado necesita someterse a la dirección del Espíritu. (Para más información, ver el capítulo 9.)

6. ¿Cuál es el propósito principal de los milagros bíblicos?

Los milagros eran para llevar a la gente la Palabra de Dios. (ver Éxodo 4:1–5, 1 Reyes 17:22–24, Marcos 16:20, Hechos 14:3 y Hebreos 2:4). Casi todos los milagros bíblicos sucedieron en uno de los tres períodos de alta actividad milagrosa en la historia bíblica: al ser dada la ley (Moisés), al inicio del movimiento profético (Elías), y en la proclamación del evangelio (Jesús). Los milagros nunca confirmaron la palabra escrita, sólo la palabra hablada (es decir, la nueva revelación).

Hoy no hay una nueva revelación, pues la Biblia ya está completa y convertida en canon[2] (ver capítulo 19).

7. ¿Qué hay de la Trinidad?

Es verdad que el término "trinidad" no aparece en la Biblia y que es una abstracción de la teología de los siglos III y IV. (Los creyentes en la primera era del cristianismo durante generaciones estuvieron dándole forma a la doctrina de la Trinidad, investigando lo intrínseco del Espíritu.) Comprender las relaciones entre el Padre, el Hijo y el Espíritu es todo un desafío, pero lamentablemente algunos vociferan denunciando la Trinidad, porque consideran que es muy difícil entender la naturaleza de un Dios infinito. Aunque utilizo el término con muy poca frecuencia, nos da una buena explicación de la naturaleza de Dios, la mejor a la que ha podido llegar el hombre.

En el Nuevo Testamento, a menudo se mencionan juntos al Padre, al Hijo y al Espíritu (2 Corintios 13:14, Mateo 28:19, Juan 14:17–23). Hay muchas pruebas infalibles que demuestran que cada miembro de la Trinidad es divino. El Padre, el Hijo y el Espíritu son cada uno de ellos, en esencia, Dios; pero ninguno puede identificarse con el otro. En otras palabras, podemos decir que el Padre es Dios, pero no que el Padre sea Jesús.

La analogía que uso con más frecuencia para explicar la Trinidad es la de las formas amorfas del agua. El hielo es agua, el agua líquida es agua, y el vapor de agua es agua (en esencia); pero el hielo no es vapor, etc. Otras analogías que he escuchado son la del tiempo (pasado, presente y futuro) y hasta la del huevo (la cáscara, la clara y la yema).

Entendiendo la Trinidad

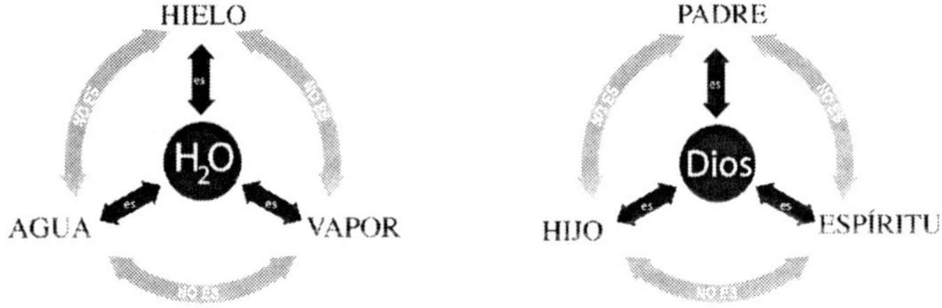

En mi forma de entender la Trinidad, ¡es probable que el triángulo trinitario no sea totalmente equilátero! Recuerde que las tres "personas" no son personas separadas (como se explica en capitulo 1). Si todo esto le parece muy complicado, piense en que los teólogos han intentado durante siglos poner en palabras el divino misterio de la Trinidad; si usted no puede hacerlo en media hora, yo no me preocuparía mucho.

8. ¿Puede sentir el Espíritu en usted?

¿No hay algunos días en los que sentimos espiritualmente más fuertes que en otros? ¿No es esta la obra del Espíritu en nuestro corazón? (Efesios 3:16). Negar que podemos sentir el Espíritu de Dios o su efecto en nuestro corazón es una reacción exagerada a la superstición. Esto no es para animar la mentalidad de "una cálida sensación de aceptación," sino para ofrecer una explicación a la realidad diaria de sentirse espiritualmente fuerte o débil (compare el Salmo 32 y el 38 con el Salmo 18:28–50). Sin embargo, no hay evidencias bíblicas para afirmar que el Espíritu nos da dirección personal a través de nuestros sentimientos.

9. ¿Puedes llegar a perder el Espíritu?

En ninguna parte de la Biblia dice que la "garantía" (2 Corintios 1:22) es retirado si perdemos la fe. Podemos vivir agraviando al Espíritu

(Efesios 4:30), y podemos apagar el fuego del Espíritu dentro de nosotros (1 Tesalonicenses 5:19), pero nadie necesita recibir el Espíritu de nuevo. Cuando el corazón de Simón se volvió perverso, no se le dijo que considerara bautizarse de nuevo, sólo que orara a Dios pidiendo perdón (Hechos 8:22).

10. ¿Nuestro espíritu reencarna?

Hebreos 9:27 es suficiente para responder a esta pregunta: "Está establecido que los seres humanos mueran una sola vez, y después venga el juicio." (Ver también Job 7:9–10.)

Maestros como Edgar Cayce dicen que Jesús enseñó sobre la reencarnación cuando identificó a Juan el Bautista con Elías. Sin embargo, Juan negó ser Elías (Juan 1:21), y Gabriel dijo que él era quien venía "con el espíritu y el poder" de Elías (Lucas 1:17, 19). En otras palabras, él era espiritualmente *como* Elías. Pues si de verdad hubiera sido Elías, ¿cómo explica la reunión "cumbre" que Jesús tuvo con él y Moisés en la cima del Monte de la Transfiguración? ¡No puede! No existe ninguna evidencia para la reencarnación. ¡Y ni siquiera hemos comenzado a discutir los problemas matemáticos involucrados en el recirculación de tantas almas a la luz de la presente población mundial!

11. ¿Qué es "morar en nosotros"?

Es Dios quien vive en nuestro corazón (Juan 14:16–23). Esto no sucedió hasta que tuvimos el nuevo pacto (Juan 7:39). En los tiempos del Antiguo Testamento, el Espíritu llegó *de forma externa* a algunos individuos (p. ej., Jueces 3:10), pero no les fue dado a los creyentes como un don que permaneciera en ellos *internamente*. Cuando somos bautizados, recibimos al Espíritu Santo para que more en nosotros (Hechos 2:38–39). Por medio de este Espíritu, pertenecemos a Cristo (Romanos 8:9). Muchos pasajes dan fe del hecho de que el Espíritu vive en nuestro corazón (1 Corintios 6:19, 2 Timoteo 1:14).

Dios vive en nosotros por el don del Espíritu recibido en el bautismo (Hechos 2:38–39). A esto es a lo que se le llama "morar," pues el Espíritu es quien mora (vive) en nosotros.

12. ¿El Espíritu vive y obra en nosotros sólo por medio de la Palabra?

Hay una escuela de pensamiento que dice que el Espíritu obra en nosotros sólo a través de su representante, la Palabra, negando que el Espíritu viva "personalmente" en nuestro corazón.

Sin duda hay una conexión muy íntima entre el Espíritu y la Palabra. Por ejemplo, muchas cosas que normalmente se le atribuyen al Espíritu en la Biblia, también se le atribuyen a la Palabra.

- La Palabra nos da vida (Salmo 119:50).

- La Palabra nos sostiene (Salmo 119:28).
- La Palabra nos santifica (Juan 17:17).
- La Palabra nos da sabiduría (2 Timoteo 3:14–15).
- La Palabra nos ilumina (Salmo 119:130).
- La Palabra nos permite tener parte en la naturaleza divina (2 Pedro 1:4).

Sin embargo, no hay bases suficientes para decir que el Espíritu obra sólo por medio de la Palabra o la espada del Espíritu (Efesios 6:17). Si éste fuera el caso, Hechos 2:38 necesitaría ser escrito nuevamente, al menos en principio, para decir: "Arrepiéntase y bautícese cada uno de ustedes en el nombre de Jesucristo para perdón de sus pecados —les contestó Pedro—, y recibirán el don de la Palabra de Dios." Ciertamente, ésta no es la lectura natural del texto, como lo admitirían incluso los que mantienen esa posición. Hechos 2 se refiere al prometido Espíritu Santo varias veces (vv.17, 33, 38, 39). Además, la lectura natural de versículos como Hechos 5:32, 1 Juan 3:24 y Juan 14:16–23 no es que Dios nos haya dado a su representante sino su presencia real.

Pareciera preciso decir que el Espíritu en nuestro corazón obra a través de la Palabra o que Dios puede obrar en nosotros al punto de que nos rendimos a su Palabra. En resumen, el hecho de que sólo podemos conocer el Espíritu Santo como Él mismo se revela a nosotros por medio de la Palabra es aceptado, pero no tiene relación con cómo el Espíritu *mora* en el cristiano.

13. ¿Está mal pedirle a Dios "que abra una puerta"?

Pedirle a Dios que abra una puerta no es lo mismo que "tender vellones." La diferencia es ésta: si trata de "tender un vellón," es libre de hacer lo que desee independientemente del resultado, ya que el "vellón" no está relacionado directamente con el curso de acción que está considerando (ver capítulo 11). Sin embargo, si Dios no abre una puerta, usted no es libre de hacer lo que quiera, pues su decisión depende de que Dios cambie la situación abriendo la puerta. (Usted puede pasar a través de una puerta abierta, pero no a través de un "vellón.") No hay nada malo en pedirle a Dios que abra una puerta (Colosenses 4:3).

14. ¿Qué hay de las profecías en el Antiguo Testamento?

Las profecías del Antiguo Testamento normalmente ¡fueron predicaciones basadas en visiones! Moisés fue la excepción a la regla. Observe Números 12:6b–8a:

> "Escuchen lo que voy a decirles:
> —Cuando un profeta del SEÑOR
> se levanta entre ustedes,
> yo le hablo en visiones

y me revelo a él en sueños.
Pero esto no ocurre así
con mi siervo Moisés,
porque en toda mi casa
él es mi hombre de confianza.
Con él hablo cara a cara."

Normalmente, un profeta tenía una visión de Dios (Oseas 12:10, Joel 2:28, Miqueas 3:6), generalmente en un sueño mientras dormía (1 Samuel 3:1–16, 1 Reyes 3:5–15, 1 Crónicas 17:3 y de otra enigmática manera, Jeremías 31:26). Basado en esa visión, predicaría sobre las necesidades del pueblo. El profeta tenía tiempo para reflexionar en el significado de la visión antes de predicar y estaba en pleno control de su presentación profética (1 Corintios 14:32).

Moisés fue la excepción. Con él, Dios no habló de manera indirecta a través de visiones, sino directamente, cara a cara.[3] Prestemos atención ahora a Éxodo 7:1:

"Toma en cuenta —le dijo el SEÑOR a Moisés— que te pongo por Dios ante el faraón. Tu hermano Aarón será tu profeta."

Moisés es como Dios, y Aarón es el "profeta" de Moisés; en otras palabras, Aarón realmente es sólo un canal para el mensaje de Moisés. *Dios le habla a los hombres por medio de hombres* (no es una mala definición de profecía).

Es verdad que a menudo la profecía tenía elementos de predicción. Muchos líderes religiosos son bien conocidos por sus predicciones, la mayoría de las cuales son demasiado vagas para probar si son o no ciertas. (Por pura suerte y azar, un cierto porcentaje de las predicciones tienen que ser acertadas.) En el Antiguo Testamento, cualquier "profeta" cuya "profecía" no se cumpliera, ¡era ejecutado! (Deuteronomio 18:20–22). Así de serio considera Dios las falsas profecías. En resumen, la profecía en la Biblia es más una cuestión de predicar que de predecir, como se lee claramente en Esdras 6:14a.

Así los dirigentes judíos pudieron continuar y terminar la obra de reconstrucción, conforme a la palabra de los profetas Hageo y Zacarías hijo de Idó.

Hageo y Zacarías (compañeros de trabajo activos cerca de 520 a. C.) eran profetas. ¿Qué quería decir eso? Significaba que eran predicadores. Hablaban de las necesidades de la gente. Le hablaron a sus contemporáneos. En lugar de escribir para una generación que aún no había nacido (lo que hicieron en algunos momentos sin saber), los profetas se dirigían a la generación presente. Amós 7:15–16 es también relevante.

> Pero el SEÑOR me sacó de detrás del rebaño y me dijo: "Ve y profetiza a mi pueblo Israel."
>
> Así que oye la palabra del SEÑOR. Tú dices:
> "No profetices contra Israel;
> deja de predicar contra los descendientes de Isaac."

En un paralelismo poético típico, profetizar y predicar son sinónimos. Los mensajes proféticos casi siempre eran desafiantes. ¡Cuán diferente a las "profecías" etéreas que se oyen en algunas iglesias actualmente!

Para terminar, debería decir que las Escrituras del Antiguo Testamento son en su conjunto y en el sentido más amplio, "proféticas," según Jesús (Mateo 11:13). Es debatible cuánto contribuyen al efecto profético general las genealogías y otros tipos de literatura en el Antiguo Testamento. El punto se mantiene: las profecías del Antiguo Testamento eran normalmente predicaciones basadas en visones.

15. ¿Qué es "la imposición de manos"?

En los círculos neopentecostales, "la imposición de manos" normalmente acompaña un intento por sanar o inducir la experiencia del "bautismo del Espíritu Santo." Ayuda mucho entender los sucesos del Antiguo Testamento.

a. Génesis 48:14–16 (bendición)
b. Levítico 1:3–4 (sacrificio)
c. Levítico 14:12, 18–20 (relacionado con el perdón)
d. Números 8:5–6, 10 (consagración al servicio del Señor)
e. Números 27:18–20/Deuteronomio 34:9 (comisionar)
f. 2 Reyes 4:34 (sanar)

En el Nuevo Testamento se encuentran todos los tipos menos b. y c. (Mateo 19:14–15, Hechos 13:1–3, Marcos 16:17–18). Si fuéramos a añadir propósitos a la lista, el g. sería para la transmisión de un don sobrenatural del Espíritu:

g. Hechos 8:18 (imposición de manos apostólica)

16. ¿Son necesarios los milagros hoy en día?

No, los milagros ya no son esenciales. ¡Lucas 16:19–31 y Juan 20:30–31 lo dejan tan claro como el cristal! Por cierto, esto no debiera tomarse como una afirmación de que Dios no *puede* hacer milagros, pues ciertamente Él sí puede hacerlo (Salmo 115:3), ni que Él no conteste oraciones de forma milagrosa. Hoy podemos leer sobre los milagros anteriores y creer (Juan

20:30–31), especialmente el milagro de la Resurrección (Lucas 16:19–31).[4]

17. ¿Qué son "las lenguas"?

"Las lenguas" son idiomas reales adquiridos milagrosamente (Hechos 2:3–11, 1 Corintios 14:10). "Lenguas" fue la palabra como comúnmente se llamó en la antigüedad a los "idiomas," apareciendo en la versión Reina-Valera de la Biblia, entre otras. La *glossolalia* de hoy es un fenómeno psicológico fácilmente inducido, común en muchas religiones creadas por los hombres alrededor del mundo entero. En el Nuevo Testamento, las lenguas tenían que ser traducidas si se hablaban en las reuniones de la iglesia. En la confusa congregación de Corinto, hablar en lenguas era el don más apreciado y el de menos valía (1 Corintios 12:30–31). En ninguna parte de la Biblia dice que podemos hablar en lenguas angelicales (1 Corintios 13:1), y, más que eso, que podamos mover montañas (literalmente) o poseer todo el conocimiento. (El "si" de 1 Corintios 13:1 no prueba nada sobre la verdadera existencia de las lenguas angelicales, no más que Abdías 4 prueba que algunas personas hacen sus nidos en las estrellas.) Pero incluso si pudiéramos, si no tendríamos amor, ¡no seríamos nada!

18. ¿Qué es "apagar el Espíritu"?

La referencia (1 Tesalonicenses 5:19) concierne a cómo eran tratados los mensajes proféticos. En contexto (vv.19–23) se les instruye a mostrar respeto (no desdén) y a evaluar los mensajes, separando claramente lo bueno de lo malo.

19. ¿Cómo se recibieron los milagrosos dones espirituales?

Principalmente a través de la imposición de manos de los apóstoles. (Ver Hechos 6:5–6, 8, 8:6, 8:14ss; Romanos 1:11; 1 Corintios 1:7 y 2 Timoteo 1:6.) En la iglesia primitiva, los milagros registrados fueron hechos casi exclusivamente *por o en la presencia de* un apóstol (Hechos 2:43). La historia de la iglesia registra una disminución y una eventual desaparición de los milagros. Por eso es que después de toda una generación desaparecieron los dones milagrosos.[5]

20. ¿Es usted carismático?

En lo que respecta al término *charismatikos* (griego), que significa "dotado," sí, lo es. Primero, la mayoría de los dones del Espíritu siguen presentes hoy en día. Segundo, el Espíritu está moviéndose poderosamente a medida que avanza el Reino de Dios: el evangelio es predicado, vidas cambian, almas se salvan, la iglesia crece, los pobres reciben ayuda y Dios es glorificado.

NOTAS

1. Es interesante que los primeros manuscritos siríacos ¡usan el pronombre personal femenino para definir al Espíritu! Ver de George Anton Kiraz, *Comparative Edition of the Syriac Gospels, Aligning the Sinaiticus, Curetonianus, Pesita and Harklean Version, Vol. I* (Leiden, Netherlands: Brill, 1996), revisado en Novum Testamentum, Vol. XXXIX, Fasc. 4 (Octubre 1997), 405–412.

2. En el Antiguo Testamento, mucho menos se había revelado sobre la naturaleza del Espíritu de Dios. Según Michael Ramsay, centésimo arzobispo de Canterbury: "En el Antiguo Testamento, el Espíritu no es un objeto o sustancia definible. Es una forma de describir de qué forma el Santo Dios está activo en el mundo que creó, y especialmente en aquellas personas donde se cumple su propósito" (Holy Spirit [Grand Rapids, MI: Eerdmans, 1977], 10).

Continúa: "En la iglesia de los primeros siglos había la tendencia a seguir con la terminología encontrada en los escritos del Nuevo Testamento. Los padres griegos y latinos, cuando escribieron sobre la actividad de Dios en la naturaleza o en la filosofía pagana, usaron el término Logos en lugar de Espíritu. Tal era la concentración de la iglesia en la esfera de la redención y con frecuencia en la hostilidad hacia el mundo, que una preocupación cristiana por la presencia de Dios en la naturaleza fue a menudo difícil encontrar" (Ibíd., 123).

3. Esta distinción también ayuda a aclarar 1 Corintios 13:10.

4. Incidentalmente, Juan 14:12 no puede significar que debemos esperar hacer milagros, pues, ¿quién ha hecho milagros más grandes a los de Jesús? ¿A quién conoces que haya caminado sobre el agua o haya devuelto la vista a los ciegos? Las "obras mayores" parecen aplicar al objetivo y alcance de la Gran Comisión. Mientras Jesús sólo llegó a unos pocos durante su vida, ¡nosotros podemos llegar a todo el mundo por medio de la iglesia! (Efesios 3:20–21).

5. Pero los dones no milagrosos continuaron (que son muchísimos más que los milagrosos).

27

Todo lo que siempre quiso saber, 2

Pasajes bíblicos problemáticos

Este capítulo cubre unos veinte pasajes difíciles sobre el Espíritu. El material que se presenta a continuación es un poco más técnico que el que aparece en el capítulo 26.

1. Génesis 1:2 (el "Espíritu de Dios" y el Espíritu Santo)

"El Espíritu de Dios" es traducido como un "viento poderoso" en algunas versiones. La frase "el espíritu de Dios" no puede igualarse con el Espíritu Santo cada vez que aparece, pues hay un aspecto de la traducción a considerar. En hebreo, la construcción "X-Dios" puede traducirse como "el X de Dios," pero también como "un gran X." Por ejemplo, en Génesis 23:6 encontramos "un príncipe poderoso" (NVI) en lugar de "un príncipe de Dios" (RVR). De igual modo, en 1 Samuel 14:15 leemos que "hubo un pánico extraordinario" aunque también puede ser traducido como que "hubo un pánico de Dios." Jonás 3:3 debería cerrar la discusión, pues allí encontramos: "una ciudad grande y de mucha importancia," mientras que el texto hebreo dice: "una gran ciudad de Dios." Si eso fuera verdad, ¡no hubiera sido necesario que Jonás fuera y les predicara!

De ese modo, hay seis traducciones posibles para ruach 'elohim en Génesis 1:2: "Espíritu de Dios," "poderoso espíritu," "aliento de Dios," "aliento poderoso," "viento de Dios" y "viento poderoso." Esa es la razón por la que "el Espíritu de Dios" en Génesis 1:2 sólo es identificado provisionalmente con el Espíritu Santo.

2. 1 Samuel 16:23 (el espíritu maligno de parte de Dios)

Se debe hacerse dos observaciones. Primero, el hecho de que algo sea atribuido a Dios no necesariamente significa que Dios sea la causa *directa* del mismo, pues Dios permite que pasen muchas cosas que de ese modo son parte de su soberana voluntad. Sin embargo, este lenguaje es el más apropiado en este caso, porque es debido a que Saúl ha perdido el favor de Dios, que Él ha permitido que el espíritu venga a atormentarlo.

Segundo, muy poco se dice acerca de Satanás en el Antiguo Testamento. De hecho, excepto el libro de Job y Génesis 3, que no identifican explícitamente a la serpiente con Satanás (esa identificación sólo se hace en Apocalipsis 12:9), no hay mención de Satanás hasta el período persa (539–333 a. C., período en el cual se escribieron 1 Crónicas, Zacarías, etc.). Es interesante que mientras en 2 Samuel 24:1 el censo ordenado por David es atribuido a la ira de Dios, en el libro de 1 Crónicas, escrito posteriormente, la causa se le atribuye a Satanás (1 Crónicas 21:1). Ambas historias son correctas, ya que Dios fue indirectamente responsable en 2 Samuel 24 y Satanás fue directamente responsable en 1 Crónicas 21. Para resumir, el espíritu maligno de Saúl fue permitido por Dios, pero Él no lo envió personalmente desde su presencia, así como tampoco creó a Satanás para que fuera un ser maligno.

3. 2 Crónicas 16:12 (confiar en los médicos)

Asá, sexto rey de Judá, vaciló en su fe casi al final de su vida. Aunque su enfermedad era severa, debió volverse a Dios (2 Corintios 1:9), pero puso su confianza en los hombres. La frase "recurrió a los médicos" no significa que es pecado recibir los cuidados médicos, como afirman algunos "sanadores por fe," sólo que no es espiritual confiar en los doctores sin acudir a Dios.

Dios sana de tres maneras: la "curación natural," cuando el cuerpo se repara a sí mismo; la curación mediante la pericia médica y la curación milagrosa. Desde un punto de vista bíblico, todas las tres son igualmente divinas y maravillosas y son verdaderas "sanidades."

4. Isaías 30:21 (la voz guía)

Algunos consideran que este pasaje profetiza la guía directa del Espíritu o la "voz interior," en la era del Espíritu. Sin embargo, un análisis del contexto prueba otra cosa. El "maestro" de Isaías 30:20 era el maestro espiritual o uno de los verdaderos profetas, escondidos desde la época del malvado Acaz, décimo cuarto rey de Judá. Al decir que él "no se esconderá más," Isaías profetiza el regreso de los maestros humanos reales, no la voz susurrante del Espíritu. La "voz" del v.21 es la voz de los profetas (ver Nehemías 9:20, 30). En el Antiguo Testamento, "no te desvíes a la derecha o a la izquierda" significa obedecer los mandamientos de Dios, opuesto a algún mecanismo de guía interna personal (Deuteronomio 5:32). La "voz" detrás ellos es la del verdadero profeta, llevándolos al arrepentimiento (Isaías 30:22; ver también Lamentaciones 2:14), contrario al mensaje y la religión subjetivos de los falsos profetas (Jeremías 23:26). Además, la interpretación neopentecostal es exageradamente literal, como lo muestra Isaías 30:26, ya que en la era del Espíritu, la luminosidad del sol y de la luna no ha cambiado.

5. Marcos 9:38–40 (el hombre que expulsa demonios en nombre de Jesús)

Los discípulos querían detener al hombre para que no siguiera con su actividad. La respuesta de Jesús: "El que no está contra nosotros está a favor de nosotros" puede significar que el hombre es salvo o al menos salvo bajo las leyes judías, pero no es necesario entenderlo de esta manera, pues es posible que un no cristiano promueva la obra de Cristo. Considere a los siete hijos de Esceva (Hechos 19:13–16). Estos judíos trataban de expulsar demonios en nombre de Jesús pero sin ningún resultado. Tenga en cuenta el hecho de que este intento de exorcismo sucedió después de la abolición del sistema legal judío, así como la posibilidad que sus esfuerzos vinieran de motivos nada puros. Cuando todo está dicho y hecho, Marcos 9:38–41 es un relato demasiado incompleto como para sacar cualquier conclusión teológica definitiva.

6. Marcos 16:19–20[1] *(¿Deberían hablar en lenguas todos los creyentes?)*

En un primer análisis, "el que crea" (Marcos 16:16), y "estas señales acompañarán a los que creen" (v.17) parecen estar permanentemente vinculadas. ¿Por qué el v.17 sería menos importante que el 15 o el 16? Sin embargo, esto no prueba que las promesas milagrosas estén vigentes en la actualidad por varias razones.

a. Esas señales sí acompañaron a quienes creyeron en el primer siglo. En el libro de Hechos pasó de todo, menos beber veneno, y sabemos que esto sucedió porque Jesús dijo que así sería.
b. El propósito de estas señales fue confirmar la Palabra, como ya lo hemos discutido. La Palabra ha sido confirmada y no requiere ser confirmada de nuevo, así que la necesidad primaria de milagros ha terminado.
c. Si esta es una promesa universal, ¿por qué los "sanadores por fe" no lo aceptan? La verdad es que pocos tienen el coraje de manipular serpientes y todavía no he escuchado de alguien que intente tomar veneno (excepto de los desafortunados fanáticos de Jonestown, Guyana). En otras palabras, los neopentecostales son muy selectivos.
d. El v.20 está escrito en *tiempo pasado*. Aunque este no es un fuerte argumento contra la interpretación neopentecostal, vale la pena tomarla en cuenta. Un pasaje similar que retoma el papel confirmatorio de la actividad milagrosa es Hebreos 2:4.
e. En Mateo 28, Jesús dijo explícitamente que estaría con sus discípulos hasta el fin del mundo. En Marcos 16, Él no promete explícitamente que los dones estarían con nosotros hasta el final. Es muy posible que las señales de confirmación sólo fueran pensadas para la primera generación.

7. Lucas 11:13 (el Padre dará el Espíritu a quienes se lo pidan)

Algunos usan este versículo para apoyar la innovadora doctrina de conversión de invitar a "recibir a Jesús en su corazón" y un buen número de neopentecostales afirman que el pasaje dice que debemos pedirle a Dios el "bautismo del Espíritu Santo."

¿Qué significa? Para comenzar, aunque el pasaje se refiriere a la conversión, no especifica cómo uno recibe el Espíritu y ciertamente no compite con otros más claros sobre cómo uno se hace cristiano.

Segundo, sabemos que una simple petición no es suficiente para recibir el Espíritu Santo, pues Hechos 5:32 dice que la obediencia es esencial.

Tercero, es posible que el pasaje, que habla sobre la disposición de Dios para bendecirnos y responder nuestras oraciones, cite al Espíritu Santo como un ejemplo del regalo más grande que Dios nos da. (Este sería un argumento a fortiori: Si Dios está dispuesto a darnos el Espíritu, *entonces* no nos negará nada si se lo pedimos en la forma correcta.)

Una comparación de este pasaje con el paralelo en Mateo 7:11 muestra que la mejor interpretación puede ser "cosas buenas" (RVR: "buenas dádivas"). La frase griega *pneuma hagion* ("espíritu santo" en oposición a "Espíritu Santo"[2]) puede sugerir que no se está refiriendo al Espíritu mismo, sino más bien a algún don, aspecto o manifestación del Espíritu. Algunos han sugerido que "el Espíritu" en este pasaje significa estar "llenos del Espíritu," como en el sentido de Hechos 4:31. Si este es el caso, significaría que Dios está más que dispuesto a darnos el poder espiritual (Efesios 3:16), en la medida que le entreguemos nuestra vida.

8. Lucas 21:12–15 (inspiración divina al ser enjuiciado)

Este pasaje parece indicar que Dios nos dará su inspiración cuando estemos bajo intensa presión. Sin embargo, al estudiar el pasaje en contexto, vemos que Jesús está dirigiéndose a los apóstoles. Ciertamente ellos tenían una garantía para su inspiración. Por lo tanto, no hay una razón de peso por la que la promesa debería extenderse a todos los creyentes. Sin embargo, hay otra forma de verlo: Jesús puede estar prometiendo que Dios ayudará a cualquier creyente cuando él o ella esté en situaciones difíciles, por ejemplo, cuando sea forzado(a) a defenderse en un juicio.

9. Juan 3:8 (el viento sopla por donde quiere)

Algunos toman la analogía entre el viento y el Espíritu (recuerde que *pneuma*, "espíritu," también significa "viento") para apoyar el misterioso "liderazgo" del Espíritu en el sentido neopentecostal. Pero cuando Jesús dice: "Lo mismo pasa con todo el que nace del Espíritu," no se refiere a un liderazgo milagroso sino a nacer de nuevo, como incluso lo aclara el más ligero vistazo del pasaje. Lo que Jesús quiere decir es que así como usted no puede entender el viento sólo con verlo (aunque ciertamente puede sentir sus efectos), así tampoco puede entender la naturaleza o el origen del nuevo nacimiento si sólo lo ve con ojos humanos. Nacemos "de nuevo" o "desde arriba." La palabra griega tiene ambos significados.

10. Juan 6:63 (las palabras de Jesús son espíritu y son vida)

La Palabra de Dios es poderosa (Hebreos 4:12). La Biblia no es sólo literatura, sino una espada penetrante que fortalece la vida. No pareciera que

Jesús está igualando la Palabra con el Espíritu; Él simplemente está diciendo que la Palabra es espiritual y que tiene efectos en el reino espiritual. Dios se comunica con nosotros a través de su Palabra (Hebreos 1:1–3) y no a través de misteriosas influencias espirituales, un concepto que no tiene apoyo en Juan 6:63.

11. Juan 14:12 (obras mayores)

Cuando Jesús dice: "Ciertamente les aseguro que el que cree en mí las obras que yo hago también él las hará, y aun las hará mayores," ¿está diciendo que quienes vengan después de él harán milagros más grandes que los que él hizo? Ciertamente no, pues aun los milagros de Pedro y Pablo son menos sensacionales que los de Jesús y lo más que puede decirse, es que ocasionalmente eran igualmente sensacionales. Entonces, ¿cómo podemos hacer "obras mayores"?[3]

Las obras mayores no se refieren a los milagros de Juan 14:11, sino al potencial ministerio de la iglesia. Por medio del ministerio de Jesús, sólo un pequeño número de hombres y mujeres se convirtieron en creyentes comprometidos. Él estaba muy limitado, pues tenía que volver al Padre (v.12). De hecho, el número de sus discípulos fue muy pequeño comparado con las cifras en el libro de Hechos (2:41, 4:4, etc.) Las obras mayores no son milagros, como afirman algunos, sino más bien el asombroso potencial del ministerio que disfrutamos: la oportunidad de ganar millones para la causa de Cristo, poniendo al mundo de cabeza.

12. Juan 20:22 ("reciban el Espíritu Santo")

Jesús sopló sobre los discípulos mientras decía estas palabras, una imagen profética del derramamiento que tendría lugar en Pentecostés. Sin embargo, algunos creen que fue en este momento cuando los apóstoles recibieron el Espíritu. El pasaje no es concluyente. La palabra *labete* (recibir) también puede traducirse como "¡reciban!" (imperativo), "están recibiendo" (presente progresivo) o posiblemente, "van a recibir" (como podríamos decir en español, "voy a irme por unos días," tanto si nos vamos hoy como si no). Yo interpreto esta acción de Jesús como un acto simbólico, una reminiscencia de Génesis 2:7, Ezequiel 37:9, etc., aunque comprendo que este acto puede haber sido también el medio por el que los once recibieron al Espíritu para que morara en ellos.

13. Hechos 18:24–19:6 (Apolo y los discípulos de Éfeso)

¿Qué estaba pasando aquí? ¿Cómo un hombre con sólo el bautismo de Juan podía hablar tan elocuentemente? ¿Qué era aquello que él necesitaba que le explicaran "con mayor precisión"? ¿Por qué hay confusión cuando el movimiento cristiano ya tiene unos veinte años? ¿La historia de los discípulos de Éfeso es narrada por Lucas como una situación análoga o un contraste?

Mientras la traducción de Hechos 18:25 en la versión Reina Valera Antigua es: "y ferviente de espíritu, hablaba...," la NVI la traduce: "y con gran fervor hablaba." ¿Podía Apolo haber recibido el Espíritu sin ser bautizado en el nombre de Jesús? ¿Por qué Lucas nos dice que los efesios recibieron el bautismo cristiano, sin decirnos si Apolo fue bautizado de nuevo o no? Ciertamente aquí hay varias posibilidades.[4]

a. Apolo enseñaba con exactitud sobre la vida de Jesús, pero no conocía la enseñanza apostólica que era fundamental para la fe cristiana (Hechos 2:42, Efesios 2:20). Él era un converso del movimiento de Juan el Bautista, pero no era salvo bajo el nuevo pacto. Como el grupo de Éfeso en Hechos 19, él fue bautizado de nuevo en el nombre de Jesús (Hechos 19:5, 2:38).

b. Otra opción es que Apolo era diferente a los efesios. Ellos desconocían el Espíritu mientras que Apolo estaba mejor informado. En este caso, su pasión por Cristo es evidencia de su verdadera conversión. La Biblia no dice que quienes fueron bautizados con el bautismo de Juan, se bautizaron de nuevo durante o después de Pentecostés. Como máximo, esa sería una inferencia y no una necesaria. Apolo pudo haber sido salvo al igual que los apóstoles. Ellos habían recibido el bautismo de Juan (Juan 1:35ss), limpiados por la palabra enseñadas por Jesús (Juan 15:3) y habían recibido el Espíritu, bien en el aposento alto (Juan 20:22) o en Pentecostés (Hechos 2:4). Priscila y Aquila llaman aparte a Apolo y le explican que el bautismo de Juan podía haber funcionado bien para él ya que se había bautizado antes de Pentecostés, pero que ahora está extinto. Los términos del nuevo pacto a *partir de* Pentecostés son muy claros (Hechos 2:38–39).

Esta sección de Hechos parece apoyar cualquiera de las dos interpretaciones que hemos considerado.

14. Romanos 8:16 (el Espíritu le asegura a nuestro espíritu)

Los neopentecostales afirman que la sensación de ser salvo es prueba de que poseemos el Espíritu Santo. Esto no es probable a la luz de otras cosas que Pablo dijo (p. ej., 1 Corintios 4:4) y de otras partes del Nuevo Testamento (p. ej., 1 Juan 2:3–6). Una mejor posibilidad es que el Espíritu testifica, a través de la vida que llevamos, que somos cristianos. Algunos incluso han sugerido que "nuestro espíritu" es el espíritu corporativo de la iglesia en alabanza, otra posibilidad difícil de probar. Dicho todo, tal vez éste no sea uno de los pasajes más claros de Pablo; no obstante, la interpretación neopentecostal tampoco encuentra aquí ningún punto de apoyo.

15. 2 Corintios 12:2 (el tercer cielo)

Ya que Pablo habla del hombre llevado al tercer cielo en tercera persona, muchos no se dan cuenta de que él está hablando de sí mismo. En la Biblia es común hablar de uno mismo en tercera persona. Por ejemplo, Juan se refiere a sí mismo simplemente como "el discípulo a quien Jesús amaba," (Juan 13:23) y Jesús habla de sí mismo con la referencia a la tercera persona de "el Hijo del hombre." Además, el contexto exige que el pasaje se refiera a Pablo, pues a Pablo le fue dada una "espina... clavada en el cuerpo" (v.7) para que no se volviera presumido. Él fue quien recibió "estas sublimes revelaciones" sobre las que vacila en hablar (v.4).

¿Qué es o dónde está el tercer cielo? Muchas religiones conciben varios niveles para el cielo y el infierno. El modelo más simple es que el primer cielo es el cielo que vemos a simple vista (donde vuelan las aves), el segundo cielo es el espacio (donde están las estrellas), y el tercer cielo es el que no podemos ver (donde está Dios). En los textos apocalípticos judíos (escritos entre 200 a. C. y 100 d. C.), a veces se encuentra un cielo de siete niveles, en el que el tercer cielo es el lugar de la revelación desde donde se puede ver el séptimo cielo: el lugar de Dios.

Muchos han fantaseado con haber sido llevados al cielo (al estilo de Colosenses 2:18). Una mujer me habló de una sensación pasajera que tuvo una vez cuando perdió toda noción del tiempo, estando sentada en su mecedora en la sala de su casa. Pasaron unas dos horas y después se sintió "¡tan refrescada!" ¿Estuvo en el cielo o cayó en un sueño profundo? ¡Sólo Dios sabe! Las experiencias son demasiado subjetivas y difíciles de evaluar. Místicos y carismáticos de muchas religiones afirman haber tenido encuentros directos con Dios. Un buen consejo sería no tener en mucho esas experiencias.

16. 1 Timoteo 2:8 (levantar las manos)

Muchos grupos acostumbran levantar las manos durante la oración. Esta costumbre puede molestar a algunos pero hay muchos pasajes que la apoyan. Es una práctica extremadamente común en el Antiguo Testamento. Por ejemplo, considere solamente las referencias en el libro de los Salmos (28:2, 63:4, 77:2, 88:9, 134:2, 141:2, 143:6). El Nuevo Testamento continúa con esa práctica, como lo vemos en 1 Timoteo 2:8. En los siglos posteriores, los hombres oraban con los brazos extendidos en forma de cruz. ¡Una forma agotadora de orar![5]

Si se discutiera que "hombres" (del griego, *andres*, "machos") no se refiere a toda la especie humana, sino sólo al género masculino, podría contraponerse que el mandato de la modestia (1 Timoteo 2:9) no es sólo para las mujeres. Este es un principio universal. Por lo tanto, las mujeres (así como los hombres) deben vestirse modestamente, y, de igual modo, los hombres (así como las mujeres) deben levantar las manos en oración con pureza de corazón.

Por otra parte, hay oraciones en la Biblia donde no se levantan las manos (Mateo 19:13, 26:39; Jonás 2:1), así que ciertamente no es esencial hacerlo cuando se ora. Considerando todo lo anterior, la costumbre es bíblica, aunque probablemente condicionada culturalmente; y no hay que ser dogmático al respecto.

17. Hebreos 6:2 (la imposición de manos)

¿Por qué estaría listado esto en una serie de principios básicos, que es donde la ubica el escritor de Hebreos? Como hemos visto, hay muchas variedades en la imposición de manos (capítulo 20). Tal vez el escritor de Hebreos la lista aquí para aclarar la función de la imposición apostólica de manos, especialmente contra el rico pasado de la imposición de manos en la tradición judía. La interpretación de que se refiere al "bautismo del Espíritu Santo" está fuera de lugar. Después de investigar en el texto, concluyo que el pasaje es demasiado oscuro para dar una interpretación definitiva en este momento. Tal vez el escritor de Hebreos se está refiriendo al entrenamiento de los cristianos en el liderazgo, una necesidad vital si vamos a evangelizar al mundo en nuestra generación. En 1 Timoteo 5:22 (ver 3:6), Pablo le advierte a Timoteo que no se apresure a "imponerle las manos" (nombrar líderes).

18. Santiago 5:14–15 (ungir con aceite)

Hombres espirituales logran grandes cosas por medio de la oración. Que los ancianos deberían ser elegidos para orar por la sanidad de los enfermos, puede ser un misterio para nosotros, hasta que nos damos cuenta de las altas calificaciones exigidas para ser anciano que aparecen en el Nuevo Testamento. Los ancianos eran los hombres que realmente lideraban la congregación en carácter, trabajo duro, amor, evangelismo, hospitalidad y muchas cosas más. No eran sólo una "junta directiva."

Pero, ¿qué pasa con la unción con aceite? ¿Era simplemente medicinal? Hay amplia evidencia desde la antigüedad de que el aceite de oliva se usaba de esta forma. El verbo para "ungir" no es el usual *crio* (como en *cristos* ["Cristo," "el ungido"]) utilizado para ungir a los profetas, sacerdotes y reyes, indicando un llamado especial o una acción de Dios, sino una palabra más común, *aleipho*, "aceitar." ¿Esto explica el pasaje? ¿Se usaba el aceite para promover la sanidad o clamar al poder sanador de Dios?

Hay otra manera de ver este asunto.[6] Observe los siguientes pasajes sobre el uso del aceite: Rut 3:3, 2 Samuel 14:2; Daniel 10:3; 2 Samuel 12:16, 20; Mateo 6:17; Ezequiel 16:9 (todas de la RVR Antigua); Isaías 1:6; Marcos 6:13. Rápidamente se hace evidente que el uso de aceite era una práctica rutinaria en los tiempos bíblicos. De hecho, el aceite era usado aun cuando uno encontraba *bien* de salud o de ánimo. No era usado cuando uno estaba de luto, ayunando o enfermo. Jesús le dijo a sus seguidores que usaran aceite cuando ayunaran, para que la gente no detectara que había algo anormal y se percataran de que estaban ayunando. (¡Seguramente no les habría dicho que hicieran esto si la sanación milagrosa les untaran todo en sus caras!) ¿No es probable que la gente fuera ungida con aceite como una expresión de fe para que se recuperaran y reintegraran a la vida diaria? La unción no tiene relación entonces con la sanación, pues se hace antes. Esta interpretación hace justicia a los muchos pasajes que hay sobre la unción en la Biblia y revela principios importantes y claves para la sensibilidad cultural en la interpretación bíblica.[7]

19. 1 Pedro 3:18–20 (Jesús predicó a los espíritus encarcelados)

¿En algún momento entre su muerte y resurrección, Jesús predicó a las almas perdidas en el Hades? En la Biblia, no hay ningún indicio de que las personas tengan una segunda oportunidad de reconciliarse con Dios. Pero había formas de ser salvo antes del nuevo pacto. Es claro que Noé fue justificado, sin embargo, en ninguna parte dice que Cristo le haya predicado. También, el Espíritu de Cristo estaba en los profetas del Antiguo Testamento (1 Pedro 1:11) y presumiblemente, Noé no fue la excepción (2 Pedro 2:5). Cristo predicó por medio de Noé a aquellas almas que se negaron a seguir a Dios, no miles de años después de su muerte, sino en su generación. Ésta no es la única interpretación del pasaje, sólo mi favorita.[8]

20. 1 Juan 4:1 (someter a prueba a los espíritus)

¿Por qué Juan nos exhorta a someter a prueba a los espíritus? "Porque han salido por el mundo muchos falsos profetas." Los "espíritus" son "mensajes proféticos." Mientras el don de profecía estuvo presente (lo que parecería ser el caso cuando se escribió 1 Juan), había una constante necesidad de evaluar y sopesar lo que decían los profetas. Esto explica las instrucciones de Pablo en 1 Corintios 14:29 y 1 Tesalonicenses 5:19–22, las cuales tratan exclusivamente de poner a prueba los mensajes proféticos. Además, el término traducido como "profecía" en 2 Tesalonicenses 2:2 es en realidad la palabra griega pneuma ("espíritu," que se mantiene en algunas traducciones). Entonces, "espíritu" (por extraño que parezca) es un sinónimo de "profecía" o "mensaje profético." Poner a prueba los espíritus en 1 Juan 4:1 simplemente significa poner a prueba los mensajes proféticos, el mismo consejo dado a los corintios y a los tesalonicenses.

NOTAS

1. Los estudiosos tienen dudas sobre la autenticidad de Marcos 16:9–20. En algunos manuscritos no aparece el final del evangelio de Marcos, en particular en el *Codex Sinaiticus y el Codex Vaticanus* (ambos del s. IV d. C.), y, por eso, un gran número de estudiosos lo consideran falso y prefieren incluir el texto en un pie de página o eliminarlo completamente. Es importante considerar si pertenece o no al Nuevo Testamento, porque es un pasaje crucial para la teología neopentecostal, especialmente los vv.17–20, que mencionan ciertas señales que acompañarán a los creyentes.

La solución más fácil sería negar que esta sección es una parte legítima del evangelio de Marcos, pero no parece sabio. Primero, muchos otros manuscritos antiguos (mss.) sí tienen este final (A, C, D, W, Q, etc.). Segundo, no fue extraño que antiguos mss. desarrollaran *lacunae* (espacios debido a polillas, podredumbre, pérdida del color), o que perdieran algunas de sus hojas. Tercero, aparece citado por varios de los primeros escritores cristianos (p. ej., Justiniano Mártir, mediados del s. II), así que seguramente se le conocía con anterioridad. Cuarto, incluso si alguien diferente a Marcos escribió ese texto (y es muy posible), eso no invalidaría el pasaje como una porción legítima de la Escritura. Muchos libros de la Biblia fueron escritos por grupos de autores (p. ej., Salmos y Proverbios). Quinto, con la posible excepción de tomar veneno, todo lo que se menciona en este texto sucede en el libro de Hechos, así que en ningún sentido este texto es un "añadido" a la Palabra de Dios, aunque no sea del escritor original. En resumen, se debe decir que no podemos probar si Marcos 16:9–20 es auténtico, pero el peso de la evidencia indica que pertenece a nuestro Nuevo Testamento.

2. Simplemente no es cierto que todas las palabras griegas sin artículo definido deban traducirse igual en otros idiomas. Muchas, pero muchas palabras griegas en el Nuevo Testamento son sin artículos a pesar de lo obvio de su sentido definido. De igual modo, los sustantivos en latín, que carecen por completo de artículos definidos, son definidos o indefinidos por el contexto.

3. Charles Spurgeon, el cautivante predicador del Tabernáculo Bautista Metropolitano de Londres, quien regularmente atraía a unas 6.000 personas los domingos, hace un siglo atrás, comentó: "Es verdad que no podemos hacer milagros; sin embargo... podemos hacer milagros espirituales. ¿Hoy en día no podemos pararnos delante de la tumba del pecador muerto y decir 'Lázaro, levántate y anda'? ¿Y no ha hecho Dios que, a menudo, los muertos se levanten a nuestra palabra por el poder de su Espíritu Santo?" (C.H. Spurgeon, *New Park Street Pulpit*, Vol. XVIII, 185).

4. En mi libro anterior, *The Powerful Delusión*, fui menos abierto a otras posibilidades. En ese momento, tenía plena confianza de haber encontrado la interpretación correcta a los pasajes sobre el Espíritu Santo. Sobre varios asuntos en este libro, ¡veo las cosas de manera muy diferente a como lo hacía hace diez años!

5. Roberta Bondi, *To Pray and to Love: Conversations on Prayer with the Early Church* (Minneapolis, MN: Fortress Press, 1991), 23.

6. Le debo esta reflexión a Jim McGuiggan, "Anointing with Oil," Tony Coffrey, ed., *The Living Word* (Dublin: DCC, 1985).

7. Sin embargo, la respuesta no es completamente clara. Levítico 14:18 (ver LXX) no parece referirse a algo medicinal, ni a un servicio especial o una expresión de fe. En este caso, el leproso ya había sido limpiado y es ungido sólo después de la purificación. Tal vez haya una relación con la remisión de los pecados como en Santiago 5:14–16. En ausencia de una explicación definitiva, evitemos el dogmatismo (y también la superstición).

8. Para una exégesis más extensa de este pasaje, incluyendo otras posibles interpretaciones, ver mi libro Life to the Full (Woburn, MA: DPI, 1995), 85–88.

28

¡Cazafantasmas!

El Espíritu y lo oculto

Faltaban pocas semanas para Halloween y alrededor de la mesa del comedor familiar, estábamos teniendo una conversación acerca de las cosas que hacen ruidos en la noche. La oportunidad parecía demasiado buena para dejarla pasar. Un poco de humor "embrujado" seguramente no le haría daño a mi hija de siete años. Le pregunté a Emma:

—¿De dónde vienen las telarañas?"

—De las arañas —respondió ella rápidamente.

—Y las raposas,[1] ¿de dónde crees que vienen? —le pregunté con voz de fantasma.

—No lo sé —contestó Emma.

—Si las telas de araña vienen de las arañas, las raposas vienen de... —yo vacilaba mientras ella ordenaba sus pensamientos. La respuesta no tardó en llegar.

—¡De las osas! —dijo Emma, con los ojos abiertos como dos platos. "¿Cómo son las 'osas'?"

—¿Quieres decirme que nunca has visto una osa? —le pregunté.

Ahora mi hijo de nueve años se unía a la diversión.

—Oh sí, —dijo James— hay osas cerca de la casa. Ustedes pueden escucharlas a veces.

En este momento el miedo de Emma era evidente en su rostro, pero al mismo tiempo podíamos ver que ella quería ser asustada.

—Emma —seguí con mi voz de Boris Karloff— las osas son mucho más grandes que las arañas. A veces corren alrededor de la casa. Te avisaré cuando vea una. No tienes miedo, ¿verdad?

Ahora sí que Emma se veía completamente asustada.

Todos compartimos algún grado de fascinación con el "lado oscuro." Todos hemos tenido experiencias de miedo, pesadillas, roces con el más allá. Tal vez usted incluso ha tenido una experiencia tan extraña como la de Elifaz.

> "En lo secreto me llegó un mensaje;
>   mis oídos captaron sólo su murmullo.
> Entre inquietantes visiones nocturnas,
>   cuando cae sobre los hombres un sueño profundo,
> me hallé presa del miedo y del temblor;
>   mi esqueleto entero se sacudía.

Sentí sobre mi rostro el roce de un espíritu,
y se me erizaron los cabellos.
Una silueta se plantó frente a mis ojos,
pero no pude ver quién era.
Detuvo su marcha,
y escuché una voz que susurraba." (Job 4:12–16)

¿Qué tiene que ver el Espíritu con todo esto? ¿Existen los fantasmas? ¿Los cristianos tienen una protección adicional contra las fuerzas del mal? En este breve apéndice consideraremos siete aspectos de interés.

1. Las fantasmas

Mi abuela recuerda haber visto, cuando era una niña (durante la década de 1890's), a un fantasma paseando por el cementerio; era una mujer que iba y venía; su falda blanca brillaba a la luz de la luna. Un muy buen amigo mío vivía en una casa con un "cuarto frío"; no importaba cuán caliente estuviera la casa, ese cuarto donde vivía el "fantasma" siempre estaba helado. ¡Y luego estaban los arañazos en la puerta en medio de la noche! Otro compañero me contó acerca de los sonidos que había "grabado" en el cementerio: "voces" que salían de las tumbas de los muertos habladores. En la cultura china, anualmente se celebra la Fiesta de los Fantasmas Hambrientos, para calmar a los espíritus de los que se han ido, y rutinariamente se hacen ofrendas de papel e incienso a los ancestros. ¿No es algo universal la creencia en fantasmas?

Sí lo es y hay muchas explicaciones posibles que incluso armonizan con la Biblia. Una cosa es cierta: Satanás explota nuestro miedo a la muerte y a lo desconocido. Hebreos 2:15 nos describe en nuestra condición de apartados de Cristo, como esclavos de nuestro temor a la muerte. Pero Jesús vino a liberarnos y ya no hay razón para temer. Tanto si los "fantasmas" son falsos como de alguna manera reales, ¡no debemos tenerles más miedo del que le tenemos a la muerte!

En ninguna parte de la Biblia dice que los muertos regresan como fantasmas. La cita de Job 4 (más arriba) no le da credibilidad a esta creencia. Según las revelaciones bíblicas, los muertos esperan el juicio. No hay "retorno."

2. Posesión demoníaca

Las historias de posesión demoníaca no están limitadas al cristianismo, pues estas han sido reportadas en todo el mundo. Mientras algunos relatos son atemorizantes y difíciles de explicar, la mayoría no son convincentes.[2] Observe el siguiente informe:

Según los doctores en Pittsburg, Pensilvania, en junio de 1987 Sherri Lynn Rossi recibió más de veinte golpes en la cabeza con un objeto

> contundente, que la dejaron cubierta de sangre y en coma a un lado del camino. Cuando salió del coma, identificó a su atacante como su esposo, Richard A. Rossi Jr., pastor de la iglesia carismática local independiente, El Primer Amor. Ella le dijo a la policía que el Rev. Rossi se había bajado de su propio vehículo, "comenzado a actuar de forma extraña," se había subido al vehículo de ella con ella adentro, manejado hasta una zona rural y luego la había golpeado.
>
> El Rev. Rossi negó el hecho de inmediato, insistiendo que el secuestrador debió haber sido alguien que se parecía a él y que tenía un auto como el suyo, y que era "muy posible" que el atacante de su esposa hubiera sido Satanás en forma humana. En octubre, Sherri Lynn Rossi retiró abruptamente su acusación, diciendo que esperaba reanudar su vida familiar, y estaba de acuerdo con que su atacante pudo haber sido un demonio en forma humana.[3]

Como en cualquier caso de fantasmas y posesión demoníaca, la abrumadora mayoría de los fenómenos sensacionales reportados por ocultismo son pura imaginación o una gran distorsión de los hechos.

Usted puede haber notado que no se oye hablar de posesión demoníaca en el Antiguo Testamento, aunque los vecinos de Israel creían ampliamente en los demonios. ¿Era Dios protegiendo a su pueblo o eran las creencias de los asirios, babilonios, cananitas y otras simples supersticiones? Incluso en el Nuevo Testamento, casi todas las referencias están en los evangelios. Hay referencias ocasionales en el siglo II,[4] si se puede confiar en dichos relatos, pero muy pronto el cristianismo dejó de registrar casos de posesión demoníaca y exorcismos. La implicación: Satanás y sus demonios se volvieron especialmente activos para el tiempo cuando se predicaba el evangelio y luego "fueron expulsados." ¡Hoy no tienen tanto éxito! ¿Por qué? Es un tema para especular.[5]

¿La posesión demoníaca en el Nuevo Testamento era sólo una enfermedad mental? Si bien algunos casos de posesión demoníaca parecían haberse arraigado en una enfermedad física real o viceversa (Mateo 17:14ss, Marcos 9:14ss), los relatos de posesión demoníaca no pueden racionalizarse como una explicación sobrenatural para desórdenes fisiológicos o psicológicos. Normalmente, ¡las anormalidades psicológicas no ahogan a una gran manada de cerdos! (Marcos 5:11–13).

Hay buenas razones para creer que la posesión demoníaca no puede pasarle a un cristiano. Ser poseído por un demonio significaría la pérdida de la libre voluntad, y, por lo tanto, una disminución de la propia responsabilidad moral ante Dios. En ese caso, la promesa de 1 Corintios 10:13 —que Dios no permitirá que seamos tentados más allá de lo que podamos resistir— parecería estar anulada. No se deje intimidar por las locas historias sobre exorcismos, pues no tienen bases y siempre suceden en el otro lado del globo. De todos modos, aún si la posesión demoníaca fuera posible hoy en día, existen serios problemas teológicos con la posición de que pudiera ocurrirle a verdaderos cristianos. Quédate con Jesús y no tendrás nada que temer.

En lo que respecta al neopentecostalismo, el fuerte énfasis en lo demoníaco —y en lo "espiritual"— tiene mucho en común con el espiritismo y el ocultismo. Tenga cuidado con lo que cree. Póngalo todo a prueba (1 Tesalonicenses 5:21–22).

3. Astrología

Los sistemas zodiacales son, de hecho, muy antiguos y al igual que los cuentos y revelaciones de fantasmas, casi universales. Estos sistemas sin sentido se basan en supuestas influencias de los cuerpos celestiales sobre los seres humanos, dependiendo de la fecha de nacimiento de la persona.

El primer error serio de esta superstición es que el momento en el que tenemos una "masa" física que puede estar sujeta a fuerzas gravitacionales es seguramente la fecha de concepción y no el día de nacimiento. No existe evidencia de que el feto se desarrolle según leyes físicas diferentes a las que lo gobiernan una vez que nace.

El segundo error serio, de alguna forma entendible en los siglos anteriores al descubrimiento de Newton sobre la gravedad y la formulación de su teoría, es no reconocer que las fuerzas de atracción entre los objetos del universo dependen de la masa de los objetos y de la distancia que los separa. El efecto de gravitación de la tierra escapa con mucho a la atracción de los cuerpos "celestiales." La influencia que Júpiter tiene sobre usted es tan mínima, que de hecho, ¡tiene menos fuerza gravitacional sobre usted que la que tiene este libro que está leyendo!

Mi opinión: la astrología es para los ingenuos y los tontos. Entonces, ¿estoy pecando si le hecho un vistazo a lo que "Leo" dice para hoy? Si lo hace para entretenerse —reírse un rato— tal vez no. Sin embargo, las Escrituras rechazan firmemente la astrología (Eclesiastés 7:14, 8:7; Isaías 47:13–14).[6]

4. Sesiones espiritistas

En 1 Samuel 28 leemos acerca de la bruja de Endor, quien evidentemente llamó al profeta Samuel de entre los muertos. La necromancia o la consulta a los muertos, quedó prohibida en el Antiguo Testamento (Deuteronomio 18:11, Isaías 8:19). En el episodio de Endor, el apóstata Rey Saúl estaba consultando a una médium después de haber expulsado a todos los médiums de su territorio. ¿Fue el truco de una conjuradora? ¿Fue una ilusión? Cuando la bruja vio elevarse el espíritu, se quedó sorprendida. Algunos han sugerido que la bruja de Endor era un fraude, pero en este caso, o Dios "le siguió el juego" o Satanás sacó ventaja de la situación para hacer que sucediera un milagro falso. El problema con la segunda interpretación es que "Samuel" (quien quiera que sea) profetizó la verdad. De hecho parece, pesando la evidencia, que Dios regresó a Samuel de entre los muertos para que diera este ominoso testimonio contra Saúl. Independientemente, el pueblo de Dios tiene prohibido involucrarse con la necromancia.

5. Sobre el Halloween

¿Qué hay acerca del *Halloween*? ¿Es jugar con fuego? Aunque se admite libremente que el origen de *Halloween* es bastante pagano, no creo que haya nada malo en que los niños se diviertan en su fiesta anual de disfraces. Si se discute que se debe rechazar todo aquello que tenga un *origen* pagano, entonces, ¿qué pasa con los días de la semana? Cuando decimos "domingo," ¿quiere decir que adoramos a Dionisio? ¿"Sábado" quiere decir que adoramos o reverenciamos al planeta Saturno? ¿Sólo los adoradores de Júpiter dicen "jueves"? Como cristianos, ¿deberíamos inventar nuevos nombres para los días y los meses? ¡Por supuesto que no! No hay ninguna intención de adorar ídolos o venerar espíritus malignos en las tradiciones y juegos de *Halloween*.

Jesús dijo que estamos en el mundo, pero que no somos del mundo. Sería imposible filtrar cada cosa para determinar su origen pagano. Sólo aquellas prácticas que son pecaminosas en sí deben rechazarse. La inofensiva celebración de *Halloween* no es nada de eso. Sin embargo, no juzgue a quienes tienen una opinión diferente a la suya (Romanos 14:1–4).

6. Sobre los poderes y las potestades[7]

¿Vivimos en un mundo acosado por muchos órdenes y niveles de seres espirituales? ¿Es exacto el panorama espiritual dibujado por Frank Perretti,[8] de que hay demonios en cada sombra, que respiran vapores sulfurosos mientras clavan sus talones en nuestro cerebro? Es poco probable. Efesios 6:10–13 nos da una imagen clara de la batalla espiritual que se libra en el cosmos, aunque nunca se dan los detalles de cómo se está haciendo. Todos los libros y afirmaciones de lo contrario y nuestras mejores suposiciones de cómo trabajan los demonios de Satanás, seguirán siendo especulaciones. Es igualmente difícil definir el rango de los espíritus malignos, aunque la Biblia deja bien claro que hay órdenes diferentes. Esta discusión va más allá del propósito de este libro.[9] Si los poderes son fuerzas políticas (una posición), seres espirituales malignos o neutrales (otra), o irrelevantes porque han sido desarmados por la cruz (Colosenses 2:15), es necesario un estudio mucho más avanzado. Entonces, ¿por qué mencionarlo si no se va a dar una respuesta definitiva? Porque todos tenemos que profundizar en la Palabra, asegurándonos de que nuestra posición tiene una base bíblica y no se limita a seguir la opinión popular.

7. ¿Está bien jugar un poquito con lo oculto?

¿Es malo jugar con lo oculto? ¿Hay algo realmente malo en "jugar" con las fuerzas oscuras del cosmos siempre y cuando tengamos cuidado? (¿Hay algo malo con mentir un poco siempre y cuando nuestra vida en general vaya por el camino correcto?) El satanismo tiene millones de seguidores en todo el mundo. ¿Sería malo asistir a alguna de sus reuniones para conocer mejor al enemigo? (Ver Romanos 16:19 si está confundido con la respuesta.)

El ocultismo está condenado tanto por el Antiguo Testamento (Levítico 19:31, 20:27; 1 Samuel 28) como por el Nuevo Testamento (Hechos 19:18–19, Gálatas 5:20, Apocalipsis 21:8). No debemos consultar médiums (Isaías 8:19). En la lista de pecados de Gálatas 5, la idolatría y la brujería aparecen entre los pecados sexuales y el odio. Sí, podría ser mortal "jugar un poco." ¿Por qué vamos a querer acercarnos a algo que puso a Jesús en la cruz?

Conclusión

Satanás es real; mantengámonos a una distancia segura. Por otra parte, no hay virtud en creer en supersticiones tontas y en ideas medievales desacreditadas que falsamente se basan en la Biblia. Los cristianos tienen todo el poder del Espíritu, todas las armas de su arsenal y la "panoplia" (la armadura completa) de Dios, para derrotar al maligno. Los discípulos son verdaderos "cazafantasmas." No que los "fantasmas" tengan ningún poder real, sino sólo el que les damos cuando estamos dispuestos a dejar que Satanás moldee nuestra fe en lugar de hacerlo nosotros por medio del estudio detallado de la Biblia. Que la Palabra de Dios sea su luz (Salmo 119:105) a través de la oscuridad del pecado y del error.

NOTAS

1. N. del T.: Adaptación al juego de palabras que el autor plantea en la versión original en inglés.
2. Otras historias como ésta en el St. Louis Star (1925), son fáciles de descartar.

Un hombre grande que laboriosamente sobaba la cabeza de un hombre más pequeño en la esquina de las calles Broadway y Market, llamó la atención del detective Sargento Behnken.

—¿Te sientes mejor? —preguntó el hombre grande. El pequeño dijo que no y además pidió ayuda y auxilio.

—¿Qué sucede? —preguntó Behnken.

—Muy simple, —respondió el hombre grande. —Este pobre hombre tiene demonios y se los estoy sacando.

—¿Tiene usted demonios? —preguntó Behnken.

—Por supuesto que no, —dijo el hombre pequeño. —Este idiota me agarró mientras caminaba por la calle y comenzó a sobarme la cabeza.

Behnken resolvió el problema dándole una patada al eliminador de demonios. (Tim Healey, ed., Strange But True [London: Octopus Books, 1983])

3. *Pittsburgh Post-Gazette*, 15 de octubre de 1994
4. Por ejemplo, Justiniano, 2da Apología, 6
5. Si le interesa saber más sobre el tema, le aconsejo que consiga una copia de la

clase de John Clayton "Demonology and Exorcism" que se puede obtener en *Does God Exist?* (17411 Battles Road, South Bend, Indiana 46614).

6. Según la investigación realizada por David P. Phillips y sus colegas en la Universidad de California en San Diego, existe cierta correlación entre la creencia en la astrología y la salud, aunque no de la forma como todos suponen. 28.169 chino-americanos fueron parte de un grupo de control de 412.632 que murieron entre 1969 y 1990. En el grupo que creía que quienes habían nacido bajo el "signo de la tierra," el que la cultura cree que es el menos propicio, las personas murieron en un promedio de 1.6 años antes que sus colegas menos supersticiosos nacidos bajo el mismo signo. En resumen, estas personas esperaban morir antes y lo hicieron. Reportado en Birgitte Svennevig, "Tro på astrologi får manniskor att dö tidigare," *Illustrerad Vetenskap* Number 12, 1997 (28/10–10/11).

7. Para una interpretación alternativa e intrigante, ver la trilogía de Walter Wink *Naming the Powers: The Language of Power in the New Testament* (Philadelphia, PA: Fortress Press, 1984); *Unmasking the Powers: The Invisible Forces That Determine Human Existence* (Philadelphia, PA: Fortress Press, 1986); y *Engaging the Powers: Discernment and Resistance in a World of Domination* (Minneapolis, MN: Fortress Press, 1992).

8. Frank E. Perretti, *This Present Darkness* (Wheaton, IL: Crossway Books, 1986) y *Piercing the Darkness* (Crossway Books: Westchester, Illinois, 1989). En mi opinión, estos trabajos exagerados llevan al cristiano a meterse más de lleno en la superstición, en lugar de alejarlo de ella, lo que es el objetivo de los mismos.

9. Para uno de los libros más útiles en el tema, ver el libro de Billy Graham, *Ángeles: Los Agentes Secretos de Dios* (Nashville, TN: Grupo Nelson, 1991).

Apéndice

¿Dónde encajo yo?

Hoja de trabajo acerca de los dones espirituales

Por la gracia que se me ha dado, les digo a todos ustedes: Nadie tenga un concepto de sí más alto que el que debe tener, sino más bien piense de sí mismo con moderación, según la medida de fe que Dios le haya dado. Romanos 12:3

(Seleccione la columna apropiada de los dones correspondientes.)

Don espiritual[1] (los doce principales)	Estoy seguro de que poseo este don. Otros lo dicen.	Podría tener este don. Soy fuerte en esto.	¡No! Probablemente no tengo este don.
Administración			
Talento artístico			
Celibato			
Satisfacción			
Socorrer (contribuir)			
Animar			
Evangelizar			
Hospitalidad			
Dirigir			
Pastorear			
Mostrar compasión			
Enseñar			
Otro[2]			

NOTAS

1. Como los milagrosos dones espirituales ya no están más disponibles hoy, estos han sido excluidos de la lista del capítulo 7. Por ejemplo, no importa cuánto pueda desearlo, usted no puede ser uno de los apóstoles o poseer el don de sanidad del primer siglo. Usted puede, no obstante, llegar a ser un misionero (los apóstoles fueron misioneros inspirados) u orar para que ocurra una sanidad. Todas las referencias de las Escrituras pueden encontrarse en el capítulo 7.

2. "El don que haya recibido" (1 Pedro 4:10). La Biblia no categoriza rígidamente ni define los dones espirituales.

GLOSARIO

Afrodita: Es la diosa griega de la belleza (Venus, para los romanos). Su culto fue una de las muchas sectas carismáticas en el mundo mediterráneo del primer siglo.

Apóstol: En el sentido estricto de la palabra, un apóstol (griego: *apostolos*, "enviado") era uno de los discípulos más cercanos a Jesús (Marcos 3:14), un testigo ocular de su resurrección (Hechos 1:22, 1 Corintios 9:1), inspirado para contribuir con las Escrituras (Juan 14:26, 16:13) y dotado de poderes milagrosos (2 Corintios 12:12). La enseñanza de los apóstoles ha tenido autoridad incluso desde Pentecostés (Hechos 2:42), en cumplimiento de la promesa especial que Jesús les hizo de que los guiaría a todos hacia la verdad. En el amplio sentido de la palabra, un apóstol es un misionero (Romanos 16:7).

Bautismo: Es la transliteración de la palabra griega para inmersión (*baptisma*).

Blasfemia contra el Espíritu: Estado de tal dureza de corazón que uno no puede arrepentirse y reconocer la pura verdad (Mateo 12:22–32). Es el punto donde no hay vuelta atrás.

Caerse en el Espíritu Santo o "ser derribado por el Espíritu": En la jerga carismática, es la caída de espaldas por el poder del Espíritu, incluso quedando inconsciente ("muerto en el Espíritu"). Puede estar acompañada de sanación milagrosa.

Cantar en el Espíritu: En jerga carismática, es "cantar en lenguas." El canto bíblico en el Espíritu es el canto espiritual o el canto que se enfoca en o incorpora la Palabra de Dios.

Carismático: (griego: *charisma*, "don") Ejercer los dones del Espíritu. En el amplio sentido de la palabra, los "carismáticos" buscan milagros. Se encuentran en la mayoría de las religiones del mundo. En el cristianismo, denota uno que cree en la presencia de los milagrosos dones espirituales. Los carismáticos están regados entre muchas denominaciones (neopentecostalismo), mientras que otras denominaciones son completamente carismáticas. El movimiento carismático moderno se remonta a 1900 en Topeka, Kansas. Su resurgente influencia comenzó en los Estados Unidos en la década de los cincuenta.

Chrysosandaliaimopotichthonia: Es una divinidad griega, "diosa chupa-sangre del inframundo que usa sandalias de oro." Una de las palabras griegas más largas encontrada en los antiguos papiros mágicos.

Demonio: Ser maligno sobrenatural, servidor de Satanás. Probablemente un ángel caído.

Dionisio: Uno de los dioses griegos de la naturaleza, adorado por medio de la sensualidad, especialmente la bebida en exceso (Baco, para los romanos).

Escritura: Es la palabra escrita de Dios, opuesta a la palabra hablada.

Espíritu: Es el principio animado o vital del hombre; la parte inteligente o inmaterial del hombre. "El Espíritu" es el Espíritu Santo. Un mensaje profético también puede ser llamado "espíritu" (2 Tesalonicenses 2:2, RVR).

Espíritu Santo: Es la activa y personal presencia de Dios. Es la tercera persona de la Trinidad.

Exorcismo: Es el proceso de expulsión de un demonio (p. ej., de una persona) invocando un nombre sagrado. Durante miles de años se han hecho afirmaciones de exorcismos, la mayoría de las cuales no tienen relación alguna con el cristianismo.

Éxtasis: (griego: *ekstasis*, "ser puesto fuera de lugar") Exaltado estado de los sentidos, arrebato, trance, frenesí poético. En éxtasis, uno "se pierde a sí mismo," apoyándose más en las emociones que en las facultades intelectuales.

Glossolalia: (del griego *glossa*, "lengua" + *lalia* "hablar") Término técnico para "hablar en lenguas." Con excepción de las lenguas bíblicas del primer siglo, la *glossolalia* es un fenómeno psicológico, clasificado técnicamente como balbuceo.

Hermes: Dios griego cuyos adoradores constituían una de las muchas sectas carismáticas en el mundo mediterráneo del Imperio Romano (Mercurio, para los romanos).

Lleno con el Espíritu: Espiritual, controlado por el Espíritu, especialmente con referencia a la valentía o el evangelismo; aplicar la Palabra de Dios en la vida de uno. Es posible no estar completamente lleno del Espíritu y ser salvo (Hechos 6:3). En la jerga neopentecostal significa haber recibido "el bautismo del Espíritu Santo," o estar en armonía con la "guía" del Espíritu.

Milagro: Evento maravilloso debido a una fuerza sobrenatural; ir contra las leyes de la naturaleza; cualquier cosa que yace fuera de la esfera natural de la causa y el efecto en el mundo físico, especialmente una acción por parte de Dios para dar su aprobación a un mensaje o al portador del mismo.

Místico: Esotérico, misterioso e impresionante; es creer que por medio de la contemplación o meditación se puede obtener la absorción en la Deidad; afirmar la aprehensión espiritual de verdades más allá de la razón.

Montanismo: Secta carismática (de Frigia) de mediados del siglo II d. C., fundada por Montanus y denunciada por la iglesia.

Morada del Espíritu Santo: Es la presencia del Espíritu Santo en nuestro corazón; la recepción interna del Espíritu.

Mormonismo: Nombre usado para la Iglesia de Jesucristo de los Santos de los Últimos Días, secta religiosa con sus inicios en los Estados Unidos en el siglo XIX. Los Mormones creen que el *Libro de Mormon* (1830), la Biblia versión Reina Valera (o su equivalente en inglés, King James), *Doctrina y Convenios, y La Perla de Gran Precio* son libros inspirados. El mormonismo practica la profecía y hablar en lenguas, e incluso tiene "apóstoles," siendo el grupo "carismático" más consistente en la actualidad.

Neopentecostalismo: Religión carismática contemporánea, pentecostal en teología, prevalente en la mayoría de las denominaciones. Es el movimiento por medio del cual las enseñanzas y prácticas pentecostales se han extendido a iglesias no pentecostales.

Objetividad: Entender los hechos actuales sin inclinaciones emocionales o personales; es la habilidad para ver las situaciones en perspectiva, desde el punto de vista de otros o como son en realidad.

Orar en el Espíritu: (Efesios 6:18, Judas 20) Es lo que los neopentecostales interpretan como "orar en lenguas." Bíblicamente, la frase indica oración poderosa, específica y espiritual, esperando que Dios escuche la petición.

Pentecostés: Festividad judía, celebrada cincuenta días después del segundo día de Pascua (Levítico 23:15–16); es el día cuando el Espíritu fue enviado a los apóstoles; el comienzo de la iglesia; cumplimiento de la profecía de Joel e inicio de la era cristiana.
Probar a los Espíritus: Sopesar los mensajes proféticos. En el pensamiento carismático, la habilidad sobrenatural para discernir si una persona, mensaje o evento viene de Satanás o de Dios.

Profeta: Persona que habla de parte de Dios, a veces antes de que algo suceda.

Profetizar: (del griego *pro*, "por" o "antes" + *phemi*, "hablar") Es el acto de hablar en nombre de Dios, o hablar antes de que algo (un evento) ocurra. Casi siempre la profecía está dirigida a la generación contemporánea al profeta.

Psicosomático: Conexión entre la mente y el cuerpo; causado o agravado por la tensión mental.

Segunda bendición: En la terminología carismática, el "bautismo del Espíritu Santo," que trae dones adicionales que no llegan con la conversión.

Señal: Evento milagroso cuyo significado se encuentra en lo que señala. (Es decir, Jesús no hizo milagros sólo para impresionar a la gente; Dios hizo sus señales por medio de Jesús para indicar su propósito y su voluntad, para acreditar a Jesús ante los judíos y el mundo; ver Hechos 2:22.)

Shamán: Sacerdote o médico brujo de clase, quien dice tener contactos de privilegio con los dioses o los espíritus.

Sintoísmo: Religión nativa de Japón. Hay un elemento carismático en el sintoísmo.

Sufi: Místicos carismáticos musulmanes.

Tender vellones: Gedeón puso un vellón para probar la fidelidad de Dios (Jueces 6:36ss). En la terminología carismática, "tender un vellón" significa pedirle a Dios que use un evento para indicar su voluntad, a fin de dar guía para tomar una decisión; generalmente se pide una respuesta de "sí" o "no." Por lo general el "vellón" no tiene relación alguna con la decisión.

Ungir con aceite: Esta era una costumbre diaria en los tiempos de la Biblia, excepto en épocas de luto o ayuno. En conexión con la sanación milagrosa, realizada anticipando la recuperación completa de la salud (Santiago 5:14–16).

Visión: Destello, vista, panorama o aprehensión de una verdad o realidad espiritual o del estado futuro de eventos. Las visiones pueden suceder de día (en un trance) o de noche (en un sueño). "Visión" y "sueño" son sinónimos y son el método estándar por medio del cual Dios se comunicó con los profetas (Números 12:6).

www.ipibooks.com

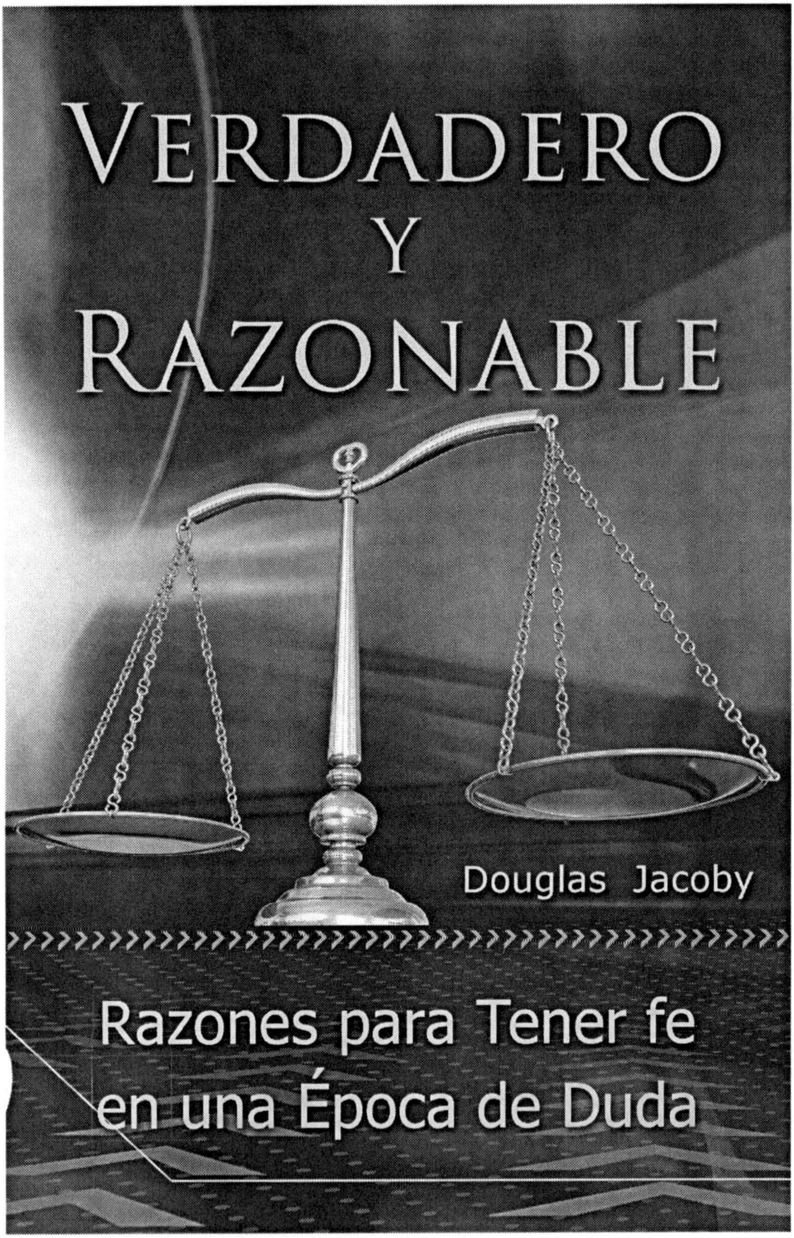
VERDADERO
Y
RAZONABLE
Douglas Jacoby
Razones para Tener fe
en una Época de Duda

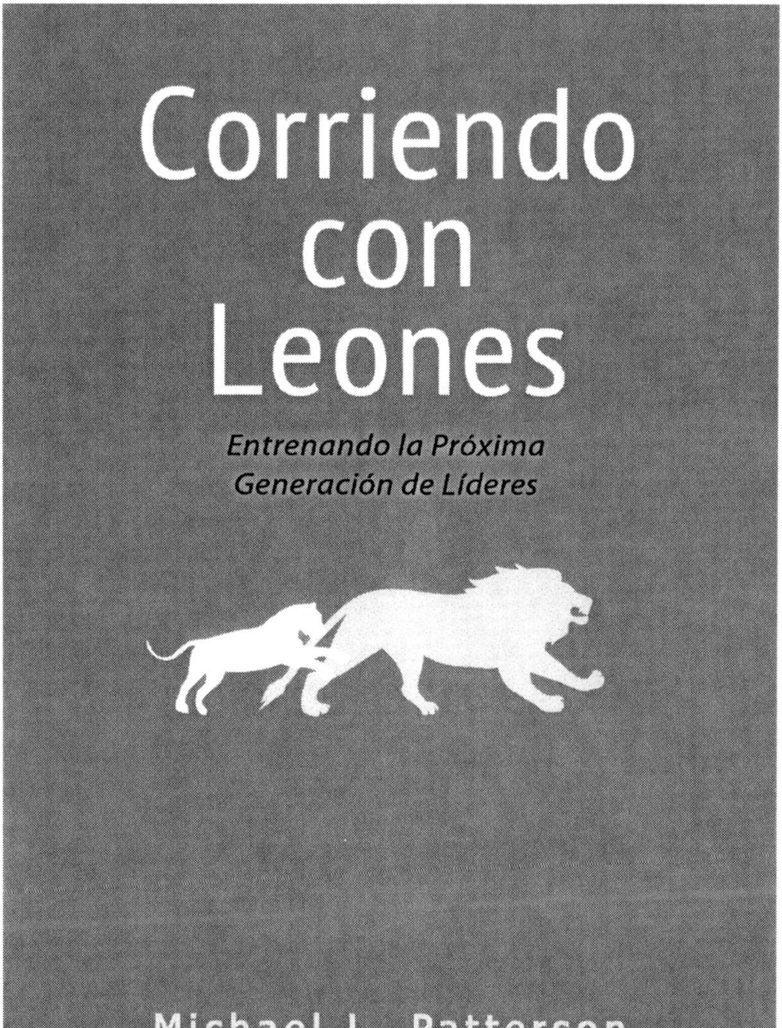
Corriendo con Leones
Entrenando la Próxima Generación de Líderes
Michael L. Patterson

www.ipibooks.com

CPSIA information can be obtained
at www.ICGtesting.com
Printed in the USA
FSOW01n1549040916
24612FS